누적 판매량 63만 부 돌파
상식 베스트셀러 1위 985회 달성[*]

수많은 취준생이 선택한
에듀윌 상식 교재 막강 라인업!

[월간] 취업에 강한 에듀윌 시사상식

多통하는 일반상식 통합대비서

일반상식 핵심기출 300제

공기업기출 일반상식

기출 금융경제 상식

언론사기출 최신 일반상식

eduwill

88개월 베스트셀러 1위!*
Why 월간 에듀윌 시사상식

우수콘텐츠잡지 2021

업계 유일!
2년 연속 우수콘텐츠잡지 선정!*

Cover Story, 분야별 최신상식, 취업상식 실전TEST, 논술·찬반 등 취업에 필요한 모든 상식 콘텐츠 수록!

업계 최다!
월간 이슈&상식 부문 88개월 베스트셀러 1위!

수많은 취준생의 선택을 받은 취업상식 월간지 압도적 베스트셀러 1위!

10 YEARS ANNIVERSARY

업계 10년 이상의 역사!
『에듀윌 시사상식』 창간 10주년 돌파!

2011년 창간 이후 10년 넘게 발행되며 오랜 시간 취준생의 상식을 책임진 검증된 취업상식 월간지!

하루아침에 완성되지 않는 상식, 에듀윌 시사상식 정기구독이 답!

정기구독 신청 시 10% 할인

매월 자동 결제
정가 ~~10,000원~~ 9,000원

6개월 한 번에 결제
정가 ~~60,000원~~ 54,000원

12개월 한 번에 결제
정가 ~~120,000원~~ 108,000원

· 정기구독 시 매달 배송비가 무료입니다.
· 구독 중 정가가 올라도 추가 부담 없이 이용하실 수 있습니다.
· '매월 자동 결제'는 매달 20일 카카오페이로 자동 결제되며, 6개월/12개월/ 무기한 기간 설정이 가능합니다.

정기구독 신청 방법

인터넷
에듀윌 도서몰(book.eduwill.net) 접속 ▶
시사상식 정기구독 신청 ▶
매월 자동 결제 or 6개월/12개월 한 번에 결제

전 화
02-397-0178
(평일 09:30~18:00 / 토·일·공휴일 휴무)

입금계좌
국민은행 873201-04-208883 (예금주 : 에듀윌)

정기구독 신청·혜택
바로가기

eduwill

에듀윌 시사상식과
#소통해요

#소통하는 방법

방법 1

QR코드 스캔 접속

방법 2

http://eduwill.kr/62dF

인터넷 주소 입력으로 접속

더 읽고 싶은 콘텐츠가 있으신가요?
더 풀고 싶은 문제가 있으신가요?
의견을 주시면 콘텐츠로 만들어 드립니다!

☑ 에듀윌 시사상식은 독자 여러분의 의견을 적극 반영하고자
합니다.

☑ 읽고 싶은 인터뷰, 칼럼 주제, 풀고 싶은 상식 문제 등 어떤
의견이든 남겨 주세요.

☑ 보내 주신 의견을 바탕으로 특집 콘텐츠 등이 기획될 예정
입니다.

설문조사 참여 시
#스타벅스 아메리카노를 드립니다!

추첨 방법 매월 가장 적극적으로 의견을 주신 1분을 추첨하여 개별 연락

경품 스타벅스 아메리카노 Tall

취업에 강한

에듀윌
시사상식

APR. 2022

04

eduwill

CONTENTS

2022. 04. 통권 제130호

발행일 | 2022년 3월 25일(매월 발행)
편저 | 에듀윌 상식연구소
내용문의 | 02) 2650-3912
구독문의 | 02) 397-0178
팩스 | 02) 855-0008
ISBN | 979-11-360-1464-1
ISSN | 2713-4121

PART 02

분야별 최신상식

Cover
Story

이 달 의 가 장 중 요 한 이 슈

1.

제20대 대통령
윤석열 당선

역대 최소 득표율 차 승부...
5년 만에 정권 교체

3월 9일 수요일 열린 제20대 대통령 선거에서
기호 2번 윤석열 국민의힘 후보가 당선됐다.
기호 1번 이재명 더불어민주당 후보와의 표 차이는
0.73%(24만7000여 표)에 불과했다. 총 투표율은 77.1%였다.
개표율 95%를 넘어서 당선인이 확정될 정도로 초접전이었다.
윤 당선인은 공식 당선 인사에서 "이 나라의 공정과 상식을 바로 세우라는
개혁의 목소리"라며 "국민의 뜻을 결코 잊지 않겠다"라고 다짐했다.
문재인 정부는 5년 만에 야당에 정권을 내줬다. 조국 사태 등
내로남불 논란에 이어 부동산 정책 실패가 문재인 정부의 발목을 잡았다.
확진자 폭증도 여권에 불리하게 작용했다. 한편, 이번 대선은
젠더 갈등이 표심의 향방에 영향을 미쳤다. 여야 정치권은 젠더 갈등을
선거 전략 프레임으로 악용했다는 비난을 피할 수 없었다.

윤석열, 초박빙 승부 끝에 역대 최소 득표율 차 승리

▲ 제20대 대통령 선거일 3월 9일 서울역에서 시민들이 방송 3사 출구조사 결과 방송을 보고 있다.

3월 9일 수요일 열린 제20대 대통령 선거에서 기호 2번 윤석열 국민의힘 후보가 당선됐다. 윤 후보는 3월 10일 오전 개표가 100% 완료된 가운데 **48.56%**(1639만여 표)를 얻어 당선이 확정됐다. **2위로 낙선한 기호 1번 이재명 더불어민주당 후보는 47.83%**(1614만여 표)를 얻어 두 후보 간 표 차이는 0.73%(24만7000여 표)에 불과했다. 기호 3번 심상정 정의당 후보는 2.37%(80만3000표)를 얻었다. 1987년 대통령 직선제 도입 이후 실시된 대선에서 1~2위 후보 표 차가 가장 작았다.

총 투표율은 77.1%로 지난 19대 대선(77.2%)보다 0.1%p 낮았다. **사전투표율은 36.93%로 역대 최고치**를 기록했지만 정작 본 투표가 상대적으로 저조해 투표율 80%의 벽을 넘지 못했다. 대선 일주일 전부터 여론조사 공표가 금지되는 이른바 '깜깜이 기간' 이전까지 윤 후보는 대부분의 여론조사에서 이 후보에게 우위를 보였다. 대선을 6일 앞둔 3월 3일에는 **기호 4번 안철수 후보가 윤 후보와 후보 단일화**를 선언하며 정권 교체론에 힘을 실었다. 이에 고무된 이준석 국민의힘 대표는 윤 후보의 10%p 격차 승리를 예상하기도 했다.

그러나 오후 7시 30분 KBS·MBC·SBS 등 지상파 방송 3사가 공동으로 진행·발표한 **"출구조사**는 윤 후보와 이 후보의 지지율을 각각 48.4%와 47.8%로 발표했다. 오차범위(±0.8%p)를 고려할 때 막판 역전극을 펼칠 수 있으리란 기대감에 더불어민주당 개표 상황실에서는 환호가 터져 나왔고 낙승을 예상했던 국민의힘에서는 침묵이 흘렀다. 하지만 결과적으로 출구조사는 실제 득표율을 정확히 예측했다.

이후 개표가 시작됐고 개표율 95%를 넘어설 때까지도 당선인을 확정 짓지 못하는 초접전 양상이 이어졌다. 개표 중반까지 이 후보가 우세한 흐름을 보였지만 개표율이 51%에 도달한 시점부터 윤 후보가 처음으로 역전했고 마지막까지 0.6~1.0%p 격차를 유지했다. 3월 10일 새벽 4시 30분에서야 윤 후보의 당선 확정이 결정됐다. 이 후보는 "최선을 다했지만 기대에 부응하지 못했다. 윤 후보님께 축하의 인사를 드린다"며 패배를 선언했다.

■ 출구조사 (出口調査)

출구조사는 투표를 마치고 나오는 유권자들을 대상으로 투표 내용을 면접 조사하여 투표자 분포 및 정당별, 후보자별 지지율 등을 예측하는 여론조사 방법이다. 투표시간이 종료되면 곧바로 결과가 공표되므로 선거 결과를 가장 빠르게 예측할 수 있으며 기타 여론조사에 비해 적중도가 월등히 높다. 공직선거법상 출구조사는 텔레비전 및 라디오 방송국과 일간신문사에 한하여 선거일 투표소로부터 50m 밖에서 시행할 수 있다. 조사를 실시할 때는 유권자의 비밀투표를 침해하지 않는 선에서 진행해야 하며 투표 마감시각까지 그 경위와 결과를 공표할 수 없다. 한편, 사전투표에서는 출구조사를 할 수 없는데 20대 대선은 사전투표율(36.93%)이 기록적으로 높았다. 이에 방송 3사는 중앙선거관리위원회가 제공한 사전투표 관련 지역·성·연령대별 정보를 토대로 치밀한 보정 작업을 거쳐 최종 출구조사 결과치의 정확도를 높였다. 2002년 16대 대선에서 처음 도입된 후 출구조사 결과는 100% 적중했다.

윤석열 당선인
"통합과 번영의 시대 열 것"

▲ 윤석열 대통령 당선인이 3월 10일 국회도서관 대강당에서 당선 인사를 하고 있다. (자료 : 국민의힘)

윤 당선인은 3월 10일 오전 서울 서초동 자택을 나와 첫 일정으로 국립서울현충원을 찾아 순국선열에게 참배했다. 방명록에는 **"위대한 국민과 함께 통합과 번영의 나라를 만들겠습니다"**라고 적었다. 이어서 서울 여의도 국회도서관 대강당에서 공식 당선 인사를 했다.

윤 당선인은 "자유민주주의와 시장경제를 바로 세워 위기를 극복하고 통합과 번영의 시대를 열겠다"고 밝혔다. 그는 "국민들께서는 26년간 공정과 정의를 위해 어떠한 권력에도 굴하지 않았던 저의 소신에 희망을 걸고 저를 이 자리에 세우셨다"라며 "이 나라의 공정과 상식을 바로 세우라는 개혁의 목소리이고 국민을 편 가르지 말고, 통합의 정치를 하라는 국민의 간절한 호소, 새로운 희망의 나라를 만들라는 준엄한 명령이다. 이러한 국민의 뜻을 잊지 않겠다"라고 다짐했다.

이날 오전 윤 당선인은 문재인 대통령의 당선 축하 전화를 받은 것으로 알려졌다. 문 대통령은 "선거 과정에서 갈등과 분열을 씻고 국민이 하나가 되도록 통합을 이루는 것이 중요하다"라고 언급했고 윤 당선인은 "많이 가르쳐 달라"며 "빠른 시간에 회동이 이뤄지기를 바란다"고 답했다.

윤 당선인은 문 대통령에 이어 조 바이든 미국 대통령에게도 당선 축하 전화를 받았다. 로이터 통신에 따르면 바이든 대통령은 "한미 동맹은 철통 같다"라며 "새 대통령 당선인과 긴밀한 협력을 확대하기를 고대하고 있다"고 말했다.

➕ 강골 검사에서 대통령까지...윤석열은 누구인가

윤석열(尹錫悅, 1960~) 당선인은 1960년 서울에서 아버지와 어머니가 모두 교수인 학자 집안의 맏아들로 태어났다. 부친 윤기중 연세대 명예교수는 저명한 경제학자다. 윤 당선인은 1979년 서울대 법대에 진학했고 사법고시 9수 끝에 1991년 합격해 34세에 검찰 생활을 시작했다. 대형 수사에서 능력을 발휘한 윤 당선인은 노무현 전 대통령 불법 대선자금 수사를 맡아 안희정 전 충남지사와 강금원 창신섬유 회장을 구속기소했고 2011년에는 부산저축은행 사태 수사를 맡아 이명박 전 대통령의 형 이상득 전 의원을 구속기소했다.
윤 당선인은 2013년 박근혜 정부 첫해 국가정보원 댓글 사건의 수사팀장을 맡아 상부와 마찰을 빚다가 여권의 외압을 폭로하며 "저는 사람에게 충성하지 않는다"라는 말을 남겨 주목을 받았다. 이 일로 권력의 미운털이 박혀 좌천됐으나 최순실 국정 농단 사건 특별검사에서 수사팀장으로 합류해 '국민 검사'란 애칭을 얻었다. 2017년 취임한 문재인 대통령은 윤 당선인을 검찰 핵심인 서울중앙지검장에 임명했고 2019년 검찰총장으로 임명했다. 문 대통령은 윤 당선인이 검찰개혁을 이끌어주길 기대했으나 조국 전 법무부 장관의 딸 입시 비리 의혹이 터져 나오면서 상황은 크게 변했다.
윤 당선인은 조 전 장관 의혹을 포함해 울산시장 선거 개입 의혹, 원전 경제성 조작 의혹 등 정권 핵심을 겨냥한 수사를 밀어붙였다. 이 과정에서 여권으로부터 공적으로 몰렸지만 동시에 야권 대선 주자로 떠올랐다. 윤 당선인은 검찰총장 사퇴 후 2021년 6월 대선 출마 선언, 11월 대선 후보 선출을 거쳐 마침내 2022년 3월 9일 대통령으로 당선됐다.

문재인 정부는
왜 정권 재창출에 실패했나

▲ 이재명 더불어민주당 대선 후보가 3월 10일 패배를 선언한 뒤 인사하고 있다.

문재인 정부는 1987년 대통령 직선제 도입 이후 이어져 온 '10년 집권 주기설'을 깨뜨린 정부로 남았다. 노태우·김영삼→김대중·노무현→이명박·박근혜→문재인으로 보수·진보 계열 정당은 10년씩 번갈아 집권해왔는데 문재인 정부는 5년 만에 야당에 정권을 내준 것이다.

박근혜 정부 탄핵 정국에서 보수 진영이 빈사 상태에 빠진 뒤 여권은 지난 5년간 전국 단위 선거에서 연전연승을 거뒀고 정권 재창출을 자신했다. 친노·친문의 대부 격인 이해찬 전 민주당 대표는 '20년 장기 집권 시나리오'를 말하기도 했다.

문재인 정부는 과정과 절차의 공정성을 내세웠지만 조국 전 법무부 장관의 자녀 입시 비리와 청와대 간부들의 잇따른 부동산 투기 의혹으로 대변되는 표리부동(表裏不同 : 겉과 속이 다름)함에 국민들은 지지를 철회했다. 조국 사태 등 **여권의 도덕적 해이에 대해 미국 뉴욕타임스(NYT)가 'NAERO NAMBUL(내로남불)'이라고 소개할** 정도였다. 문 대통령은 오히려 조국 전 장관에 대해 "마음의 빚이 있다"고 끝까지 그를 옹호했다.

내로남불 논란에 이어 잇따른 정책 실패도 문재인 정부의 발목을 잡았다. 문재인 정부는 주요 정책 기조로 **소득주도성장을 내세웠지만 계층 간 소득 격차는 오히려 더 큰 폭으로 벌어졌다.** 2020년 기준 상위 0.1%의 1인당 연평균 소득은 하위 10%의 848.4배로 2016년 723.7배에 비해 격차가 커졌다. 단기간 무리한 최저임금 인상은 자영업자의 몰락과 청년 일자리 축소를 초래했다.

부동산 정책의 참담한 실패는 대선 패인의 주요 원인으로 지목됐다. 28번의 부동산 정책 '헛발질' 속에 집값이 천정부지로 뛰면서 수많은 시민들은 평생 내 집 마련이 어려워졌고 전세 난민으로 전락했다.

원치 않게 집값이 오른 시민들도 공시지가 폭등으로 세금 부담이 커졌다. 여기에 'K방역'이라고 높은 평가를 받던 코로나19 대응도 오미크론 바이러스 변이로 국내 확진자 수가 세계 최대 수준으로 폭증하면서 대선에서 여권에 불리하게 작용했다.

> **➕ 대한민국 역대 대통령**
>
> 이승만(초대~3대)→윤보선(4대)→박정희(5~9대)→최규하(10대)→전두환(11~12대)→노태우(13대)→김영삼(14대)→김대중(15대)→노무현(16대)→이명박(17대)→박근혜(18대)→문재인(19대)→윤석열(20대)

사상 초유 '젠더 갈라치기' 대선 후유증

이번 대선은 사상 처음으로 남녀 간 **젠더(gender : 사회적 성)** 갈등이 표심의 향방에 영향을 미친 선거였다. 여야 정치권은 망국적인 이념과 지역 갈등에 이어 젠더 갈등까지 선거 전략 프레임으로 악용했다는 비난을 피할 수 없었다. 유력 대선 후보들은 20대 남녀를 '이대남', '이대녀'로 '갈라치기'하며 지지를 호소했다.

윤 당선인은 선거 하루 전인 **세계 여성의 날**(3월 8일)에 여성가족부 폐지와 무고죄 처벌 강화를 거론하며 이대남 표심 잡기에 집중했다. 여성 커뮤니티에서는 '1번남'과 '2번남'이란 신조어가 등장했다.

1번남은 이 후보를 지지하는 남성, 2번남은 윤 당선인을 지지하는 반(反)페미니즘 남성으로 규정됐다. 실제 개표 결과 윤 당선인은 20대 남성에게서 60% 가까운 지지를 얻었고 이 후보는 20대 여성으로부터 60% 가까운 지지를 얻었다.

일부 전문가들은 우세한 정권 교체 여론에도 불과하고 초박빙 선거 결과가 나타난 까닭이 이대녀의 결집 때문이라고 주장했다. 진중권 전 동양대 교수는 "선거일이 하루만 늦었어도 윤 후보가 패배했을 것"이라고 말했다.

한편, 국민의힘 일각에서는 이준석 국민의힘 대표의 책임론이 불거졌다. 이 대표는 "20대 여성은 투표 의향이 떨어진다"며 여성할당제를 반대하고 여성가족부 폐지를 주장하는 등 20대 남성을 포섭하는 데 집중했던바 있다.

한편, 윤 당선인은 3월 10일 1호 인사로 **최측근인 장제원 국민의힘 의원을 당선인 비서실장에 임명**하기로 했다. ■**대통령직 인수위원회**는 안철수 국민의당 대표가 인수위원장, 권영세 국민의힘

의원이 부위원장을 맡았다.

윤석열 차기 정부는 국내 코로나19 확진자 폭증과 러시아−우크라이나 전쟁으로 인한 국제정세 혼란까지 적지 않은 난제를 안고 출범한다. 윤 당선인은 공약과 그간 발언에서 문재인 정부와의 정반대의 길을 예고했다.

성장 정책으로는 공공 위주의 소득주도성장보다 주 52시간제 탄력 적용 등 기업과 민간 주도의 성장 정책이 예고됐다. 부동산 정책은 공시가격을 2020년 수준으로 환원하고 종합부동산세(종부세)는 폐지, 양도세·취득세는 인하할 방침이다. **주택담보인정비율(LTV)은 최대 80% 확대**해 대출규제를 완화할 방침이다. 문재인 정부의 탈원전 정책은 신한울 3·4호기 건설 재개를 시작으로 폐기될 전망이다.

■ 대통령직 인수위원회 (大統領職引受委員會)
대통령직 인수위원회는 '대통령직 인수에 관한 법률'에 의거해 선거로 새롭게 선출된 대통령 당선인을 보좌하여 대통령직의 인수와 관련한 업무를 담당하기 위하여 설치하는 기구를 말한다. 인수위원회는 대통령 취임 이후 30일까지 존속할 수 있으며, 위원회 활동종료 후 30일 이내에 위원회의 활동경과 및 예산사용 내역을 백서로 정리하여 공개해야 한다.
이 위원회는 위원장 1인, 부위원장 1인 및 24인 이내의 위원으로 구성되며 위원장·부위원장 및 위원 모두 대통령당선인이 임명한다. 대통령직 인수위원회는 정부의 조직·기능 및 예산현황의 파악, 새 정부의 정책기조를 설정하기 위한 준비, 대통령의 취임행사 등 관련업무의 준비, 그 밖에 대통령직 인수에 필요한 사항 등에 관한 업무를 담당한다.

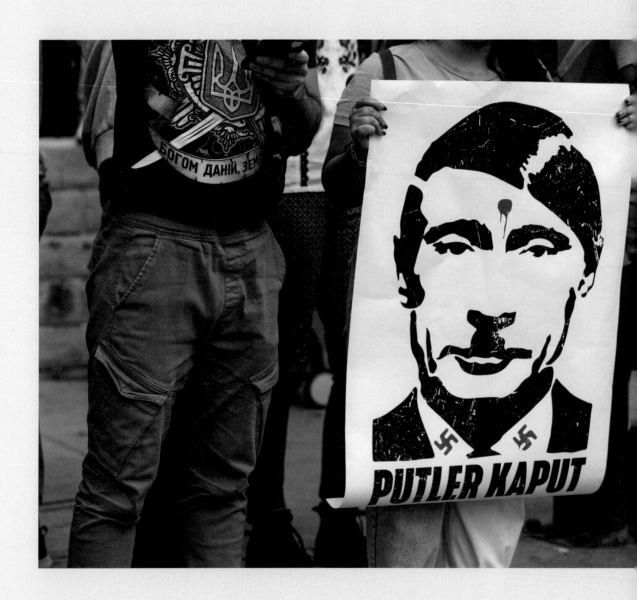

2.

러시아, 우크라이나 침공

우크라이나 결사 항전...
국제사회, 대러 경제 제재

러시아가 2월 24일(이하 현지시간) 새벽 5시 결국 우크라이나를 침공
했다. 러시아군은 개전 9시간 만에 수도 키이우 북쪽까지 진입했고
주요 도시를 포위했으나 전황이 수렁에 빠져들고 있다. 젤렌스키 우
크라이나 대통령은 연일 결사 항전의 뜻을 담은 영상을 SNS에 올리
며 항전의 구심점으로 떠올랐다. 국제사회의 초강경 제재로 러시아
경제는 극도의 타격을 받았다. 그러나 전 세계 경제는 '3차 오일 쇼크'
와 스태그플레이션 공포에 떨고 있다.

러시아, 우크라이나 전면 침공...
주요 도시 포위

▲ 러시아군의 폭격으로 폐허가 된 우크라이나 수도 키이우의 주거용 건물

러시아가 결국 우크라이나를 침공했다. 유럽과 중앙아시아를 잇는 유라시아 대륙의 지정학적 요충지인 우크라이나가 친서방 노선을 택하고 북대서양조약기구(NATO·나토)에 가입하려는 움직임을 보이자 러시아는 이에 반발해 작년 말부터 전쟁 준비에 나섰다. 미국과 프랑스, 독일 등 서방 국가 정상들의 중재와 협상 요구에도 블라디미르 푸틴 러시아 대통령은 1980년대 이후 최대 규모의 국가 간 전쟁을 감행하며 '세계의 공적(公敵)'으로 떠올랐다.

디데이(D-Day : 작전 계획 실행일)는 2월 24일(이하 현지시간) 새벽 5시였다. 이날 푸틴 대통령은 우크라이나에서 **친러 성향 분리주의 정부가 들어선 돈바스 지역**에 특별 군사작전을 승인했고 러시아군은 즉각 우크라이나 북·동·남부에 공격을 시작했다. **수도 키이우**에 미사일과 포탄이 떨어졌고 우크라이나를 탈출하는 피난 행렬이 이어졌다.

러시아군은 개전 9시간 만에 친러시아 국가인 벨라루스를 통해 수도 키이우 북쪽까지 진입했다.

벨라루스에서 키이우까지 최단 거리는 90km에 불과하다. 북동부에서 러시아군은 **제2의 도시 하르키우**를 포위했다. 블로디미르 젤렌스키 우크라이나 대통령은 이날 오전 6시 계엄령을 선포했다.

젤렌스키 대통령은 연일 결사 항전의 뜻을 담은 영상을 SNS에 올리며 항전의 구심점으로 떠올랐다. 미국 워싱턴포스트는 젤렌스키 대통령이 신변 위협에도 미국의 피신 제안을 거절했다고 보도했다. 코미디 배우 출신인 젤렌스키 대통령은 반대파로부터 나토 가입을 서두르는 바람에 러시아 침공의 빌미를 제공했다며 어설픈 초보 정치인이란 비난을 받기도 했지만 죽음을 각오하고 항전을 독려하며 조국 수호의 영웅이 됐다.

반면 전 세계 주요 도시의 반전 시위에서 푸틴 대통령에게 '21C 히틀러'라는 비난이 쏟아졌다. 러시아 당국은 3월 6일 하루에만 56개 도시에서 반전 시위에 나선 4366명을 구금했다고 로이터 통신이 보도했다.

러시아 국방부는 "고정밀 무기를 이용해 우크라이나 군사시설과 방공 체계만 공격 중이며 민간인에 대한 위협은 없다"고 주장했지만 러시아의 침공이 18일째 접어든 3월 13일 **■유엔인권고등판무관실(UNOHCHR)**에 따르면 민간인 1663명이 숨지고 1067명이 다쳤다.

■ 유엔인권고등판무관실 (UNOHCHR, Office of the United Nations High Commissioner for Human Rights)

유엔인권고등판무관실(UNOHCHR)은 세계 각국의 인권보호와 계몽을 목적으로 활동하는 유엔 내 인권 관련 최고 기구이다. 국제 인권 전문 기구 설치를 요구하는 미국 등의 제안에 따라 1993년에 유엔 총회에서 결의를 통해 설립됐고 역할과 기능이 꾸준히 증대됐다. 유엔인권이사회(UNHRC, United Nations Human Rights Council)와 협력하여 국제 연합의 인권 문제에 대한 활동을 지휘한다.

"실패한 전쟁, 우크라이나 점령 불가"

▲ 우크라이나를 침공한 러시아군 탱크가 아군 식별용으로 표시한 'Z' 문자는 친러 세력이 러시아 침공과 푸틴 대통령을 지지하는 상징이 됐다.

러시아군은 이번 전쟁을 사흘 만에 끝내고 키이우를 점령한 뒤 꼭두각시 정부를 세운다는 전략을 편 것으로 전해졌지만 우크라이나군의 거센 저항에 직면하며 전황이 수렁에 빠져들고 있다. **겨울에 내린 눈과 비를 머금은 토양이 녹으면서 우크라이나 전역의 토양이 진흙으로 변하는 라스푸티차**(rasputitsa) 현상은 러시아 탱크의 발목을 잡았고 훈련도 제대로 받지 않고 차출된 젊은 러시아 병사들은 보급 부족에 시달리며 사기가 극도로 저하됐다.

이러한 가운데 영국 더타임스는 **러시아 정보기관인 연방보안국**(FSB)에서 이번 전쟁을 '완전한 실패'로 규정한 내부 보고서를 입수해 보도했다. 해당 문건에는 "우크라이나에 파병된 러시아군 전사자가 이미 1만 명을 넘었을 수 있지만 통신이 끊겨 정확한 사망자 수를 파악하지 못하고 있다"는 내용이 담겼다.

이 문건의 내부 고발자는 "러시아는 출구가 없는 상황이며 패배만이 남았다"고 전했다. 문건에는 러시아군이 우크라이나를 완전히 점령하는 것이 사실상 불가능하다는 분석도 담겼다. 문건은 "젤렌스키 대통령을 암살하더라도 우크라이나의 저항을 완벽히 누르려면 최소 50만 명의 병력이 필요하다"고 언급됐다.

불리한 전황을 감추려는 듯 러시아는 더욱 거칠게 군과 민간인을 무차별 폭격했다. 특히 러시아군은 **남부 도시 마리우폴**을 포위한 가운데 식량·물·전기를 끊으며 고사 작전을 펼쳤다. 마리우폴은 13일째 고립된 상태로 시의회에 따르면 총 2187명의 시민이 사망했고 40만 명의 사람들이 고립됐다. 남부 도시 헤르손과 체르니히우 역시 구호물자가 고갈된 것으로 나타났다.

> ➕ **"우크라이나 지명은 우크라이나식으로 표기"**
> 외교부는 우크라이나 지명을 표기할 때 기존 러시아식이 아닌 우크라이나식 표기를 사용하겠다고 3월 3일 밝혔고 주요 언론도 이에 맞춰 표기하고 있다. 이에 따라 정부 보도자료나 주요 언론 보도에서 수도 키예프는 ▲키이우, 주요 도시인 리비프는 ▲르비우, 하리코프는 ▲하르키우, 체르니브찌는 ▲체르니우치, 드네프르강은 ▲드니프로강으로 쓰이고 있다.

국제사회, 러시아에 '핵폭탄급' 경제 제재

국제사회의 초강경 제재로 러시아 경제는 극도의 타격을 받았다. 미국과 유럽연합(EU), 영국 등은 2월 26일 러시아 제재의 일환으로 '금융 핵폭탄'이라고 불리는 '**국제은행간통신협회**(SWIFT,

Society for Worldwide Interbank Financial Telecommunication·스위프트)' 결제망 배제 조치를 단행했다.

SWIFT는 200개 이상의 국가와 지역 내 1만 1000여 개 이상의 금융기관이 돈을 지불하거나 무역 대금을 결제하는 전산망으로서 이곳에서 퇴출당하면 사실상 해당 은행을 이용한 달러 거래가 불가능해진다. 러시아 SWIFT 협회에 따르면 러시아 전체 금융 거래의 80%가 SWIFT에 의존하고 있다.

주요 글로벌 기업의 탈러시아 움직임도 확산했다. 애플·페이스북·넷플릭스·유튜브 등 빅테크 기업, 포드·GM·폭스바겐 등 완성차 업체, 보잉·에어버스 등 항공사, 디즈니·워너브라더스·소니 등 미디어 엔터테인먼트, MSC·머스크 등 글로벌 해운사, 셸·브리티시페트롤리엄 등 대형 에너지 기업이 동참했다.

3월 2일 국제 **신용평가사 무디스와 피치는 러시아의 신용 등급을 투기 등급**으로 일제히 강등했다. 루블화 가치는 40% 가까이 폭락하며 사상 최저치가 됐고 물가는 폭등했다. 서방의 고강도 제재로 전쟁 일주일 만에 러시아 **■올리가르히**들의 재산은 약 97조원 증발했다.

러시아는 3월 16일 100여 년 만에 국가 부도 사태 위기를 맞이했다. 러시아 정부는 이날 달러화 표시 채권에 대해 1450억원 규모의 이자를 지급해야 했는데 이미 지급 불이행 의사를 밝혔고 주더라도 달러가 아닌 가치가 폭락한 루블화로 지급하겠다고 밝혔다. 이후 30일간 유예기간에도 이자를 지급하지 않으면 1917년 볼셰비키 혁명 이후 러시아의 첫 번째 국제 **디폴트**(default : 채무불이행)가 기록된다. 러시아는 3월 16일 만기를 맞은 국채 이자를 일단 갚아 디폴트 위기는 넘겼다.

러시아 국내총생산(GDP)의 30% 이상을 차지하는 에너지 부문을 제재하지 않는 한 효과적인 경제제재는 이뤄지기 어렵다. 조 바이든 미국 대통령은 3월 8일 러시아 경제 제재를 위해 '러시아산 원유와 특정 석유제품, 액화천연가스와 석탄' 수입을 금지하는 행정명령에 서명했다. 천연가스의 40%, 원유의 25%를 러시아에 의존하는 EU는 에너지 제재에 동참하지 않았다. 전 세계 경제는 '3차 **■오일 쇼크**' 가능성을 우려했다. 에너지·원자재 가격 급등과 공급망 문제가 인플레이션을 악화하면서 **스태그플레이션**(stagflation : 경기 침체에도 불구하고 물가가 오히려 오르는 현상) 공포가 세계 경제에 먹구름을 드리우고 있다.

■ 올리가르히 (oligarch)

올리가르히는 러시아 경제를 장악하고 있는 신흥재벌을 일컫는 말이다. 이들은 구소련이 해체된 뒤 국영산업을 민영화하는 과정에서 정경유착을 통해 막대한 부를 쌓고 석유·천연가스, 제조업, 금융, 언론 등 러시아 경제 전반을 장악했다. 1990년대 보리스 옐친 러시아 대통령의 비호 아래 전성기를 구가했으나 2000년 블라디미르 푸틴 대통령은 집권한 이후 경제개혁을 명분으로 이들을 탄압했고 푸틴의 측근들이 석유·천연가스 기업을 장악하며 새로운 올리가르히가 됐다.

■ 오일 쇼크 (oil shock)

오일 쇼크(석유 파동)는 석유에 의한 공급 충격으로서 1970년대 원윳값이 급등해 전 세계 각국에 경제적 타격을 준 경제 위기를 말한다. 1973년 제1차 오일 쇼크는 페르시아만의 6개 석유 수출국들이 석유수출국기구(OPEC) 회의에서 원유 가격을 올린 뒤 원유 가격이 1년 만에 4배 가까이 인상되며 나타났다. 2차 오일 쇼크는 1978년 이슬람 혁명을 일으킨 이란이 석유 수출 전면 중단에 나서면서 원윳값이 폭등한 것이다.

PART
02

분 야 별
최신상식

9개 분야 최신이슈와 핵심 키워드

분야별
최신상식

정치
행정

부실투표로 빛바랜 역대급 사전투표

■ **사전투표 (事前投票)**

사전투표는 유권자가 별도의 신고 없이 사전투표 기간에 전국 읍·면·동마다 설치된 사전투표소 어느 곳에서나 간단한 신분 확인을 거친 뒤 투표할 수 있도록 한 투표제도다. 비정규직 노동자 등이 선거일에 투표하기 어려운 사정을 고려해 참정권을 행사할 수 있도록 하려는 취지로 도입됐다. 사전투표제도 도입과 함께 별도의 신고절차를 거쳐야 하는 등 번거로움이 있었던 기존 부재자투표는 폐지됐다.

역대 최고치 36.93%

제20대 대통령 선거의 ■**사전투표**율이 역대 최고치인 36.93%를 기록했다. 사전투표가 전국단위 선거에 처음 적용된 2014년 이후 가장 높은 투표율이다. 중앙선거관리위원회는 지난 3월 4일부터 이틀 동안 진행된 20대 대통령 선거 사전투표에 총선거인 4419만7692명 가운데 1632만3602명이 참여한 것으로 잠정 집계됐다고 3월 5일 밝혔다.

지역별로는 호남의 사전투표 참여 열기가 뜨거웠다. 전남(51.45%)이 50%대를 넘겼고, 전북(48.63%), 광주(48.27%)가 뒤를 이었다. 서울(37.23%)은 전국 평균 투표율을 살짝 웃돌았다. 경기(33.65%)는 투표율이 가장 낮았다.

전문가들은 사전투표율이 높았던 원인으로 지난 **3월 3일 전격적으로 성사된 야권 후보 단일화와 정권 교체론을 둘러싼 여야 지지 세력의 결집**을 꼽았다. 또 오미크론 확산세가 계속되면서 분산 투표 심리가 커졌다는 것도 이유로 분석됐다. 초박빙 구도에서 여야가 앞 다퉈 사전투표를 독려한 것도 영향을 미쳤다는 해석이 나온다.

투표소마다 유권자들의 항의가 빗발쳤다. 선관위 측의 적절치 못한 대응도 문제를 키웠다.

투표사무원들은 유권자들에게 확진자 투표는 원칙이라는 말을 반복했다. 유권자들이 항의하자 "이의신청을 하려면 선관위에 가서 하라"며 받아들이지 않았다. 유권자들은 "투표하러 온 사람에게 왜 선관위를 찾으라고 하느냐"고 따졌다. 노정희 선거관리위원장은 사전투표를 부실하게 관리한 혐의로 시민단체로부터 고발당해 서울중앙지검의 수사를 받게 됐다.

선관위, 사전투표 부실 관리 논란

코로나19 확진·격리자를 위한 사전투표도 진행됐지만, 준비 부족과 절차 미흡으로 유권자들의 불만이 폭발했다. 사전투표를 독려해 온 정치권은 37%에 육박하는 사상 최고 투표율에 반색할 새도 없이 '대혼돈'에 빠졌다.

사전투표 부실 관리 논란은 코로나19 확진자·격리자 투표가 진행된 오후 5시부터 불거졌다. 확진자들이 투표용지를 직접 투표함에 넣지 못하고 선거관리원들이 받아서 투표함에 넣은 것이 문제가 됐다. **투표용지를 바구니, 쇼핑백, 종이상자 등에 담아 허술하게 옮긴 것이 불신을 키웠다.**

신원 확인 절차와 투표용지 발급 절차 때문에 대기 시간이 길어져 확진·격리 유권자들의 볼멘소리도 터져 나왔다. 경기도 고양시 덕양구 한 사전투표소를 찾은 확진 유권자들은 2시간 넘게 야외에서 대기해야 했다. 광주에서는 공무원의 실수로 선거인명부에 이름을 올리지 못한 일부 유권자가 투표권을 행사하지 못하는 일도 발생했다.

➕ 사전투표, 직접·비밀 선거 원칙 위배 논란

코로나19 확진자 및 격리자의 사전투표 과정에서 벌어진 혼란상으로 헌법상 비밀·직접 투표 원칙이 훼손됐다는 지적이 나온다. 코로나19 확진 등을 이유로 유권자가 직접 기표용지를 투표함에 넣지 못한 것이 직접 선거 원칙에 어긋나고 일부 투표소에서 이미 기표된 용지가 잘못 배부되면서 투표 내용을 제3자에게 노출하지 않도록 비밀을 보장해야 한다는 선거 원칙도 위배했다는 것이다. 헌법 67조 1항은 대통령 선거의 4대 원칙으로 ▲보통 ▲평등 ▲직접 ▲비밀 선거를 규정하고 있다.

POINT | 세 줄 요약

❶ 제20대 대통령 선거의 사전투표율이 역대 최고치인 36.93%를 기록했다.

❷ 전문가들은 사전투표율이 높았던 원인으로 3월 3일 전격적으로 성사된 야권 후보 단일화와 여야 지지 세력의 결집을 꼽았다.

❸ 코로나19 확진·격리자를 위한 사전투표가 진행됐지만, 준비 부족과 절차 미흡으로 유권자들의 불만은 폭발했다.

올해 첫 추경 16.9조...
소상공인 2차 방역지원금 지급

국회는 2월 21일 본회의를 거쳐 올해 첫 **추가경정(추경)예산**안을 확정했다. 정부는 2월 22일 국무회의를 열고 추경안 공고안 및 배정계획안을 상정해 의결했다. 소상공인 2차 방역지원금은 2월 23일부터 지급이 시작됐다. 정부가 제출한 14조원에 비해 2조9000억원이 늘어난 **16조9000억원 규모**다. 국회 심의 과정에서 3조3000억원을 증액하고 예비비 편성 4000억원을 감액했다.

추경 예산 대부분은 소상공인 2차 방역지원금(10조원)과 손실보상(2조8000억원)에 쓰인다. 개별 2차 방역지원금은 **소상공인과 소기업 332만 개 회사를 대상으로 기존 지급했던 100만원보다 3배 이상된 300만원씩 지급**된다.

지난해 12월 15일 이전 개업한 소상공인·소기업 중 11월이나 12월 매출이 2019년이나 2020년 같은 기간보다 줄어든 경우 지원금을 받을 수 있다. 1차 방역지원금 대상이었던 320만 개 회사에 매출 감소를 증빙하기 어려운 간이과세자 및 연매출 10억원 초과~30억원 이하 12만 개 사업체가 추가된다.

특고·프리랜서까지 지원 확대

기존 정부안에서 지원 대상에 포함되지 않았던 특수형태근로종사자(특고 : 계약의 형식에 관계없이 근로자와 유사하게 노무를 제공함에도 근로기준법 등이 적용되지 않아 업무상 재해로부터 보호할 필요가 있는 자)·프리랜서, 법인택시·버스 기사 등을 지원하는 내용도 포함됐다. 기존 **1~4차 지원금을 받은 특고·프리랜서에게는 50만원을 지원하고 그동안 지원을 받지 않았던 대상자에게는 새로 신청을 받아 소득 심사를 거쳐 최대 100만원을 지원**한다.

법인택시 기사 7만6000명, 전세버스와 비(非)공영제 노선버스 기사 8만6000명에게는 100만원씩, 최대 150만원이 지급될 전망이다. 저소득 예술인 4만 명에게도 100만원의 활동지원금이 지급되며 요양보호사(20만원)와 장애인 활동지원사, 아동 돌봄 등을 지원하기 위해 7000억원을 증액했다.

여기에 저소득층, 어린이집 영유아 등 취약계층 600만 명에게 자가진단키트를 제공하기 위해 2000억원을 반영했고 오미크론 변이 확진자 폭증에 따른 생활지원비·유급휴가비 확충에는 방역 예산 1조3000억원이 추가됐다.

■ **추가경정예산 (追加更正豫算)**
추가경정예산이란 정부가 예산을 성립한 후에 생긴 사유로 인하여 이미 성립한 예산을 변경할 필요가 있을 때 편성하는 예산이다. 본예산에 대비되는 용어이며 보정(補正)예산이라고도 한다. 추가경정예산은 단일예산의 원칙에 대한 예외로, 한 해의 총예산은 본예산과 추가경정예산의 합으로 정해진다. 추가경정예산은 이미 성립된 예산의 변경을 가져온다는 점에서 국회에 제출된 예산안의 변경을 위한 수정예산과는 구별된다.

기출TIP 2021년 서울경제 필기시험에서 추가경정예산을 약술하라는 문제가 출제됐다.

민주당, 총리 국회 추천·결선투표제 도입 정치개혁안 당론 채택

더불어민주당이 2월 27일 국무총리 국회 추천제와 대통령 선거 결선투표제 도입 등을 골자로 한 정치개혁안을 의원총회에서 당론으로 채택했다. 앞서 이재명 민주당 대선 후보는 대선 후 통합정부 구상을 밝혔고 이번 당론은 이 같은 구상을 뒷받침하는 내용이다.

민주당은 통합정부를 위한 실천 방안으로 먼저 국무총리를 국회에서 추천하는 방안과 함께 여야, 정부가 정책협력위원회에서 국정 기본계획을 수립하는 방안, 초당적으로 국가안보회의를 구성하는 방안 등을 추진할 방침이라고 발표했다.

선거제 개혁안과 관련해서는 국회의원 총선에서 위성 정당 등장을 방지하기 위한 ■**연동형 비례대표제**와 ■**권역별 비례대표제**, 지방선거에서 3인 이상 중·대선거구제를 도입하는 방안 등이 포함됐다. 중장기적으로는 **개헌을 통해 대통령 4년 중임제와 대통령 결선투표제도 추진**하기로 했다.

민주당과 국민의힘은 지난 총선에서 정치적 다양성을 보장한다는 취지로 준연동형 비례대표제를 도입했지만 의석 수 욕심에 각각 위성 정당을 창당해 되레 거대 양당 체제를 공고화한 바 있다.

민주당 의원들은 이날 의원총회 결의문에서 "위성 정당으로 선거개혁을 실종시킨 '승자독식 정치', 우리 잘못에는 눈감는 '내로남불(내가 하면 로맨스, 남이 하면 불륜의 줄임말로 똑같은 상황에서 남에게 엄격한 잣대를 들이대며 자신에게는 너그러운 태도로 합리화하는 것) 정치'를 민주당이 먼저 반성한다"면서 "이제 기득권 대결정치를 청산하고 국민 통합 정치로 가자"고 밝혔다.

■ **연동형 비례대표제 (連動形比例代表制)**

연동형 비례대표제는 정당 득표율에 따라 의석을 배분하는 제도다. 지역구 후보에 1표, 정당에 1표를 행사하며 지역구 당선 의석수와 무관하게 전체 의석을 정당 득표율에 따라 배분한다. 정당 득표율 결과로 각 정당의 의석수를 나눈 뒤 배분된 의석수보다 지역구 당선자가 부족할 경우 이를 비례대표 의석으로 채우는 것이다. 이는 소수 정당에 유리한 선거제도로서 거대 정당은 오히려 의석을 잃을 수 있다.

■ **권역별 비례대표제 (圈域別比例代表制)**

권역별 비례대표제는 국회의원 정수를 권역별로 인구 비례에 따라 나누고 그 의석을 정당 득표율에 따라 나누는 방식이다. 전국을 몇 개 권역으로 나눈 뒤 각 권역에 정당별로 비례대표 명부를 만들고 정당 득표율에 따라 명부에 이름을 올린 후보들이 당선된다. 권역별 비례대표제를 채택한 나라는 독일이 대표적이다. 우리나라는 권역별 비례대표제와 달리 비례대표 명부를 전국 단위로 만든 전국 단위 비례대표제를 두고 있다.

대검 수정관실→정보관리담당관실 개편...정보수집·검증 분리

검찰총장의 '눈과 귀' 역할을 해 온 대검찰청 수사정보담당관실(수정관실)이 기능을 대폭 축소해 정보관리담당관실로 개편될 예정이다. 행정안전부는 2월 22일 대검 수정관실 개편 내용을 담은 '검찰청 사무기구에 관한 규정' 일부개정령안을 2월 23일까지 이틀간 입법예고한다고 밝혔다.

개정령안에 따르면 개편 조직인 '정보관리담당관실'은 검경 수사권 조정에 따라 **검찰 직접 수사가 가능한 6대 범죄**(▲부패 ▲경제 ▲공직자 ▲선거 ▲방위사업 ▲대형참사 사건) 정보의 수집·관리·분석 기능만 담당하게 된다. 정보관리담당관실이 직접 수집한 정보에 대한 검증 및 평가는 별도 회의를 열어 결정하도록 했다.

기존 수정관실은 직접 수집한 정보에 대한 검증 및 평가 기능도 수행했는데 이를 없앤 것이다. 다만, 일선 검찰청에서 수집하거나 경찰 등 다른 수사기관에서 이첩된 범죄 관련 수사 정보는 정보관리담당관실에서 검증·평가할 수 있다.

정부는 "검찰의 정보 역량을 적정하게 유지하면서도 수사 정보의 자의적인 수집·이용 우려를 차단하기 위해 대검 수사정보담당관실을 폐지하고 대검 정보담당관실을 신설한다. 수사 정보의 수집·관리·분석 기능과 검증·평가 기능을 분리해 대검 조직과 기능을 조정하려는 것"이라고 입법취지를 밝혔다.

대검찰청은 1999년부터 범죄정보기획관실을 신설해 운영해 왔다. 이른바 '범정'으로 불리며 검찰의 정보 수집 최고 조직으로 꼽혔다. 직제상 대검 차장검사를 보좌하는 부서이지만, 검찰총장에게 직보하는 체제로 운영되면서 '총장의 눈과 귀' '친위대' 등으로 불렸다.

문재인 정부는 검찰개혁 일환으로 대검 정보 수집 기능을 축소해왔다. 2017년 문무일 검찰총장 취임 후 범죄정보기획관실 개편 작업에 들어가 2018년 수사정보정책관실로 명칭을 바꿨다. 2020년에는 지금의 수사정보담당관실로 조직을 더 축소했다.

당시 차장검사급이 맡았던 수사정보정책관실을 폐지하고, 수사정보담당관도 부장검사급 2명에서 1명으로 줄였다. 한편, 더불어민주당은 지난해 2월 검찰의 기소권을 완전히 박탈하는 **■중대범죄수사청** 설치를 추진하다 당 안팎에서 제동이 걸려 무산된 바 있다.

■ 중대범죄수사청 (重大犯罪搜査廳)

중대범죄수사청이란 검찰이 담당하는 6대 범죄(부패범죄·경제범죄·공직자범죄·선거범죄·방위사업범죄·대형참사) 등 중대범죄에 대한 수사를 전담하는 별도의 기관을 말한다. 황운하 더불어민주당 의원이 2021년 2월 9일 대표발의한 '중대범죄수사청법 제정안'에 따르면, 검찰의 직접수사 기능을 전면 폐지하고, 검찰이 담당하는 직접수사 범죄를 중대범죄수사청으로 이관하는 내용을 골자로 한다. 법안에 따르면 중대범죄수사청장은 후보 추천위원회가 추천한 2명 중 대통령이 지명해 인사청문회를 거쳐 임명된다. 또 각 고등법원 관할구역에 지방수사청을 두도록 한다. 실제 수사는 수사관이 담당하는데, 수사관은 변호사 자격을 보유한 사람, 검찰 또는 경찰 공무원으로 5년 이상 조사업무 실무를 경험한 사람이면 임명 가능하다. 검찰 출신은 50% 미만으로 한다.

기출TIP 2021년 헤럴드경제 필기시험에서 중대범죄수사청을 묻는 문제가 출제됐다.

'대장동 50억 클럽' 곽상도 구속기소

▲ 곽상도 전 국민의힘 의원

대장동 개발사업에 도움을 주고 아들을 통해 거액의 뇌물을 챙긴 혐의 등으로 곽상도 국민의힘 전 의원이 2월 22일 재판에 넘겨졌다. 서울중앙지검 전담수사팀은 이날 곽 전 의원을 특정경제범죄가중처벌법상 알선수재, 특정범죄가중처벌법상 뇌물, 정치자금법 위반 혐의로 구속기소 했다.

곽 전 의원에게 뇌물을 건넨 의혹을 받는 화천대유 대주주 김만배 씨는 뇌물공여 및 특정경제범죄가중처벌법상 횡령, 정치자금을 건넨 의혹을 받는 천화동인4호 소유주 남욱 변호사는 정치자금법 위반 혐의로 추가 기소됐다.

곽 전 의원은 2015년 **대장동 개발 사업에 참여한**

화천대유가 하나은행과 컨소시엄을 꾸리는 데 도움을 주고 그 대가로 화천대유에서 근무한 아들을 통해 퇴직금 등 명목으로 2021년 4월 말 50억원(세금 제외 25억원)을 받은 혐의를 받는다.

검찰은 하나은행 컨소시엄이 무산될 위기에 처하자 곽 전 의원이 성균관대 후배인 김만배 씨의 부탁을 받고 김정태 하나금융지주 회장 측에 영향력을 행사해 컨소시엄 무산을 막은 것으로 보고 있다.

곽 전 의원은 2016년 3~4월께 제20대 총선 즈음 남욱 변호사로부터 불법 정치자금 5000만원을 받은 혐의도 있다. 곽 전 의원은 이 돈이 남 변호사가 2015년 수원지검에서 수사받을 때 변호사 수임료라고 주장하지만, 검찰은 당시 곽 전 의원이 변호사 선임 계약서를 쓰지 않았던 점 등에 비춰 불법성이 있다고 판단했다.

검찰은 법원에서 **▪구속영장**이 발부된 만큼 혐의가 소명됐다는 입장이지만 곽 전 의원은 의혹이 불거졌을 때부터 혐의를 모두 부인하고 있어 향후 양측의 법정 공방이 치열할 것으로 예상된다.

검찰은 이른바 '50억 클럽' 명단 속 박영수 전 특별검사와 권순일 전 대법관은 이번에 처분하지 않았다. 두 사람은 곽 전 의원에 비해 아직 범죄 혐의가 뚜렷하게 가닥이 잡히지 않은 상황이다. 법조계 일각에서는 대선 이후 검찰이 기소 여부를 결정할 것이라는 전망도 나온다.

▪ 구속영장 (拘束令狀)
구속영장은 피의자가 죄를 범하였다고 의심할 만한 이유가 있고, 일정한 주거가 없거나 증거를 인멸할 우려가 있는 때,

도망하거나 도망할 염려가 있는 때 피의자를 구속하기 위한 영장이다. 수사기관이 수사를 한 결과 범죄가 무겁고 죄질이 나쁘며 일정한 주거가 없거나 도망 또는 증거인멸의 염려가 있는 경우에는 피의자를 구속할 수 있다. 구속을 하기 위해서는 판사가 발부한 구속영장이 있어야 한다. 구속영장은 사법경찰관 또는 검사의 청구에 의하여 관할 지방법원의 판사가 발부한다.

기출TIP 2021년 뉴스1 필기시험에서 구속영장에 대해 묻는 문제가 출제됐다.

文 정부 정상외교, 5년간 141차례... "글로벌 선도국가 위상 높여"

지난 5년간 문재인 정부 외교 성과와 관련해 정부는 "글로벌 선도국가로서의 위상을 높였다"고 자평했다. 정부는 2월 22일 문재인 대통령 주재 국무회의에서 5년간 정상외교 후속조치 성과를 종합 점검하고 이같이 밝혔다.

2017년 문재인 정부 출범 이래 정상외교는 총 141회로 집계됐다. 이중 문 대통령이 직접 방문한 것은 56개국, 외국에서 방한한 것은 56개국이다. 화상 정상회담·회의는 29회였다.

정부는 한미 간 긴밀한 공조 등을 통해 한반도의 완전한 비핵화와 평화정착의 기반을 마련했다고 평가했다. 또 미국·중국·일본·러시아 주변 4개국과 당당한 협력외교를 펼쳤다고 밝혔다. 신남방·신북방 정책을 활발하게 추진하고 중남미와 아프리카·중동국가와도 협력을 강화해 우리의 외교의 지평을 넓히고 신성장 동력을 확보했다고도 밝혔다.

아울러 주요 7개국(G7) 정상회의에 2년 연속 초청받고 역대 대통령 중 처음으로 5년 연속 국제연합(UN)총회에 참석했다고 밝혔다. 여기에 백신 협력과 기후 변화 등 글로벌 현안 대응에 기여해 국제사회의 책임있는 국가로서 역할을 강화했다고 평가했다.

구체적인 성과로는 **정상회의를 계기로 인프라·방산·공급망 등 다양한 분야에서 우리 기업의 해외 진출을 지원하고 미래먹거리를 창출**했다는 점을 꼽았다. 카자흐스탄 순방을 계기로 양국 차관급 면담 기회를 마련해 알마티 순환도로 건설·운영사업을 수주하고 유엔총회 참석을 계기로 폴란드와 바르샤바 신공항사업 참여에 대한 인프라 협력 논의를 지속해 수주를 성공적으로 이끌어낼 수 있다고 설명했다.

정상외교를 계기로 방산(방위산업)협력에 대한 상호 공감대를 형성한 결과 방산 수출액이 2016년 25억6000만달러에서 2020년 72억5000만달러로 대폭 증가했다고 밝혔다. 지난 1월 **아랍에미리트(UAE)와 맺은 천궁2 체계 수출 규모는 35억달러로 단일 무기 기준 역대 최대**다. 글로벌 공급망이 재편되는 과정에서 정상외교를 계기로 미국과 호주 등과의 협력을 긴밀하게 논의하기도 했다.

■**P4G**정상회의에서 채택된 '서울선언문', 2030은

실가스 감축목표(NDC, Nationally Determined Con-tributions) 상향안 유엔 제출, 글로벌 메탄서약 가입 등은 기후변화 대응을 위한 노력으로, 코백스 기여도 확대와 백신·원부자재 생산을 확대하고 연구개발·과학기술 협력을 증진하는 것은 보건·백신 협력으로 꼽혔다.

■ **P4G (Partnering for Green Growth and the Global Goals 2030)**

P4G는 지구 최대 현안인 기후변화 대응과 지속가능발전목표(SDGs) 달성을 가속화하기 위해 2017년에 출범한 글로벌 이니셔티브. P4G는 기후행동 이행에 있어 정부뿐만 아니라 기업과 시민사회 등이 함께 참여하는 새로운 형태의 민관 협력사업(파트너십)을 지원함으로써, 기존 정부 및 유엔 체제 중심의 기후 대응에 보완적 역할을 하고 있다는 특징이 있다. 회원국은 대륙별 중견국가 12개국(덴마크·네덜란드·에티오피아·케냐·남아프리카공화국·한국·방글라데시·베트남·인도네시아·콜롬비아·멕시코·칠레)이다. 회원기구로는 세계자원연구소·세계지식포럼·글로벌녹색성장기구·국제금융공사·도시기후리더십그룹이 참여한다. 민간 파트너로는 약 140개의 기업과 약 100개의 시민단체가 참여하고 있다.

➕ **페르소나 논 그라타 (persona non grata)**

페르소나 논 그라타의 의미는 '호감이 가지 않는 인물'이다. 외교관계를 맺고 있는 나라가 수교국에서 파견된 특정 외교관의 전력 또는 정상적인 외교활동을 벗어난 행위를 문제 삼아 '기피인물'로 선언하는 것이다. 빈 협약 제9조에 규정돼 있다. 외교관의 접수국은 어느 때나 아무런 이유를 설명하지 않고 페르소나 논 그라타를 선언할 수 있으며, 파견국은 해당 인물을 소환하거나 외교관직을 박탈하는 것이 관례다. 만일 파견국이 적절한 시점까지 소환조치를 거부할 경우, 접수국은 해당인물에 대한 외교관의 신분을 불인정, 면책특권을 박탈할 수 있다.
반면 아그레망(agrément)을 받은 사람은 페르소나 그라타(persona grata)라고 한다. 아그레망은 외교사절을 파견할 때 주재국의 사전 동의 내지 승인을 가리키는 외교용어다.

기출TIP 2021년 KBS 필기시험에서 P4G를 묻는 문제가 출제됐다.

국회의원 품앗이 '보험용 기부' 여전

친분이 있는 국회의원끼리 '■**품앗이**'로 기부하는 사례가 여전한 것으로 나타났다. 중앙선거관리위원회가 2월 25일 공개한 '연간 300만원 초과기부자 명단(2021년도)'을 보면 국회의원이 동료 의원에게 후원금을 내는 경우가 적지 않게 확인됐다. 지방의회 의원과 구청장 등 지방자치단체장들이 '보험용'으로 현역 국회의원을 후원하는 행태도 사라지지 않았다.

더불어민주당 김영진 의원은 같은 당 경기 안성시 이규민 당시 의원(현 당선무효형)에게 500만원을 후원했다. 국민의힘 박대수 의원도 같은 당 지성호 의원에게 두 차례에 걸쳐 총 400만원을 보냈다. 국민의힘 홍준표 의원은 '홍준표계'인 같은 당 배현진 의원에게 500만원을 후원했다.

시·도 의원이 지역과 관련 있는 국회의원에게 기부한 사례도 여럿이다. 문석진 서울 서대문구청장은 서대문갑의 민주당 우상호 의원에게 500만원을 기부했다. 문 구청장은 2020년도에도 우 의원에게 500만원을 후원한 바 있다.

최홍찬 부산 연제구의회 의장은 부산 연제구 지

역구인 국민의힘 이주환 의원에게 4차례에 걸쳐 총 400만원을 기부했다. 박해수 충주시의원은 충주 지역구인 국민의힘 이종배 의원에게 500만원을 후원했다.

국회의원에게 정치자금을 후원하면서 신원을 명확히 밝히지 않는 익명의 '묻지마 기부'도 여전했다. **연간 300만원 초과 기부자의 경우 이름, 생년월일, 주소, 직업, 전화번호 등 인적사항을 기재해**야 하지만, 공란으로 남겨진 경우가 적지 않았다.

선관위가 공개한 명단을 보면, 2021년 고액기부 사례 2868건 가운데 '회사원'(1063건), '자영업'(938건·업체 미기재) 등 모호하게 밝힌 사례가 다수 발견됐다. 이런 관행이 사라지지 않는 것은 기부자들이 신원 노출을 기피하고 인적사항을 정확히 기재하지 않아도 처벌할 법적조항이 없기 때문이라는 지적이 나온다.

■ **품앗이**

품앗이는 임금을 주지 않는 한(韓)민족 고유의 1 대 1 교환 노동 관습이다. 파종·밭갈이·논갈이·모내기·가래질·논매기·밭매기·퇴비하기·보리타작·추수 등의 농사일은 물론 지붕잇기·집짓기와 수리·나무하기 같은 생활상의 품앗이, 염전의 소금일·제방쌓기에 이르기까지 널리 활용되었다. 대개 마을 단위로 해서 이루어지는데 노동력이 부족할 때 수시로 이웃 사람에게 요청했다. 사람들 간 교환노동으로 서로의 품격 높은 신뢰를 전제로 하며, 개별 노동의 실제 가치를 따지지 않고 참여자의 개별 상황을 인정하면서 이루어지는, 신뢰와 인정을 바탕으로 한 한민족 고유의 관습이다. 품앗이로 하는 일은 농사를 비롯해서 퇴비(堆肥)·연료장만·벼베기 등 뿐만 아니라 큰일에 음식을 장만하고 옷을 만드는 일도 포함된다.

품앗이는 자연 마을에서 행해지며 친족 관계, 동족 관계, 계층 관계, 지역성, 인접성 등에 의해 결정된다. 품앗이는 사람뿐만 아니라 소와 사람 사이에도 이루어졌다. 보통 소는 두 사람의 품으로 계산하기도 한다. 품앗이는 두레와는 달리 구성원이 소규모이며 일시적이고 수시로 행해졌다. 또한 성격에 따라 노동에 대한 대가에 절대성을 띠지 않는다.

송영길 민주당 대표 피습... 정치권 "민주주의 위협"

▲ 피습으로 머리를 다쳐 모자를 쓴 송영길(가운데) 민주당 대표

송영길 더불어민주당 대표가 대선 유세 도중 괴한으로부터 피습당했다. 송 대표는 3월 7일 오후 12시 5분쯤 서울 신촌 유플렉스 앞 광장에서 이동하던 중 한복 차림의 70대 A 씨로부터 망치로 머리를 여러 차례 가격당했다.

머리에서 피가 난 송 대표는 인근 세브란스병원에서 봉합수술을 받았으며 생명에는 지장이 없는 것으로 전해졌다. 경찰은 A 씨를 공직선거법 위반(선거운동 방해)과 특수상해 등 혐의로 현행범 체포했다. A 씨는 현장에서 "한미 군사훈련 반대" 등을 외친 것으로 전해졌다. 유튜브 채널을 운영하고 있는 A 씨는 2022년 2월부터 송 대표와 이재명 더불어민주당 대선 후보 유세 현장을 따라다닌 것으로 보아 미리 범죄를 계획했을 것으로 추정된다.

송 대표는 하루 만에 퇴원했다. 3일 8일 페이스북에 "저는 망치로 뒤통수 공격을 받았으나 다행히 치명적 부위를 비켜났고 뇌출혈도 없어 오늘 퇴원해 마지막 유세에 동참하려 한다"며 "폭력과 혐오가 아니라 연대와 협력으로 세상을 변화시켜 나가겠다"고 말했다.

정치권은 한목소리로 정치 테러 행위를 규탄했다. 민주당 선대위는 송 대표 피습을 **"민주주의에 대한 심각한 위협"**으로 규정했고, 국민의힘과 정의당도 "민주주의를 반대하는 어떤 폭력 행위도 단호히 반대한다"며 송 대표의 쾌유를 기원했다.

문재인 대통령도 3월 7일 송 대표 피습과 관련해 "선거 폭력은 민주주의에 대한 테러"라며 "결코 있어서는 안 될 일이다. 혐오와 폭력으로는 세상을 바꿀 수 없다"고 말했다고 박경미 청와대 대변인이 서면 브리핑에서 전했다.

➕ 역대 정치인 테러 사례

정치인들을 향한 피습 사건은 송영길 대표가 처음이 아니다. 박근혜 전 대통령은 2006년 5월 20일 5·31 지방선거를 앞두고 오세훈 서울시장 후보 지원 유세를 하던 중 커터칼 피습을 받았다. 박 대통령은 당시 50대 지 모 씨가 휘두른 문구용 커터칼에 11cm 길이의 오른쪽 뺨 자상을 입고 봉합 수술을 받았다.
노무현 전 대통령은 민주당 대선 후보 시절인 2002년 11월 '우리 쌀 지키기 전국 농민대회'에서 연설하던 도중 야유하던 청중 사이에서 날아온 달걀에 아래턱을 맞았다. 이명박 전 대통령은 2007년 12월 대선 후보 당시 한 중년 남성이 "BBK 사건의 전모를 밝히라"고 외치며 던진 계란에 허리 부근을 맞았다.
김영삼 전 대통령은 신민당 원내총무 시절 박정희 대통령의 3선 개헌을 비판하고 차량으로 귀가하던 중 괴한 3명이 질산이 든 병을 차량에 투척했다. 김 전 대통령은 고개를 숙여 무사했으나 차량 일부가 녹아내렸다.

지방선거 한걸음 앞으로...
여야, 다시 '선거모드'

여야 정치권이 제20대 대통령 선거가 끝나자마자, 6월 1일 치러지는 제8회 전국동시 ■**지방선거** 준비에 들어갔다. 3월 11일 기준으로 지방선거는 82일 앞으로 다가왔다. '대선 올인'을 이유로 지방선거와 관련된 일정을 미뤘던 더불어민주당과 국민의힘이 곧바로 지방 권력을 놓고 재격돌하는 모양새다.

여야는 오는 5월 12일 후보자 등록 전까지 당내 경선 등 후보자 선출을 마무리해야 한다. 대선에서 패한 민주당은 2018년 지방선거 압승으로 확보한 지방 권력을 최대한 지켜내야 한다는 목표 아래 선거 준비에 박차를 가하고 있다.

더불어민주당 지도부는 전날 국회에서 개최한 비공개 최고위원회에서 **대선 이후로 일괄 연기했던 예비후보 등록을 바로 재개하기로 결정**했다. 당헌·당규상 예비후보 등록을 하려면 검증위 심사를 통과해야 하지만 이번에는 기본 검증 서류만 내면 등록할 수 있도록 했다. 출마 의사가 있는 당직자는 3월 12일까지 사퇴하라고 못 박았다.

민주당은 비상대책위 체제 아래 늦어도 4월 말까지는 공천 일정을 마무리한다는 계획이다. 지방선거가 윤석열 당선인의 대통령 취임일(5월 10일) 3주 뒤 치러진다는 점에서 대선 결과에 상당히 연동될 가능성을 우려하고 있다. 그런 차원에서 당의 쇄신 의지를 보여줄 외부 인사의 전략공천 필요성도 제기된다.

대선 승리에 한껏 고무된 국민의힘은 그 기세를 지방선거까지 이어가겠다는 태세다. 통합당의 전신인 자유한국당이 2018년 지방선거에서 참패하면서 잃었던 지방 권력을 최대한 찾아오겠다는 구상이다.

다만, 본격적인 선거 모드에 돌입하기 전에 국민의당 안철수 대표와 야권 단일화를 합의하면서 추진하기로 한 합당 문제가 있다. 당초 이준석 국민의힘 대표는 국민의당 출신 인사의 당 핵심 기구 참여 등을 통해 적절한 대우와 예우를 하겠다면서도 지방선거에서 지분 나누기식 공천에는 선을 그어왔는데 이 부분에 대한 정리가 필요할 것으로 보인다.

한편, 이번 지방선거에서 서울시장은 오세훈 시장의 재도전이 굳혀진 가운데 민주당 후보군으로는 박영선 전 중소벤처기업부 장관, 추미애 전 법무부 장관, 대선 직전 이재명 민주당 후보와 연대한 김동연 전 경제부총리 등이 거론됐다.

■ 지방선거 (地方選擧)
지방선거는 지방자치법에 따라 주민이 지역주민의 대표자인 지방의회 의원 및 지방자치단체의 장을 선출하는 선거를 말한다. 한국은 1995년 6월 자치단체장의 직선이 이뤄지며 지방자치시대에 들어섰다. 지방자치장 임기는 4년, 계속 재임은 3기까지 가능하고, 지방의회의원의 재임은 제한이 없다.

용산 대통령 시대 열린다... 尹, 청와대 이전 추진

▲ 청와대

윤석열 대통령 당선인의 공약 중 하나였던 ■청와대의 이전 약속이 본격 궤도에 오르는 모양새다. 윤 당선인은 3월 20일 기자회견을 열고 대통령 집무실을 청와대에서 서울 용산구 용산동 국방부 청사로 이전할 방침을 발표했다. 대통령 관저는 한남동 공관을 사용하겠다고 밝혔다. 전체 이전 비용은 496억원으로 추산했다. 청와대는 역사 속으로 사라지게 됐다.

윤 당선인은 지난 1월 27일 **기존의 청와대 조직 구조를 해체하고, 대통령 집무실을 광화문 정부서울청사에 구축하겠다고 공약**했다. 핵심 측근 위주로 밀실에서 의사결정이 이뤄지는 '제왕적 대통령제'의 폐해를 없애고, 대국민 직접소통을 늘리겠다는 취지다. 윤 당선인은 전날 유영민 대통령 비서실장과 이철희 정무수석의 예방을 받은 자리에서도 청와대가 아닌 정부서울청사로 나와 근무하겠다는 의지를 거듭 피력했다고 한다.

경호 문제 등으로 광화문 불가
김영삼 전 대통령부터 문재인 대통령에 이르기까지 청와대 집무실의 이전 혹은 청와대 공간 재

배치를 검토했지만 무산되거나 소폭 변화에 그친 것은 경호·보안·의전 문제와 주변 지역의 불편 등을 고려하지 않을 수 없었기 때문이다. 실제 문재인 대통령도 2012년, 2017년 대선에서 청와대 집무실 광화문 이전을 약속했으나 공약을 전면 백지화했다.

가장 큰 난관은 경호 문제다. 독립된 공간에 위치하고 있는 청와대와 달리 광화문 정부서울청사는 도심 한 가운데 위치하고 있고, 대형 집회·시위가 자주 열리는 공간이기 때문에 테러 등 우발적 상황이 수시로 발생할 수 있다. 경호상의 이유로 교통, 통신 통제 등이 이뤄질 경우 시민들의 불편도 우려된다.

■ 청와대 (靑瓦臺)

청와대란 대한민국 대통령 관저를 말한다. 청와대란 명칭은 본관 건물이 청기와로 덮여 있는 데서 유래했다. 청와대의 역사는 고려 숙종 때인 1104년에 완공된 후원으로 사용되던 '이궁(離宮)'에서 시작됐다. 정부 수립 이후 이승만 대통령은 '경무대'라고 명명하고 사용하기 시작했으며, 윤보선 대통령 이후 청와대로 개명했다. 청와대는 대통령의 집무실·접견실·회의실 등이 있는 본관, 영빈관, 대통령관저, 수궁터, 상춘재, 녹지원, 대통령비서실, 춘추관, 무궁화동산, 효자동사랑방, 칠궁 등으로 이루어져 있다.

尹, 민정수석실 폐지한다...
특별감찰관제 재가동

윤석열 대통령 당선인은 3월 14일 "앞으로 대통령실 업무에서 사정, 정보조사 기능을 철저히 배제하고 **■민정수석**실을 폐지하겠다"고 밝혔다. 윤 당선인은 이날 종로구 통의동 집무실에서 열린

▲ 윤석열 대통령 당선인

안철수 대통령직 인수위원회위원장, 권영세 부위원장, 원희룡 기획위원장과 차담에서 이같이 말했다고 김은혜 대변인이 서면브리핑을 통해 전했다.

윤 당선인은 이 자리에서 "일명 '사직동 팀'은 있을 수 없다"고 강조했다. 윤 당선인은 "과거 사정기관을 장악한 민정수석실은 합법을 가장해 정적, 정치적 반대 세력을 통제하는 경우가 비일비재했고, 세평 검증을 위장해 국민 신상 털기와 뒷조사를 벌여왔는데, 이런 잔재를 청산하겠다"고 말했다.

사직동팀은 청와대 특명에 따라 고위공직자와 대통령 친인척 관리 및 첩보수집 기능을 담당해 온 조직이다. 공식명칭은 '경찰청 형사국 조사과'지만 종로구 사직동 안가에서 작업을 했다고 해서 이런 이름이 붙었으며 2000년 10월 김대중 전 대통령 지시로 해체됐다.

민정수석실 폐지는 윤 당선인의 대선 공약 중 하나다. 정부혁신 분야 첫 번째 공약으로 "국정운영 방식의 대전환"을 예고한 윤 당선인은 대대적인 대통령실(청와대) 조직개편을 예고했다. 정권 고위층을 검증하고 대통령 친인척 문제를 관리하는 '민정수석실 폐지'는 그중 핵심으로 꼽혔다.

윤 당선인은 **청와대 특별감찰관을 정상가동하는 방안도 추진**할 전망이다. 앞서 김 대변인은 오전 브리핑에서 특별감찰관제에 대해 "법과 원칙이 누구에게도 예외 없이 적용돼야 한다는 것은 당선인의 일관된 생각"이라며 "인수위에서 관련 논의를 진행하고 당선인에게 보고돼야 할 사안"이라고 밝혔다.

특별감찰관제는 대통령의 배우자와 4촌 이내 친인척, 청와대 수석비서관 이상의 고위공무원 등에 대한 비리를 막기 위해 2014년 도입됐다. 폐지되는 민정수석실 기능을 일정 수준 대신하게 될 것으로 보인다.

■ 민정수석 (民情首席)

민정수석이란 대통령비서실 소속 민정수석비서관의 줄임말이다. 차관급에 해당하며 민정수석실 내에 민정·공직기강·법무·반부패 관련 세부 조직을 둔다. 민정수석은 여론이나 민심 등을 통해 국민의 뜻을 살피고, 공직사회의 기강을 바로잡으며 법률문제를 보좌하고, 반부패 업무를 행한다.

아울러 고위 공직자의 인사 검증, 직무 관찰, 대통령 친인척 관리 등의 업무를 담당하면서 5대 사정기관 ▲검찰 ▲경찰 ▲국가정보원 ▲국세청 ▲감사원을 총괄하고 이 기관들이 생산하는 정보를 대통령에게 직접 보고하는 요직이다. 이 때문에 그 권한이 과도하게 막강하다는 비판을 받기도 한다. 한편, 문재인 대통령은 노무현 정부에서 민정수석을 지낸 바 있다.

■ 윤석열 대통령직인수위원회 명단

직책	이름
대통령 당선인	윤석열
인수위원장	안철수
부위원장	권영세
비서실장	장제원
행정실장	서일준
수석대변인	신용현
수석부대변인	원일희, 최지현

국민통합위원회	김한길
지역균형발전특위	김병준
코로나비상대응특위	안철수(겸직)
기획조정	추경호(간사), 이태규, 최종학
외교안보	김성한(간사), 김태효, 이종섭
정무사법행정	이용호(간사), 유상범, 박순애
경제1(경제정책·거시경제)	최상목(간사), 김소영, 신성환
경제2(산업·일자리)	이창양(간사), 왕윤종, 유웅환, 고산
과학기술교육	박성중(간사), 김창경, 남기태
사회복지문화	임이자(간사), 안상훈, 백경란, 김도식

與 비대위, 박지현 발탁· 2030 절반 '파격'

▲ 박지현 더불어민주당 공동비상대책위원장 (박지현 인스타그램 캡처)

더불어민주당이 3월 13일 대선 패배를 수습하고 6월 지방선거를 치를 비상대책위원회를 청년과 여성 중심으로 꾸리는 파격 카드를 꺼내 들었다. 윤호중 **■원내대표**를 포함해 전체 8명의 비대위원 명단이 발표된 가운데 이 중 절반은 '2030세대'로 꾸리는 등 젊은 원외(국회의원이 아닌) 인사를 대폭 전진 배치했다.

이번 비대위 인선에서 가장 눈길을 끈 것은 **공동비대위원장으로 발탁된 박지현 전 선대위 디지털**

성폭력근절특위 위원장이다. 박 위원장의 비대위 합류는 예상됐으나 위원장 선임은 파격에 가깝다는 평가다. 이는 이재명 민주당 대선 후보가 대선에서 이른바 '이대녀'로부터 몰표에 가까운 지지를 받았다는 점을 반영한 것으로 보인다. 대선에서 드러난 표심을 비대위로 수용한 것이다.

2030세대와 함께 조응천 의원, 채이배·배재정 전 의원 등 비주류 전·현직 의원들이 비대위에 참여한 것도 특징이다. 대체로 민주당 내부 문제에 비판적인 목소리를 내왔던 인사를 전진 배치했기 때문이다. 3선 이상의 중량급 원내 인사나 사회적 명망가가 불포함된 것도 눈길을 끈다. 대형 정치 이슈보다는 실무 중심으로 내용적인 혁신을 이루겠다는 취지로 풀이된다.

"보여주기식 구성, 능력 검증 안 돼" 지적도

당내에서는 비대위 구성을 놓고 참신성이 기반한 기대와 쇄신·능력 측면에서의 우려가 교차하는 모습이다.

특히 **직전 지도부 일원으로 패배에 책임이 있는 '윤호중 공동비대위원장 체제'로는 안 된다는 비**판과 함께 **능력이 검증되지 않은 인사로 너무 보여주기식**으로 꾸린 것 아니냐는 지적도 나오고 있다.

능력 측면에 대한 우려도 나왔다. 한 민주당 의원은 언론 인터뷰에서 이번 비대위 구성에 대해 "참신성이 있고 젊은 여성들 배려하려 한 것은 눈에 띄지만, 당을 쇄신하고 지방선거에서 지도부 역할을 할 수 있을지는 미지수"라면서 "능력 면에서 검증되지 않아서 잘못하면 '쇼'라는 비판이 있을 수도 있다"고 우려했다.

■ **원내대표 (院内代表)**

원내대표는 국회 내에서 당의 실질적인 사령탑으로서, 소속 의원들을 통솔하며 당무(黨務)를 맡고 의사(議事)와 대외관계에서 당을 대표하는 의원이다. 원내대표는 일반적으로 동일 정당 소속의 의원들로 구성되는 국회 교섭단체를 대표하므로 반드시 의원 신분이어야 한다.

> ➕ **추적단 불꽃**
>
> 추적단 불꽃은 '텔레그램 N번방' 사건의 실체를 처음으로 밝힌 취재단이다. 이들 취재단은 대학생으로서 탐사취재 공모전에 참가하기 위해 추적단 불꽃 활동을 시작했다. 추적단 불꽃은 2019년 7월 불법촬영에 대해 취재하는 도중 성폭력 영상물을 공유하는 단체 채팅방이 텔레그램에서 운영되는 것을 알게 되었고, 잠입 취재를 통해 미성년자를 포함한 여성들의 성착취 영상을 공유한 텔레그램 N번방의 실체를 확인했다. 1년 넘는 시간 동안 잠입 취재는 계속했고, 주요 언론사에 제보하고 수사기관에 신고하면서 '텔레그램 N번방' 사건이 세상에 나오게 됐다. 텔레그램 성착취 사건 취재로 제22회 국제앰네스티 언론상 시상식에서 한겨레는 본상을, 추적단 불꽃은 특별상을 받았다. 2022년 1월 추적단 불꽃에서 '불'로 활동한 박지현 씨가 신원을 공개하고 더불어민주당 디지털성범죄근절특별위원장으로 합류한 바 있다.

분야별 최신상식

경제 산업

김범수 카카오 이사회 의장직 사임

미래이니셔티브센터장은 유지

지난 3월 14일 김범수 카카오 이사회 의장(사진)이 의장직에서 물러난다는 뜻을 밝혔다. 김 의장의 사임은 3월 29일로 예정된 **주주총회**에서 확정된다. 김 의장은 이날 임직원들에게 전사 메시지를 보내며 "앞으로 엔케이(남궁훈 대표 내정자)가 '비욘드 모바일'(Beyond Mobile)을 위해 메타버스 등 새로운 영역을 개척하는 작업을 주도하고, 저는 카카오 이사회 의장에서 내려와 '비욘드 코리아'(Beyond Korea)를 위한 카카오공동체의 글로벌 확장으로 업무의 중심을 이동하기로 했다"고 밝혔다.

김 의장은 "비욘드 코리아는 한국이라는 시작점을 넘어 해외 시장이라는 새로운 땅을 개척해야 한다는 카카오 스스로의 미션이자 대한민국 사회의 강한 요구"라며 "출발점은 일본이 될 것"이라고 설명했다. 이어 "**픽코마**는 일본을 잘 이해하는 인재를 영입하고, 한국에서 성공한 카카오페이지의 성공 방정식을 대입해 현재 전 세계에서 가장 많은 매출을 올리는 디지털만화 플랫폼으로 성장했다"며 픽코마를 글로벌 성장의 핵심 교두보로 강조했다.

카카오는 그간 개별 전략 아래 해외 시장을 공략해 왔지만, 일본 카카오픽

■ **주주총회 (株主總會)**

주주총회는 상법에 정해 놓은 회사의 중요한 사안을 주식회사의 주주들이 모여 정하는 최고 의사결정기관이다. 1주당 1개의 의결권을 가지는 주주는 주주총회에 직접 참석해 의결권을 행사할 수 있으며, 직접 참석이 어려울 경우 위임장을 작성해 대리인을 통해서도 의결권을 행사할 수 있다. 주주총회는 소집 시기를 기준으로 해 정기 주주총회와 임시 주주총회로 나누어진다.

코마를 필두로 시너지를 극대화하는 전략을 펼쳐 나갈 예정이다. 한편, **김 의장은 미래이니셔티브 센터장 역할은 유지하며, 카카오 창업자로서 카카오의 미래 성장에 대한 비전 제시 역할을 계속해서 맡을 예정**이다.

남궁훈 대표 내정자가 국내외 성장 이끈다

카카오에 따르면 남궁훈 대표 내정자는 메타버스 등 급부상하고 있는 분야와 미지의 영역에 대비하고 있으며, 카카오를 전 세계 무대에 용이하게 진출하게끔 구조를 재구성해 카카오의 국내외 성장을 선도할 각오다.

남궁 내정자는 "한글 기반의 스마트폰 인구는 5000만 명으로, 전 세계 스마트폰 인구 50억 명의 1%에 해당한다"며 "이제 카카오는 1%에서 99%로 나아가야 한다"고 말했다. 한편, 카카오는 이날 임시 이사회를 열고 홍은택 카카오 얼라인먼트 센터장을 신규 사내이사로 내정했다. 홍은택 센터장은 카카오의 '비욘드 코리아, 비욘드 모바일' 행보를 도울 계획이다.

신임대표 선임한 네이버도 "글로벌 일류 되겠다"

한편, 김 의장이 의장직 사임을 발표한 날 네이버는 정기 주주총회 및 이사회를 열고 1981년생 최수연 신임대표를 선임했다. 최 대표는 "글로벌 일류 기업이 되겠다"고 선언하며 카카오와 마찬가지로 글로벌 승부수를 띄웠다.

최 대표는 네이버의 전신 NHN 공채 출신이며 하버드대 로스쿨을 거쳐 변호사 시절 인수합병(M&A) 자문 경력을 바탕으로 이해진 창업자의 글로벌 투자를 보좌하다 네이버에 재입사했고 작년 대표로 내정됐다. **대표 내정 당시 최 대표의 직급은 조직장급인 책임리더급으로, 최고경영자 레벨인 C레벨 경영진을 뛰어넘은 파격 인사로 화제를 낳았다.**

■ **픽코마 (Piccoma)**
픽코마는 카카오의 자회사 '카카오 재팬'이 운영하고 있는 일본의 웹툰, 웹소설, 출판 만화를 서비스하는 앱 및 웹사이트다. 픽코마는 2016년 4월 서비스를 시작했으며, 주로 다음 웹툰과 카카오페이지의 웹툰을 일본어로 번역해 유료 서비스하고 있다. 김범수 카카오 이사회 의장은 2000년 한게임 재팬을 설립해 성공적으로 일본 시장을 개척한 바 있으며, 2017년부터 카카오픽코마 사내이사를 맡아 한국과 일본을 오가며 사업에 참여해 왔다.

POINT 세 줄 요약

❶ 3월 14일 김범수 카카오 이사회 의장이 의장직에서 물러난다는 뜻을 밝혔다.
❷ 김 의장은 카카오 이사회 의장에서 내려와 '비욘드 코리아'(Beyond Korea)를 위한 카카오공동체의 글로벌 확장으로 업무의 중심을 이동한다.
❸ 네이버 신임대표로 선임된 최수연 대표도 카카오와 마찬가지로 글로벌 승부수를 띄웠다.

LG전자, 태양광 패널 사업 철수

LG전자가 태양광 패널 사업에서 12년 만에 손을 떼기로 했다. LG전자 이사회는 2월 23일 "오는 6월 30일 자로 태양광 셀·모듈 사업을 종료한다"고 밝혔다.

LG전자의 이번 결정은 치열한 가격 경쟁과 치솟는 원자재 가격으로 사업성이 떨어진 태양광 사업을 접고 IT, **전장**(자동차 전기장치 부품) 등 다른 핵심 사업에 집중하기 위한 차원으로 보인다. 지난해 LG전자가 24분기 연속 영업적자에 시달린 스마트폰 사업에서 철수한 것과 같은 맥락이다.

LG전자는 지난 2010년 태양광 패널 사업을 시작했지만 최근 몇 년간 글로벌 태양광 패널 시장 점유율이 1%에 머물렀다. 중국산 저가 제품 판매 확대로 가격 경쟁이 치열해지고 폴리실리콘을 비롯한 원자재 비용이 상승하는 등 시장 상황도 악화됐다.

태양광 패널은 철수하지만 ESS(Energy Storage System·에너지저장장치)**와 빌딩 에너지 관리 솔루션인 LG 비콘**(BECON)을 포함해 진행 중인 에너지 관련 사업과 연구개발은 지속한다. 사업 포트폴리오도 개편하기로 했다. 태양광 패널 사업이 속한 BS(Business Solutions) 사업본부는 ▲IT(모니터, 노트북 등) ▲디스플레이(■**사이니지**, 상업용 TV 등) ▲로봇 사업 등에 집중하고 사업본부와 전사 차원으로 신사업을 검토·육성할 계획이다.

중국산 저가 공세에 韓 태양광 생태계 '흔들'

LG전자의 태양광 패널 사업 철수 결정으로 낮은 가격을 앞세운 중국산 제품 의존세가 커질 것이란 우려도 나온다. 한국 태양광 공급망 생태계는 가격 출혈경쟁 속에서 경쟁력을 잃으며 무너지고 있다.

태양광 산업의 밸류체인(value chain·가치사슬)은 기초 핵심 소재인 폴리실리콘을 기반으로 잉곳·웨이퍼, 셀, 모듈로 이어지는데 LG전자가 철수한 패널은 셀, 모듈 단계를 포괄한다. 한국무역협회에 따르면 **글로벌 태양광 시장에서 중국산 제품 점유율은 폴리실리콘 63%, 잉곳 95%, 웨이퍼 97%, 셀 79%, 모듈 71%로 압도적**이다.

한국의 폴리실리콘, 잉곳, 웨이퍼 수출 비중은 2017년까지만 해도 38.4%에 달했는데 중국산에 밀려 2020년 8.7%로 급감했고 가격 경쟁력을 상실한 중소업체들이 잇따라 폐업했다. 다만 한국 기업은 태양전지와 태양광 모듈에 주력하고 있어 태양광 산업 주도권을 완전히 잃었다고 보기는 어렵다.

■ **사이니지 (signage)**

사이니지는 영단어 사인(sign)에서 파생한 것으로 표지판처럼 특정 정보를 전달하기 위해 만든 시각적 구조물을 통칭한다. 교통 신호등이나 간판, 도로 표지판, 식당 메뉴판, 옥외 대형 스크린 등이 모두 사이니지에 해당한다. 오늘날 사이니지라고 하면 대부분 '디지털 사이니지(전자 광고판)'를 일컫는다.

그중에서도 고층 빌딩 전면에 부착돼 사람들의 시선을 붙잡는 DOOH(Digital Out Of Home·야외용 디지털 디스플레이)가 디지털 사이니지의 대표적인 형태로 주목받고 있다.

2021년 국민소득 사상 첫 3만5000달러 돌파

지난해 코로나9 팬데믹 여파 속에서도 **한국 경제가 1인당 국민소득(GNI) 3만5000달러 시대를 열었다.** 한국은행이 3월 3일 발표한 '2021년 4분기 및 연간 국민소득(잠정)' 통계에 따르면 지난해 1인당 GNI는 3만5168달러(약 4247만원)로 2020년의 3만1881달러보다 10.3% 증가했다. 실질 국내총생산(GDP) 성장률도 4.0%로 11년 만에 최고 수준이었다.

한국의 1인당 GNI가 3만5000달러를 돌파한 것은 사상 처음이다. 1인당 GNI는 2017년 3만1734달러를 기록하며 처음으로 3만 달러 시대에 진입했으나 2019년 3만2204달러, 2020년 3만1881달러로 2년 연속 뒷걸음질 쳤다.

하지만 지난해 코로나19 충격으로 침체됐던 소비 경기가 회복되고 원·달러 **■환율**이 연평균 3% 떨어지면서 3년 만에 두 자릿수로 반등했다. 한

은 측은 GNI 3만5000달러 돌파 요인에 대해 "경제성장과 물가 상승, 환율 하락이 영향을 끼쳤다"고 설명했다.

우리나라의 2020년 1인당 GNI는 이탈리아를 앞지르며 인구 5000만 명 이상 국가에서 세계 6위 규모였고 전체 국가 중에서는 36위였다. 한은 측은 코로나 위기를 잘 극복하고 성장세를 꾸준히 이어간다면 수년 내 1인당 국내총생산(GDP)이 4만 달러를 넘을 수도 있다고 전망했다.

홍남기 경제 부총리 겸 기획재정부 장관은 1인당 GNI가 3만5000달러를 넘어선 데 대해 "2년간 전대미문의 코로나 위기였던 점을 감안하면 괄목할 만한 성과"라며 "국제통화기금(IMF)이 우리 경제가 상위 10위 지위를 안정적으로 유지하리라고 전망하는 것을 고려할 때, 위기를 기회 삼아 세계 10위 경제에 안착한 것으로 평가할 수 있다"고 평가했다.

다만 지난해 1인당 GNI 상승이 **환율 하락에 따른 착시 효과**란 지적도 나온다. 지난해 일 평균 원·달러 환율은 1144.4원이었으나 최근 들어 환율이 오르며 1200원 이상을 유지하고 있어 올해는 환율 하락에 따른 국민소득 상승효과를 기대하기 어려워 보인다.

■ 환율 (換率)

환율은 외국 돈에 대한 특정 국가 화폐의 교환 비율을 말한다. 특별한 설명이 없다면 원·달러(미국) 환율을 의미할 때가 많다.
예를 들어 1달러에 1000원이었던 것이 1달러에 1200원으로 상승하면 말 그대로 환율이 상승한 것이다. 이때 같은 원화 금액으로 살 수 있는 달러 표시 제품이 줄어들게 되니 원화 가치는 하락한 것이고 이를 원화 약세라고 한다. 환율이 상승

하면 해외에서 원화 제품이 싸지므로 한국의 해외 수출은 일반적으로 증가한다.

반면, 환율이 하락하면 원화 가치가 상승(원화 강세)해 같은 원화 금액으로 더 많은 달러 표시 제품을 살 수 있어, 수입이 증가하고 수출은 감소한다.

기출TIP 환율 상승과 하락의 메커니즘을 이해하고 있는지 묻는 문제는 어떤 상식 시험에서도 자주 출제된다. 환율 상승과 하락, 원화 약세와 강세, 달러 강세와 약세를 연관 지어서, 깊이 생각하지 않아도 바로 구술할 수 있을 정도로 숙지하자.

서울아파트 '35층 규제' 8년 만에 폐지

서울시가 3월 5일 아파트 35층 층수 규제를 8년 만에 폐지하는 내용을 골자로 한 '2040 서울도시기본계획(서울플랜)'을 발표했다. **'2040 서울도시기본계획'은 국토계획법에 따른 최상위 법정계획**으로 2040년까지 서울시가 추진할 도시계획의 지침이 된다.

2009년 오세훈 시장 시절 '한강 르네상스 프로젝트'를 통해 아파트 층수는 50~60층으로 허용됐지만 **2014년 박원순 서울시장 당시 2030 서울도시기본계획에 따라 제3종 일반주거지역이 35층 이하로 제한**됐다.

서울시는 이번에 높이 규제를 폐지하고 지역 여건에 맞게 층수를 유연하게 정할 수 있게 했다. 다만 기존 **용적률**(토지 면적에 대한 연면적 비율)은 유지되므로 동일한 밀도로 짓되 높거나 낮은 건물을 합리적으로 배치할 수 있게 된다.

서울시는 또한 주거와 공업, 상업, 녹지 등으로 구분하는 현행 용도지역 대신 자율성과 유연성을 강조한 **"비욘드 조닝**을 2025년부터 도입한다. 지역별로 단일한 기능을 구분하기보다 주거와 일자리, 여가 등을 포괄하는 '보행 일상권'을 서울 전역에 조성한다는 계획이다.

서울 3개 도심 나눠 개발

서울시는 또 ▲한양도성 안 ▲여의도 ▲강남 등 3개 도심 기능을 나눠 개발할 계획이다. 개발이 지연됐던 한양도성 안은 광화문과 시청을 연결하는 국가 중심축, 세운지구 남북 녹지축 등으로 구분해 개발한다.

여의도는 용산과 연계해 개발하며 서울역, 용산, 노량진, 영등포 등으로 이어지는 지상 철도 구간을 단계적으로 지하화해 서울 동서 지역의 지상을 연결한다. 강남은 잠원~서초 **나들목**(IC, Inter-Change : 고속도로와 일반 도로가 만나는 교차로)에 이르는 경부간선도로를 입체화함으로써 잠실에서 테헤란로를 따라 강남, 서초까지 연계해 개발한다.

아파트 높이 규제가 해소되면서 층수 제한으로 지연됐던 재건축 사업이 다시 활기를 띨 전망이다. 다만 초고층 아파트 건설이 활성화되는 만큼 재건축 초과이익 환수제나 안전 진단 등 추가 규제 완화가 동반돼야 한다는 지적이 나온다.

■ 비욘드 조닝 (beyond zoning)

비욘드 조닝이란 주거와 업무, 상업 등 기능 구분이 사라지는 다기능 복합용도 지역 체계를 이르는 말로 서울시가 2022년 '2040 서울도시기본계획'을 발표하며 제시한 개념이다. 용도지역을 명확하게 구분하기보다는 자율성을 부여해 주거·업무·녹지 등이 복합적으로 배치되도록 한다는 방향성을 담고 있다. 예를 들어 주상복합 건물 한 동에서 주거·업무·상업이 융합되듯 하나의 지역에서 융합이 이뤄지도록 한다는 구상이다.

제2의 카카오페이 먹튀 막는다...
스톡옵션 6개월 처분 제한

신규 상장기업 임원이 **스톡옵션**(stock option·주식 매수선택권 : 임직원에게 자기 회사 주식을 일정한 가격으로 매수할 수 있는 권리를 부여하는 제도) 행사를 통해 취득한 주식이 앞으로는 **■의무보유** 대상에 포함돼 6개월간 처분이 제한된다. 금융위는 코스피·코스닥 상장 규정 의무 보유제도를 고쳐, 상장을 신청한 기업의 임원 등이 상장 이전에 받은 스톡옵션을 상장 이후 의무보유 대상에 포함하기로 했다고 2월 22일 밝혔다.

현행 규정에서는 상장 전 보유한 스톡옵션을 상장 후 행사해 취득한 주식에는 의무보유 제도가 적용되지 않는다. 이 때문에 의무보유 제도의 취

지를 훼손한다는 우려가 지적됐다. 작년 말 카카오페이 경영진이 대표적 사례다. 류영진 카카오페이 전 대표 등 임원진은 상장 후 스톡옵션을 팔아치워 수백억원의 차익을 얻으며 투자자들로부터 '먹튀(먹고 튐)'라는 거센 비난을 받았고 이로 인해 류 전 대표는 사퇴했다.

앞으로 의무보유 대상 기간에 스톡옵션을 행사해 취득한 주식은 취득 시점부터 잔여 의무보유 기간까지 처분이 제한된다. 예를 들어 상장 2개월이 지난 시점에 스톡옵션을 행사해 취득하면 그후 4개월간 의무보유가 적용된다. 의무보유 대상자에는 현행 ▲이사 ▲감사 ▲상법상 집행임원 외에 ▲**■업무집행지시자**가 추가된다.

또한 금융위는 의무보유기간 만료 후 임직원들의 매도 물량이 쏟아지는 현상을 완화하기 위해 기업이 자율로 의무보유 기간을 최대 2년까지 다르게 설정할 수 있도록 유도하기로 했다. 예를 들어 대표이사 보유 주식은 1년, 다른 임원은 6개월을 적용하는 방식이다. 거래소 상장규정 개정안은 이르면 증권선물위원회·금융위원회 승인을 거쳐 즉시 시행된다.

■ 의무보유 (lock-up)

의무보유(락업)란 신규 상장 시 특별한 이해관계나 경영상 책임이 있는 재(최대주주와 그 특수관계인)가 소유한 주식 등에 대해 일정 기간(통상 6개월) 처분을 제한함으로써, 상장 초기 대량 매도로 인한 시세 급변으로부터 투자자를 보호하고 공정한 주가가 조기에 형성될 수 있도록 지원하는 제도이다.

■ 업무집행지시자 (業務執行指示者)

업무집행지시자는 '이사가 아니면서 회장·사장·부사장 등 기타 회사의 업무를 집행할 권한이 있는 것으로 인정될 만한 명칭을 사용해 회사의 업무를 집행한 경영진'을 가리킨다. 코스닥 상장 규정은 의무보유 대상 임원에 업무집행지시자를 포함하고 있다.

최고 10% 청년희망적금,
열흘 만에 290만 명 몰렸다

정부와 은행권이 지난 2월 선보인 청년희망적금에 열흘 만에 300만 명에 가까운 가입자가 몰렸다. 당초 정부가 예상한 수요인 38만 명보다 8배가량 가입자가 몰렸다.

3월 6일 금융권에 따르면 2월 21일 청년희망적금 출시 후 3월 4일까지 주요 은행이 대면(창구) 및 비대면(앱)을 통해 신청을 마감한 결과 총 290만 명이 최종 가입한 것으로 나타났다.

청년희망적금은 높은 은행 기본금리(연 5%)에 정부 저축장려금, 이자소득세 비과세 등까지 합쳐 **최대 연 10% 수준의 높은 금리 혜택을 제공하는 금융상품으로 연간 총급여 3600만원 이하 만 19~34세 청년이 가입**할 수 있다. 파격적인 혜택으로 가입 신청이 몰리며 출시 당일 일부 은행 앱이 불통되는 사태가 빚어지기도 했다.

이에 문재인 대통령까지 나서 가입 인원을 제한하려던 기존 방침을 바꿔 인원 제한 없이 2주간 신청하는 청년들의 가입을 모두 허용하고 지원하기로 했다. 또한 신청 첫날 가입이 폭주하며 출생

연도에 따라 5부제를 적용했으나 2월 28일부터는 이를 해제하기로 했다. 금융 당국은 지난해 취업해 아직 국세청 소득 증빙 자료가 없어 청년희망적금 가입 자격이 없는 새내기 직장인 등이 불만을 터뜨리자 오는 7월 추가 가입을 진행하는 방안도 검토 중이다.

비용 부담을 떠맡은 은행권은 볼멘소리를 내고 있다. 은행권 대출금리가 평균 4% 정도인 상황에서 적금에 최대 10% 금리를 주면 당연히 손해를 볼 수밖에 없는데 당초 계획보다 가입 인원도 폭증해 부담이 크다는 것이다.

외국인 가입 논란

한편, 외국인도 청년희망적금에 가입이 가능하다는 사실이 알려지면서 이에 대해 불만을 토로하는 청와대 국민청원까지 등장했다. 총급여 3600만원 이하, 만 19~34세 기준을 충족한 가운데 **국내 183일 이상 거주하며 납세까지 한 외국인은 청년희망적금 대상자**에 포함된다.

청와대 국민청원에는 "내가 낸 세금으로 외국인 청년까지 돈을 퍼줘야 하는가"라는 글이 올라왔다. 금융권에서는 "청년희망적금은 조세특례제한법에 따른 비과세 상품이므로 법규에 따라 국내에서 과세하는 소득이 있는 외국인 거주자에게도 적용되는 것"이라고 설명했다.

또한 프리랜서, 아르바이트로 일한 경우에도 국세청을 통해 소득금액을 증명하면 청년희망적금에 가입할 수 있는데 이 때문에 집이나 건물 등을 소유하며 단기 아르바이트를 하는 이른바 '금수저 대학생'도 신청이 가능해 논란이 일었다.

■ 주요 절세형 금융상품 (자료 : 금융감독원)

구분	설명
ISA (개인종합자산관리계좌)	• 중개형 ISA 활용 시 투자소득 전액 비과세 • 금융소득(이자, 배당) 비과세 200만원(일반형 기준)
IRP(개인형퇴직연금)· 연금저축	• IRP는 연 최대 700만원, 연금저축은 연 최대 400만원까지 연말정산 세액공제 혜택
주택청약통장	• 연 납입액 240만원 한도 내에서 40%까지 연말정산 소득공제 혜택

신세계인터내셔날, 보통주 5000원 →1000원으로 액면 분할

신세계인터내셔날이 5대 1 비율로 주식 액면분할을 결정했다. 주식거래 활성화와 소액투자자 접근성을 높이기 위한 취지라는 설명이다. 신세계인터내셔날은 2월 22일 이사회를 열고 주식 액면분할을 의결했다고 공시했다.

신세계인터내셔날의 액면분할은 3월 있을 주주총회 승인을 거쳐 4월 11일부터 적용된다. 이에 따라 발행주식 총수는 714만 주에서 3570만 주로 늘어난다. 이날 종가 기준 신세계인터내셔날의 주식은 14만7500원으로, 액면분할 시 주당 가격은 2만9500원이 된다.

액면분할은 주식의 액면가를 일정한 비율로 쪼개 몸값을 낮추는 것이다. 액면분할 비율만큼 주가

는 내려가고 유통 주식 수는 많아진다. 시가총액은 그대로 유지되기 때문에 이론적으론 액면분할만으로 기업의 가치가 높아지는 건 아니다.

그러나 액면분할 후 주가가 급등하는 경우가 많다. 1주당 가격이 비싸 진입하지 못했던 개인투자자들의 매수세가 들어오기 때문이다. 시장에 유통되는 주식 수가 늘어나면 거래도 더 활발해진다. 대표적인 사례가 카카오다. 지난해 4월 액면분할한 이후 두 달여 만에 카카오 주가는 55% 급등했다. 이처럼 전문가들은 신세계인터내셔날의 액면분할이 단기적인 주가 **■모멘텀**으로 작용할 것으로 분석했다.

■ 모멘텀 (momentum)
모멘텀이란 원래 물리학적 용어로는 운동량 또는 가속도를, 기하학에서는 곡선 위의 한 점의 기울기를 뜻한다. 증권 용어에서 모멘텀은 주가 추세의 속도가 증가하고 있는지, 아니면 감소하고 있는지를 추세 운동량으로 측정해 나타내는 지표를 의미한다. 주가의 상승이나 하락의 강도를 예측하기 위한 기술적 분석 기법의 하나이다.

한은, 2022년 물가상승률 3.1% 전망

한국은행이 2022년 **소비자물가 상승률 전망치**를 **3.1%**로 올려 잡았다. 2022년 **연간 실질 국내총생산**(GDP) 성장률은 **3.0%**를 유지했다. 한은은 2월 24일 발표한 수정 경제전망에서 이같이 전망했다.

물가 상승률 전망치는 2021년 11월 발표한 기존 전망치(2.0%)보다 1.1%p나 높은 수준이다. 한은

▲ 이주열 한국은행 총재

이 해당 연도 소비자물가 상승률을 3%대로 내놓은 것은 2012년 4월 3.2%(2012년 상승률 전망치)가 마지막이었다.

높은 물가 전망치는 최근 **4개월 연속 3%대 소비자물가 상승률이 이어지고, 연초 예기치 못했던 우크라이나 사태 등으로 국제 유가가 급등하면서 물가 상승압력이 더 높아졌기 때문**으로 풀이된다. 전 세계 공급망 병목 현상이 지속되고 있는 점도 고물가 요인이다.

한은은 연초 이후 물가 상승 압력 확산 우려를 여러 차례 시사했다. 이주열 한은 총재는 지난 1월 금통위 직후 "2021년 물가 상승률이 2.5%였는데, 2022년 연간 상승률은 작년 수준을 웃돌 것"이라며 "그렇다면 2% 중후반이 된다. 그렇게 큰 폭으로 (2월에) 조정하게 됐다"고 예고한 바 있다.

또 한은은 2월 13일 '물가 상승 압력 확산 동향 평가' 보고서에서도 "최근 물가 상승 압력이 석유류 등 일부에 국한되지 않고 많은 품목으로 퍼지고 있어 2022년 소비자물가, 근원물가(에너지·식료품 제외) 상승률이 2021년보다 상당 폭 높아질 것"으로 진단했다.

1개월 정도 시차를 두고 소비자물가에 영향을 미치는 생산자물가 상승세도 2022년 12월 멈췄다가 연초 국제 유가 등 원자재 가격이 뛰자 지난 1월 다시 0.9% 올랐다. 또 2월 소비자동향조사에서 **향후 1년의 소비자물가 상승률 전망 값에 해당하는 '기대인플레이션율'**(2.7%)은 1월(2.6%)보다 0.1%p 더 높아졌다.

▌GDP·GNP·GNI·GDI

구분	설명
GDP(Gross Domestic Product, 국내총생산)	한 나라 영역 내에서 가계, 기업, 정부 등 경제 주체에 의해 일정 기간 생산된 모든 최종 재화와 서비스를 시장 가격으로 평가한 것을 말한다. 여기서 영역이란 경제 활동의 중심이 국내에 있다는 것을 의미한다.
GNP(Gross National Product, 국민총생산)	한 나라 국민이 일정 기간 생산한 모든 최종 재화와 서비스를 시장 가격으로 평가한 것을 말한다. GDP가 영토 중심 개념이라면 GNP는 국적이 중요한 기준이다. 현재 GNP지표는 발표되지 않고 이를 GNI로 대신하고 있다.
GNI(Gross National Income, 국민총소득)	한 나라의 국민이 생산 활동에 참여한 대가로 받은 소득의 합계로서, 해외로부터 국민(거주자)이 받은 소득(국외수취 요소소득)은 포함되고 국내총생산 중에서 외국인에게 지급한 소득(국외지급 요소소득)은 제외된다.
GDI(Gross Domestic Income, 국내총소득)	실질 지표로 주로 나타낸다. 실질 GDI는 실질 GDP에서 교역 조건 변화에 따른 실질무역손익을 더한 것을 말한다.

'상폐 위기' 신라젠, 개선기간 6개월 부여

한때 코스닥 시가총액 2위까지 오르며 바이오 **■대장주**로 등극했던 신라젠이 상장폐지 기로에서 회

생 기회를 얻었다. 한국거래소는 2월 18일 코스닥시장위원회(시장위)를 열고 신라젠 상장폐지 여부를 심의한 결과 6개월의 개선기간을 부여하기로 했다고 공시했다.

이날 결과는 상장유지·상장폐지·개선기간 부여 혹은 결과 유예 가능성이 모두 열려 있었다. 시장위는 신라젠의 개선계획 이행 상황 등을 지켜볼 필요가 있다는 판단하에서 한 번의 기회를 더 줬다.

오는 8월 18일 개선기간이 끝나면 신라젠은 15영업일 이내에 개선계획 이행 내역서와 개선계획 이행결과에 대한 전문가의 확인서를 제출해야 한다. 이 서류들이 제출되면 거래소는 20영업일 이내에 다시 시장위를 열어 상장폐지 여부를 결정한다. 이 기간에 주식 거래 정지는 유지된다. 만약 다시 열린 시장위에서 상장폐지 결정이 나고 신라젠이 이의신청을 하는 경우까지 포함하면 앞으로 최대 2번의 시장위가 더 열릴 수 있다.

신라젠은 문은상 전 대표 등 **전·현직 경영진의 횡령·배임으로 2020년 5월 상장 적격성 실질 심사 사유가 생겨 주식 거래가 정지**됐다. 같은 해 11월 상장실질심사 1심 격인 기업심사위원회는 개선기간 1년을 부여했고 1월 18일엔 신라젠의 상장폐지를 결정했다. 신라젠은 이번에 부여받은 개선 기간 동안 앞서 지적됐던 영업 계속성 측면 등을 보완해야 한다.

2020년 말 기준 신라젠의 소액주주 수는 16만 5680명으로 이들의 보유 주식 지분율은 92.60%다. 신라젠 주주연합은 이날 시장위의 결과 발표 이후 "코스닥시장위원회의 개선기간 부여 결과를 수용할 수 없다"는 입장문을 냈다.

■ 대장주 (大將株)
대장주란 어떤 산업 분야에서 가장 선도적인 기업의 주식을 의미한다. 대장주의 경우 해당 산업 분야에서 투자자에게 가장 안전한 주식으로 인정받는데, 장기적으로 기업의 주가가 해당 기업의 실적과 미래 가치에 연동되기 때문이다.

맘스터치 자진 상폐... "가맹점주 이익 극대화 목적" 주장

국산 패스트푸드 프랜차이즈인 맘스터치가 자발적으로 상장폐지를 결정했다. 상장된 지 6년 만이다. 맘스터치는 2월 20일 국내 증권시장에 발행된 자사 주식 15.08%인 160만8712주를 공개매수 한다고 공시했다. 공개매수 기간은 3월 15일까지며 매수가격은 주당 6200원이다. 공개매수가 완료 후 발행주식 100% 보유 후 자발적 상장폐지를 신청한다는 방침이다.

맘스터치는 자발적 상장폐지의 배경으로 상장사

이다 보니 여러 이슈 등 외부 요인에 인해 가맹점주들이 피해를 봤고, **프랜차이즈 본연의 사업에 더 집중해 가맹점주 이익을 극대화하려는 조치**라고 설명했다. 그러나 일각에서는 상장사다보니 실적이 공개돼 **재료비 인상 등에 반대하는 일부 점주들에게 제공하는 정보를 차단하기 위한 꼼수**라는 반론도 있다.

맘스터치는 2월 17일부터 ▪**공정거래위원회** 조사를 받고 있다. 지난해 맘스터치의 프로모션 동의 여부와 원재료 가격 인상의 일방성 등 문제를 제기하면서 맘스터치가맹점주협의회가 구성됐는데, 맘스터치는 이 구성을 주도한 맘스터치 상도역점주에게 가맹계약 해지 통보를 했다. 이와 관련해 공정위는 맘스터치의 가맹사업거래법 위반 혐의를 조사하고 있다.

'자진 상폐' 앞두고 주가 폭등

한편, 상장폐지를 앞두고 맘스터치 주가가 치솟았다. 맘스터치가 자진 상장폐지를 선언하고 회사 측이 소액주주 주식을 공개매수하기로 하자 주가가 오른 것이다. 맘스터치 주가는 2월 19일 기준 전 거래일보다 29.86%(1890원) 치솟으며 상한가를 기록했다. 투자자들 사이에서 사측이 공개매수 가격(6200원) 이상으로 주식을 사줄 수 있다는 기대감이 반영되면서다.

난데없이 주가가 급등하자 맘스터치 측도 사태 진화에 나섰다. 맘스터치 측은 공시를 통해 "투자자 보호를 위해 상장폐지 이후 6개월 간 6200원에 주식을 매입할 계획이 있다"면서도 "다만 회사는 이미 자진 상장폐지 신청에 필요한 97.94%의 지분을 보유 중이기 때문에 자진 상장폐지 신청 전까지 추가 주식 취득에 관한 구체적

인 계획을 갖고 있지 않다"고 선을 그었다.

▪ **공정거래위원회 (公正去來委員會)**

공정거래위원회는 공정하고 자유로운 시장경제질서의 구현과 소비자 권익 제고를 주 임무로 하는 합의제 행정기관이다. 사업자의 시장지배적 지위의 남용과 과도한 경제력의 집중을 방지하고, 부당한 공동행위 및 불공정거래행위를 규제하여 공정하고 자유로운 경쟁을 촉진함으로써 창의적인 기업 활동을 조장하고 소비자를 보호함과 아울러 국민경제의 균형 있는 발전을 도모함을 목적으로 한다. 공정거래위원회의 주요 기능으로는 ▲경쟁촉진 ▲소비자 주권 확립 ▲중소기업 경쟁기반 확보 ▲경제력 집중 억제가 있다.

공정위, 대한항공−아시아나 결합 승인

공정거래위원회가 2월 22일 우리나라 1, 2위 항공사인 대한항공이 아시아나항공 주식 63.88%를 취득하는 ▪**기업결합**을 승인했다. 공정위는 두 회사의 결합을 승인하되, '거대 항공사' 탄생 시 운임 인상 등이 우려되는 노선에 대해서는 두 회사가 보유·사용 중인 **슬롯**(시간당 가능한 비행기 이착륙 횟수)과 **운수권**(정부가 항공사에 배분한 운항 권리)을 이전하는 '구조적 조치'를 부과하기로 했다.

공정위는 코로나19 상황으로 단기간에 새 항공사 진입이 어려운 점을 고려해 구조적 조치가 완료되는 날까지 '행태적 조치'도 부과하기로 했다. 두 기업이 결합한 뒤 각 노선에 대한 운임을 코로나19 이전인 2019년 대비 물가상승률 이상으로 인상하는 것을 제한하고, 공급 좌석 수를 2019년 수준의 일정 비율 미만으로 축소하는 것을 금지한 것이 대표적이다.

마일리지는 두 회사가 2019년 말 시행한 제도보다 불리하게 변경해선 안 되며 기업결합일로부터 6개월 안에 양사 통합 방안을 제출해야 한다. 통합 방안은 공정위가 승인해야만 실행할 수 있다.

6개국 심사 끝나면 조치안 확정
이번 기업결합 건은 우리나라 첫 대형항공사(FSC, Full Service Carrier) 간 결합이며 항공사 간 결합에 대해 구조적·행태적 시정조치를 종합적으로 부과한 최초 사례다.

조성욱 공정거래위원장은 "항공업계의 경영 불확실성을 조기에 해소하고 양사 통합에 따른 소비자 피해 가능성을 차단하면서 우리나라 항공운송시장의 경쟁시스템이 유지·강화될 수 있는 토대를 마련했다"고 평가했다.

대한항공은 공식 입장문을 통해 "공정위 결정을 수용하며 향후 해외지역 경쟁 관련 당국의 기업결합심사 승인을 위해 최선을 다할 계획"이라고 밝혔다. 현재까지 태국 등 8개국의 심사가 끝났고, 미국, 영국, 호주, EU, 일본, 중국 등 6개국의 심사가 남아있다. 공정위는 해외 경쟁당국의 심사 결과를 반영해 시정조치 내용을 보완·수정하고, 추후 전원회의를 열어 의결할 예정이다.

■ **기업결합 (企業結合)**
기업결합이란 개별 기업이 경쟁제한, 시장독점, 경영의 합리화, 금융·기술적 협조 등을 목적으로 결합한 것을 말한다. 기업결합은 ▲수평적 결합 ▲수직적 결합 ▲자본적 결합의 형태로 구분된다.
▲수평적 결합은 횡적 결합으로 동종기업이나 유사기업이 경쟁을 제한하고 시장을 지배하기 위해 생산량이나 판매가격 등을 협정하는 것이며, 대표적인 예로 카르텔을 들 수 있다.
▲수직적 결합은 종적 결합으로 생산공정에서 상호 관련이 있는 이종기업이 경영을 합리화하기 위해 결합하는 것이며, 대표적인 예로 트러스트, 산업용 콘체른을 들 수 있다. ▲자본적 결합은 기업집중으로 업종과 관계없이 다른 기업에 대한 지배력 강화를 위한 경영다각화를 말하며, 대표적인 예로 일반 콘체른을 들 수 있다.
공정거래위원회는 독과점을 형성할 수 있는 경쟁제한적 기업결합을 막기 위해 자산총액이나 매출액이 3000억원 이상인 회사에 대한 기업결합은 반드시 신고를 하도록 하고 있다. 또 자산총액이나 매출액이 300억원 이상인 회사가 3000억원 이상인 회사를 기업결합 할 때도 신고 의무가 발생한다.

우크라이나 사태로 유가 급등...
정부, 유류세 인하율 확대 검토

러시아의 우크라이나 침공 사태로 국제 유가가 급등하면서 정부가 유류세 인하율 확대 검토에 나섰다. 정부는 유류세 20% 인하 조치를 7월 말까지 3개월 더 연장하면서 앞으로 유가 추이에

따라 유류세 인하율 확대를 검토한다.

홍남기 경제 부총리 겸 기획재정부 장관은 3월 4일 물가관계장관회의에서 "4월 말 종료 예정인 유류세 인하(20%) 및 액화천연가스(LNG) ▪**할당관세** 0% 조치를 7월 말까지 3개월 연장할 것"이라며 "향후 국제유가가 현 수준보다 가파르게 상승해 경제 불확실성이 더 확대될 경우 유류세 인하폭 확대 여부를 검토하겠다"고 말했다.

정부가 유가 인하율 확대 검토에 나선 것은 **국제유가가 배럴당 100달러를 넘어 급등세를 이어가면서 유류세 인하 조치의 효과가 떨어졌기 때문**이다. 유가 정보 사이트 오피넷에 따르면 3월 첫 주 국내 주유소 휘발유 판매가는 리터당 1764원으로 정부가 유류세 인하를 결정했던 작년 11월 둘째 주 유가(리터당 1807원)와 큰 차이가 없다. 국제 유가 급등세가 국내에 시차를 두고 반영되는 점을 고려하면서 휘발유 가격 추가 상승은 불가피하다는 게 중론이다.

앞서 정부가 유류세 20% 인하 조치를 시행하면서 리터당 세금은 총 656원으로 기존보다 164원 내려갔다. 만약 **정부가 법적으로 가능한 유류세 인하율 최대치인 30%를 적용하면 세금은 574원으로 낮아져** 유류세 인하 전보다는 305원, 현재 인하율 20% 때와 비교해서는 141원이 줄어들 수 있다. 이 경우 휘발유는 1리터당 약 305원까지 절감할 수 있을 전망이다.

다만 유류세 인하율 확대는 세수 감소와 직결되므로 유가 상황, 대통령 당선인의 의지 등 다양한 변수가 고려될 전망이다. 현재 정부가 유류세를 20% 인하하면서 세수는 매달 약 4500억원 감

소하고 있다. 이미 기존 조치를 3개월 연장했기에 세수 감소가 약 1조4000억원으로 예상된다. 30%로 인하율 확대 시 세수 감소는 2조원을 넘길 전망이다.

대통령 당선인과 인수위 의지도 중요 변수로 꼽힌다. 대선 후 상황에 따라 추가경정예산(추경) 편성이 필요한 유류세 환급이나 저소득층 유가 보조금 등의 고유가 대책도 검토될 수 있다. 정부는 2008년 국제유가가 배럴당 150달러에 육박하자 유류세 인하와 유가환급금 및 보조금을 지급한 바 있다.

▪ **할당관세 (割當關稅)**

할당관세란 국내산업 지원을 위해 국내에서 생산되지 않는 기초원자재 등 특정 수입품에 부과하는 관세다. 특정 물품의 수입이 정부가 정한 일정 수량에 이를 때까지는 저율의 관세가 부과되나 일정량을 초과하면 그 이후에는 고율의 관세가 부과된다. 할당관세 제도는 특정 물품의 국내총생산량이 총수요량에 미치지 못하는 상황에서 수입을 억제하려는 국내 생산자 측의 요구와 그 물품을 싼값으로 구매하려는 수요자 측의 상반된 요구를 동시에 충족시키기 위한 수단으로 사용된다. 이 제도는 자유무역의 확대를 위해서는 바람직하지 않으나 국내산업보호를 위해서는 필요하다는 점에서 WTO(세계무역기구)에서도 무차별 적용을 조건으로 인정해 주고 있다.

포스코 지주회사 출범... "미래 성장동력 키우겠다"

포스코그룹이 ▪**지주회사**체제로 전환하며 '제2의 창업'을 선언했다. 지주사인 포스코홀딩스가 그룹 전체의 '컨트롤타워' 역할을 맡아 철강을 넘어선 친환경 미래소재 기업으로의 성장을 주도한

POSCO

다. 현재 그룹 전체 영업이익의 약 20%인 비철강 사업 비중을 2030년까지 50%로 확대해 그룹 전체 기업가치를 현재의 세 배인 130조원 수준으로 키운다는 계획이다.

포스코홀딩스 출범으로 포스코그룹은 지주사를 정점으로 사업회사들이 병렬적으로 포진하는 지배구조를 갖췄다. **포스코홀딩스 아래 철강사업 회사인 ▲포스코 ▲포스코케미칼 ▲포스코에너지 ▲포스코인터내셔널 ▲포스코건설 등 자회사가 운영되는 형태다.**

포스코홀딩스는 3월 2일 서울 포스코센터에서 최정우 회장과 임직원이 참석한 가운데 출범식을 열었다. 최 회장은 포스코홀딩스의 역할을 미래 성장동력을 발굴·육성하는 '포트폴리오 개발자', 그룹사 간 융복합 기회를 찾는 '시너지 설계자', ■**ESG**(환경·사회·지배구조) 경영을 주도하는 'ESG리더' 등 세 가지로 정의했다.

비철강 사업 비중 확대
포스코홀딩스는 **리튬, 니켈과 수소 등 비철강 신사업을 중심으로 성장에 속도**를 낸다는 전략이다. 포스코홀딩스는 그룹 전체 매출 및 영업이익에서 비철강 사업이 차지하는 비중을 지난해 50%, 20% 수준에서 2030년 60%, 50%로 확대한다. 신구 사업의 조화를 통해 그룹 전체 기업가치를 지난해 43조원 수준에서 2030년까지 세 배 이상으로 성장시킨다는 방침이다.

목표 달성을 위한 투자에도 적극 나서기로 했다. 포스코홀딩스는 2030년까지 리튬 22만 톤, 니켈 14만 톤의 생산 능력을 확보해 글로벌 선두권 업체로 올라선다는 계획을 세웠다. 그룹 내에서 포스코케미칼이 생산하는 양·음극재, 포스코가 생산하는 전기차용 강판 등으로 이어지는 전기차 '밸류체인'을 구축하겠다는 것이다.

아직 초기 단계인 수소사업은 2030년까지 10조원을 투자해 확 키운다. 연 50만 톤 생산 체계를 구축해 연간 매출 2조3000억원 수준으로 성장시킬 계획이다. 2050년 생산 목표 규모는 세계 10위권인 연 700만 톤에 달한다.

■ 지주회사 (持株會社)
지주회사란 지배회사 또는 모회사라고도 하며 산하에 있는 종속회사, 즉 자회사의 주식을 전부 또는 일부 지배하는 회사를 말한다. 지주회사에는 타 기업의 주식을 보유함으로써 기업을 지배·관리하는 순수지주회사와, 다른 사업을 하면서 타 기업 주식을 보유하고 지배·관리하는 혼합지주회사(사업지주회사)가 있다. 지주회사는 기업집단 내 구조조정, 자회사별 책임경영을 촉진하여 경영효율성을 높이는 장점이 있으나, 경제력 집중을 심화시키는 부작용도 발생할 수 있다.

■ ESG
ESG란 기업의 비재무적 요소인 환경(Environment)·사회(Social)·지배구조(Governance)를 뜻하는 말이다. 투자 의사결정 시 사회책임투자의 관점에서 기업의 재무적 요소들과 함께 고려한다. 사회책임투자란 사회·윤리적 가치를 반영하는 기업에 투자하는 방식이다. 기업의 ESG 성과를 활용한 투자 방식은 투자자들의 장기적 수익을 추구하는 동시에 기업 행동이 사회에 이익이 되도록 영향을 줄 수 있다.
지속가능한 발전을 위한 기업과 투자자의 사회적 책임이 중요해지면서 세계적으로 많은 금융기관이 ESG 평가 정보를 활용하고 있다. 영국(2000년)을 시작으로 스웨덴, 독일, 캐나다, 벨기에, 프랑스 등 여러 나라에서 연기금을 중심으로 ESG 정보 공시 의무 제도를 도입했다. 유엔은 2006년 출범한 유엔책임투자원칙(UNPRI)을 통해 ESG 이슈를 고려한 사회책임투자를 장려하고 있다.

현대차 중고차 진출 공식화..."5년·10만 km 내 차량 신차 수준 상품화"

현대자동차가 **출고 5년 이내 10만 km 이내의 자사 중고차를 사들여 품질을 인증한 후 되파는 '인증 중고차'** 시장 진출을 공식 선언했다. 중고차 업계와의 상생 및 소비자 권익 향상을 위해 중고차 정보 포털 사이트를 개설하고 자체적으로 시장 점유율을 제한하는 상생안도 내놓았다.

현대차는 3월 7일 이 같은 내용의 '중고차사업 비전과 사업 방향'을 공개했다. 현대차는 성능 검사와 수리를 거친 인증 중고차만 시장에 공급하기로 했다. 인증 대상은 5년, 10만 km 이내의 자사 브랜드 차량이며 국내 최대 수준인 200여 개 항목의 품질 검사를 한다. 그 이후 이 차량을 신차 수준의 상품성 개선 과정을 거쳐 시장에 선보일 계획이다.

이를 위해 현대차는 총 3단계에 걸친 중고차 품질 검사와 인증 체계(매집 점검-정밀 진단-인증 검사)를 마련하고 '인증 중고차 전용 하이테크센터'를 구축할 예정이다.

고객이 기존에 타던 차량을 현대차에 매각하면 신차 구매 시 할인을 제공하는 보상 판매인 '트레이드 인(trade-in)' 프로그램도 선보인다. 수입

차 업체처럼 현대차 고객도 기존 중고차 매각과 신차 구입을 원스톱으로 처리할 길이 열리는 셈이다.

현대차는 중고차 시장의 투명성 제고를 위해 중고차 정보를 수집·분석한 후 종합해서 보여주는 '중고차 통합정보 포털(가칭 중고차 연구소)'도 구축한다. **중고차 시장의 구조적 문제인 '정보 비대칭성'**을 해소하기 위해서라는 게 현대차 측의 설명이다. 모바일 중심의 중고차 판매 채널도 운영한다. .

중고차 업계의 반발을 의식해 자체 상생안도 내놓았다. 비록 합의에 이르지는 못했으나 2021년 완성차 업계와 중고차 업계가 논의한 상생안을 준수하겠다는 게 골자다. 인증 중고차 대상 이외의 매입 물량은 경매 등을 통해 기존 중고차 매매 업계에 공급하고 시장점유율도 올해 2.5%를 시작으로 2023년 3.6%, 2024년 5.1%로 자체 제한하기로 했다.

한편, 중소벤처기업부는 중고차 시장의 **■생계형 적합업종** 재지정 여부를 논의하기 위한 심의위원회를 개최한다. 업계에서는 중기부가 여론을 의식해 중고차 사업을 생계형 적합업종에 재지정해 달라는 중고차 업계의 요구를 받아들이지 않되 시장 점유율 제한 등의 조건을 달 가능성이 높은 것으로 보고 있다.

■ 생계형 적합업종 (生計形適合業種)
생계형 적합업종이란 '소상공인 생계형 적합업종지정에 관한 특별법'에 따라 영세 소상공인을 보호하기 위한 목적으로 기존 중소기업 적합업종 지정이 만료되는 업종과 품목에 대기업과 중견기업이 진출하는 것을 제한하는 제도이다.
이 제도는 그동안 자율 규제에 그쳤던 중소기업 적합업종 제

도를 정부 규제하에 두어 제도의 이행력을 확보하기 위해 마련됐다. 소상공인 보호 목적이지만 대기업과 중견기업이 내수시장을 기반으로 해외시장에 진출할 길을 막아 성장을 저해한다는 비판도 있다.

생계형 적합업종으로 지정되면 대기업은 소상공인 생계형 적합업종에 관한 특별법에 따라 5년간 예외적 승인사항 이외에 사업 인수·개시 또는 확장이 원칙적으로 금지된다. 이를 위반할 경우 2년 이하의 징역 또는 1억5000만원 이하의 벌금과 위반매출의 5%에 해당하는 강제이행금이 부과된다.

▌생계형 적합업종 지정 품목 현황 (자료 : 동반성장위원회)

만료 연도	적합업종 품목
2017년	고추장과 청국장, 간장, 된장, 순대, 골판지상자, 금형 2개, 전통떡, 김치, 두부, 생선회, 어묵, 원두커피, 유리 2개, 주조 6개, 햄버거빵, 고압가스충전업 6개, 공기조화장치 3개, 기타 가공사, 냉각탑, 냉동·냉장 쇼케이스, 단무지, 도시락, 면류 3개, 배전반 2개, 비디오도어폰, 송배전변압기, 앙금류, 재생타이어, 절연전선, 플라스틱병, 판지상자 및 용기
2019년	플라스틱봉투, 서적 및 잡지류 소매업, 자동판매기 운영업, 자전거 소매업, 제과점업, 중고자동차판매업, 화초 및 산식물 소매업, 기타 식사용조리식품, 음식점업 7개, 자동차전문수리업, 기타곡물가루(메밀가루)
2020년	떡국떡 및 떡볶이떡
2021년	보험대차서비스업, 폐목재재활용업(우드칩), 음식료품 및 담배중개업(임의가맹점업 체인사업), 목재팰릿보일러, 계란도매업
2022년	문구소매업, 사료용유지

'러시아 ETF' 3월 7일부터 거래정지

국내 주식시장에 상장된 유일한 러시아 **▪ETF(상장지수펀드)**의 거래가 정지됐다. 상장폐지 가능성이 커지면서 개인 투자자들의 손실이 예상된다.

한국거래소는 3월 4일 주식시장 마감 후 "한국투자신탁운용의 'KINDEX 러시아MSCI(합성) ETF'의 거래를 오는 7일부터 정지한다"고 공시했다. 거래소는 "투자 유의 종목으로 투자자 보호 및 시장 안정을 위해 매매 거래를 정지한다"며 "매매 거래 정지 해제는 별도의 시장 안내가 있을 예정"이라고 덧붙였다.

운용사인 한국투자신탁운용도 "이 상품은 기초지수 산출업체의 통지가 운용상의 중대한 영향으로 이어질 수 있다"며 "지수산출의 중단, 상관계수 요건 미충족 등이 발생할 경우 상장폐지가 진행될 수 있다"고 공시했다.

거래가 정지된 상장지수펀드는 모건스탠리캐피털인터내셔널(MSCI) 러시아지수(MSCI Russia 25% Capped Index)를 기초지수로 한다. 그런데 MSCI는 최근 **러시아를 신흥국**(EM, Emerging Market) **지수에서 제외**한 데 이어 3월 9일 종가를 기준으로 **모든 지수 내 러시아 주식에 대해 사실상 0에 가까운 가격**(0.00001)**을 적용**하기로 했다. 이에 따라 주식 가격이 0에 수렴하는 3월 10일부터는 상장지수펀드도 거래정지됐고 사실상 '휴지조각'으로 전락할 위기에 놓인 상황이다.

▪ ETF (Exchanged Traded Fund)

ETF(상장지수펀드)는 특정 지수의 성과를 추적하는 인덱스 펀드를 거래소에 상장시켜 주식처럼 편리하게 거래할 수 있게 한 투자 상품이다. 투자자들이 개별 주식을 고르는 수고를 하지 않아도 되는 인덱스 펀드와 언제든지 시장에서 원하는 가격에 매매할 수 있는 주식 거래의 장점을 모두 갖추어 많은 투자자들이 활용하고 있다.

분야별
최신상식

사회
환경

서울 면적 1/3 태운 동해안
산불 진화

■ **금강송 (金剛松)**

금강송이란 금강산에서부터 경북 울진. 봉화와 영덕, 청송 일부에 걸쳐 자라는 소나무를 말한다. 금강산의 이름을 따서 이름이 붙었으며 지역에 따라 춘양목·황장목·안목송 등으로 다양하게 불린다. 금강송은 결이 곱고 단단하며 켠 뒤에도 크게 굽거나 트지 않을 뿐만 아니라 잘 썩지도 않아 예부터 소나무 중에서 최고로 쳤다.

경북 울진 금강송면 소광리는 국내 최대의 금강송 군락지다. 500년이 넘은 보호수 2그루와 수령 350년으로 곧게 뻗은 미인송 등 1000만 그루 이상의 소나무가 자생하고 있다. 조선 숙종 때는 금강송을 함부로 베어내지 못하도록 봉산(封山)으로 지정하기도 했다.

213시간 혈투 끝에 진압

역대 최장기간 이어진 동해안 산불이 마침내 꺼졌다. 3월 4일 오전 11시 17분께 발생한 울진·삼척 산불이, 발생 213시간이 지난 3월 13일 오전 9시 잡혔다. **동해안 산불 전체 산림 피해 추정 면적은 2만4940ha로 서울 면적의 41%에 해당**한다. 이는 역대 최대 규모의 피해를 기록한 2000년 동해안 산불 피해 면적인 2만3794㏊을 뛰어넘는 수준이다.

동해안 산불을 진압하기 위해 민·관·군 합동으로 불길을 잡았다. 산불 진화 헬기의 가용 자원이 전부 투입됐고, 지상에서도 소방당국·공무원·경찰·군인 등 매일 3500명 내외의 인력이 사투를 벌였다. 물을 싣고 달려온 레미콘 기사들, 진화대원과 이재민 등을 위해 식사를 제공하기 위해 전국에서 달려온 1000여 명의 자원봉사자도 가세했다.

이번 산불은 강한 바람을 타고 북상해 삼척으로 확산했고 다음 날 다시 남하해 울진읍 등 주거밀집지역과 ■**금강송** 군락지를 끊임없이 위협했다. 이번 산불로 총 908개의 시설이 큰 피해를 입었다. 주택 388채를 비롯해 공장·창고 193곳, 농업시설 227곳, 종교시설 등 90곳에서 피해가 났다.

갈수록 피해 커지는 산불

산림당국은 코로나19 등으로 인한 등산객의 구조적 증가 추세, 기후 변화 등의 요인으로 산불이 갈수록 빈번해지고 커지는 점을 우려하고 있다. 행정안전부에 따르면 최근 3년간 1월~3월 15일에 발생한 산불은 2020년 80건→2021년 126건→2022년 245건으로 불어났다.

지구 온난화도 산불 피해를 키우는 요인으로 꼽힌다. 기온이 오르면 토양의 수분이 더 많이 증발하게 된다. 나무들이 바짝 말라 산불의 연료가 될 수도 있다. 이런 이유로 유엔환경계획(UNEP)은 "기후와 토지 사용 변화로 2030년까지 극한 산불이 최대 14% 증가하는 등 산불이 더 빈번하고 강렬해질 것"이라고 최근 발표했다.

경제적 피해도 크다. 행안부에 따르면 최근 10년간(2011~2020년) 전국에서 발생한 산불로 인한 주택 소실 등 직접적 경제 피해 규모는 6758억원이다. 이번 산불 피해(추산액 1700억원)를 더하면 그 액수는 8000억원을 넘어설 것으로 추산된다.

불길 잡았지만 과제는 남아

동해안 산불은 꺼졌지만 앞으로 해결해야 할 과제가 많다는 지적이 나온다. 산불 예방 교육을 강화하는 것이 첫 번째로 꼽힌다. **2012년부터 지난해까지 10년간 낙뢰 등 자연현상으로 발생한 산불은 연평균 4건뿐이다.** 이 기간에 발생한 산불 연평균 481건 중 336건 이상은 입산자·소각·담뱃불·성묘객에 의한 것으로 조사됐다.

수종 다변화도 방법으로 꼽힌다. 한국의 산림 중 37%는 소나무 중심의 침엽수림이다. 소나무 송진에는 '테라핀' 같은 정유 물질이 20% 이상 포함돼 있다. 불이 잘 붙지 않는 내화수림(활엽수림)을 조성하면 산불 강도가 60% 이상 낮아진다는 연구 결과가 있다.

➕ 역대 4번째 산불 피해 특별재난지역

정부가 3월 6일 동해안 지역 산불과 관련해 경북 울진군과 강원 삼척시를 특별재난지역으로 선포했다. 국민의 생명과 재산에 미치는 영향을 줄이기 위해 내려지는 재난사태는 2005년 4월 강원 양양 산불과 2007년 12월 허베이스피릿호 기름 유출 사고, 2019년 4월 강원 산불에 이어 4번째였다.

특별재난지역 선포로 정부는 산불로 인해 피해를 본 주택 등 사유시설과 공공시설에 대한 복구비 일부를 국비로 지원한다. 또 피해 주민에 대해서는 생계구호를 위한 생활안정지원금 지원과 함께 지방세 등 납부 유예, 공공요금 감면 혜택 등 간접지원이 이뤄진다.

POINT 세 줄 요약

❶ 3월 4일 시작된 동해안 산불이 213시간 만에 꺼졌다.
❷ 기후 변화 등으로 산불의 피해가 컸다.
❸ 산불 예방 교육을 강화하고 수종을 다변화하는 등 예방 대책이 시급하다.

사상 초유 현직 대법관 기자회견...
조재현 "대장동 그분 아니다"

▲ 조재연 대법관

경기 성남 대장동 개발사업 핵심 관계자들의 녹취록에서 이른바 '그분'으로 지목된 조재연 대법관이 기자회견을 열고 관련 의혹을 전면 부인했다. 현직 대법관이 재임 중 기자회견을 자청해 공개적으로 입장을 밝힌 것은 이번이 처음이다.

조 대법관은 2월 23일 서울 서초동 대법원에서 기자회견을 열고 '정영학(대장동 사건 핵심관계자 중 한 명) 녹취록에 등장하는 그분은 현직 대법관이었다'는 한국일보 보도에 대해 "전혀 사실무근"이라며 "대장동 사건과 관련돼 있는 그 어느 누구와도 일면식, 일통화도 없었다"고 일축했다.

앞서 2월 21일 대선 후보 TV 토론회에서 이재명 더불어민주당 후보는 "대장동과 관련해 그분이 조재연 대법관이라는 게 확인돼 보도되고 있다"며 조 대법관의 실명을 거론한 바 있다. 조 대법관은 한국일보와 이 후보에 대해 "타인의 명예를 중대하게 훼손하는 행위에 대해 엄중한 법적 조치를 취할지 검토 중"이라고 밝혔다.

조 대법관은 2월 28일 의혹을 거듭 해명하기 위해 자신의 가족들에 대한 거주관계 자료를 언론에 제공했다. 조 대법관 딸이 김만배(대장동 개발사업 이익금 대부분을 챙긴 자산관리회사 화천대유의 대주주) 씨가 소유한 고급 빌라에 살고 있는 것 아니냐는 의혹에 대한 반박이다. 조 대법관이 제출한 등기부등본에 따르면 대장동 관련 인물이 조 대법관 딸이 거주했던 부동산을 소유했던 이력은 없었다.

김만배 녹취록 등장

한편, 인터넷 언론 뉴스타파는 대선 3일 전인 3월 5일 김만배 씨가 작년 9월 지인인 신학림 전 언론노조 위원장과 나눈 대화라면서 관련 대화가 담긴 음성 파일을 공개했다. 이 파일에 따르면 김 씨가 "박영수 변호사와 윤석열 국민의힘 대선 후보(당시 대검 중수부 검사)를 통해 사건을 해결했다"고 언급한 부분이 있다.

더불어민주당은 "대장동 비리의 몸통이 윤석열 후보라는 실체가 확인됐다"고 공세를 벌였다. 송영길 민주당 대표는 "윤 후보가 김만배를 알지도 못한다고 했는데 모를 수 없는 사실이 확인된 것 같다. 김만배 누나가 어떻게 윤석열 씨 아버지 집을 사줬는지가 다 연결되는 것 같다"고 말했다.

원희룡 국민의힘 선거대책본부 정책본부장은 뉴스타파의 '김만배 녹취록'에 대해 "대장동 문제가 터진 뒤에 김만배와 뉴스타파가 녹음한 것"이라며 "김만배의 일방적인 거짓말을 토대로 봐주기 수사 운운하는 것은 터무니없다"고 말했다. 한편, 김만배 씨는 3월 18일 법정에서 '정영학 녹취록'과 관련해 검찰 측과 녹취록 증거 조사 방법과 관련해 논쟁을 벌였다.

구분	현황
대법관 (14명)	▲김명수(대법원장) ▲김재형 ▲조재연 ▲박정화 ▲안철상 ▲민유숙 ▲김선수 ▲이동원 ▲노정희 ▲김상환 ▲노태악 ▲이흥구 ▲천대엽 ▲오경미
헌법재판관 (9명)	▲유남석(헌법재판소장) ▲이선애 ▲이석태 ▲이은애 ▲이종석 ▲이영진 ▲김기영 ▲문형배 ▲이미선

기출TIP 대법관이나 헌법재판관 인원을 묻는 문제는 주요 상식시험에서 자주 출제된다. 대법원장이나 헌법재판소장 이름을 묻는 문제, 대법관이나 헌법재판관을 몇 명 이상 써보라는 문제도 출제된 적이 있다.

포스코·삼성물산 등 6개사, 청정에너지 사업 공동 추진

▲ 동해권역 청정에너지 허브터미널 구축 사업 협약식 (자료 : 포스코)

포스코·포스코에너지·삼성물산·GS에너지·한국석유공사·한국남부발전 등 국내 6개 민간·공공기업이 탄소중립 실천과 수소경제 활성화를 위해 청정에너지 사업에 적극 협력하기로 했다.

6개사는 동해권역에 청정에너지 저장·공급 시설인 허브 터미널 구축 사업을 추진하는 내용을 골자로 한 업무협약(MOU)를 체결했다고 2월 24일 밝혔다. **허브 터미널은 해외에서 생산된 청정에너지를 국내로 도입해 발전소나 수소충전소에 공급하기 위한 시설**이다.

협약에 따라 6개 사는 해외에서 생산한 수소·암모니아 등 청정에너지를 도입·저장하는 인프라와 공급망을 구축하기로 하고 밸류체인 전 과정에 걸쳐 사업 협력의 폭을 확대할 계획이다. 이를 통해 **2050 탄소중립**(2050년까지 전 지구적으로 탄소 순배출량을 0으로 낮춤)이라는 국가적 비전과 목표에 선도적으로 참여하고 온실가스 감축 및 수소경제 활성화에 기여할 것으로 기대했다.

수소와 암모니아는 무탄소 에너지원으로서 연소 과정에서 이산화탄소를 발생시키지 않아 차세대 친환경 에너지원으로 떠오르고 있다. 특히 이를 발전 연료로 사용하면 이산화탄소 발생량을 저감할 수 있다.

기업별 청정에너지 사업

포스코는 2050년까지 연간 700만 톤의 수소 생산 체제 구축을 목표로 중동, 호주, 말레이시아 등에서 수소 생산 사업을 추진하고 있다. 이와 함께 수소를 암모니아 형태로 국내 도입해 활용할 수 있는 각종 기술 개발에도 매진하고 있다. 포스코에너지는 허브 터미널 구축과 함께 기존 화석 연료 발전 시설에 수소 및 암모니아 ▪**혼소발전**을 도입하기로 했다.

삼성물산도 중동과 호주 지역에서 ▪**그린수소** 생산 인프라 구축을 위한 개발 사업을 구체화하고 있으며 GS에너지는 중동 지역 암모니아 사업에 적극 참여 중이다. 한국석유공사는 '탄소중립 선도기업'이라는 새로운 비전과 함께 지난 1월 아부

다비국영석유공사와 저탄소 암모니아 공동연구 및 시범도입 계약을 체결하는 등 석유개발 네트워크를 활용한 해외 공급망 확보에 앞장서고 있다.

■ 혼소발전 (混素發電)

혼소발전은 기존 LNG(액화석유천연가스)·석탄 등 화석연료 발전에 수소나 암모니아 연료를 혼합해 이를 연소한 가스로 터빈을 돌리는 발전 방식이다. 수소나 암모니아 비중이 높을수록 이산화탄소를 더 많이 줄일 수 있으면서도 발전량은 그대로 유지할 수 있어 탄소중립 및 수소경제 활성화에 기여할 발전 기술로 평가받고 있다.

■ 그린수소 (green hydrogen)

그린수소는 수소를 만들 때 오로지 재생에너지만 이용해 이산화탄소 발생량이 제로(0)인 수소를 말한다. 수소는 생성 과정에서 이산화탄소가 얼마나 많이 발생했느냐를 구분하기 위해 생성 방식에 따라 색깔로 구분한다.

가장 많은 이산화탄소를 발생시키는 '브라운(brown)수소'와 '그레이(grey)수소'는 각각 화석연료인 석탄, 천연가스를 사용하여 만드는 수소다. 천연가스와 이산화탄소 포집설비를 이용하는 하이브리드형 수소는 '블루(blue)수소', 재생에너지만을 이용해 만든 수소를 '그린수소'라고 한다. 블루수소는 이산화탄소가 발생되기는 하나 브라운수소나 그레이수소보다 발생량이 현저히 낮다.

기출TIP 2021 동아일보 채용 연계형 인턴 필기시험에서 2050 탄소중립 관련 보도자료를 주고 기사·인포그래픽·추가 취재 계획을 작성하는 문제가 출제됐다.

홍남기 "하이브리드차 2025년 저공해차에서 제외"

정부가 전기·수소차 중심으로 차량 세제지원과 구매보조금 등 지원 체계를 개편하는 방안을 추진한다. 홍남기 경제 부총리 겸 기획재정부 장관은 2월 24일 **혁신성장 빅3**(시스템반도체·미래차·바이오헬스) 추진 회의를 열고 "LPG·CNG차

는 2024년부터, ■**하이브리드차**는 2025년 또는 2026년부터 저공해차에서 제외하는 방안을 추진하겠다"고 밝혔다.

현재 정부는 전기·수소·하이브리드차와 친환경 내연차를 저공해차로 분류해 지원하고 있는데 앞으로 전기·수소차만 저공해차로 인정하겠다는 것이다. 정부는 올해 말까지 적용할 예정인 전기·수소·하이브리드차에 대한 개별소비세 감면 등 세제 지원 감면 기한을 2024~2025년 말까지 연장하는 방안을 검토 중이다. 하이브리드차가 친환경 차에서 제외되면 세제 감면을 받지 못한다.

산업부 "하이브리드차 친환경차 제외" 정정

산업통상자원부는 홍 부총리가 하이브리드차를 친환경차에서 제외하겠다고 말한 것에 대해 "정부는 하이브리드차를 친환경차에서 제외할 계획이 전혀 없다"고 정정했다. 친환경차 범위는 산업부 소관인 '환경친화적 자동차의 개발 및 보급 촉진에 관한 법률'에 규정돼 있다.

산업부는 또 "고효율 하이브리드는 **전주기**(주행+연료생산+배터리 생산) 관점에서 전기차보다 온실가스 배출이 적으며 2030년 전력 믹스(에너지원 다양화)에서도 전기차와 유사한 수준의 전주기

온실가스 배출을 달성할 수 있도록 연비 향상 등을 지원할 계획"이라고 설명했다.

산업부는 저공해차 보급 목표제 기준 변경이 정부 내에서 확정된 바 없으며 대기환경보전법령 개정으로 저공해차의 범위가 변경돼도 친환경차의 범위가 변경되는 것은 아니라고 부연했다.

■ 하이브리드차 (hybrid car)

하이브리드차는 내연기관 엔진과 전기 모터를 결합해 연비를 향상시키고 유해가스 배출량을 줄인 자동차를 의미하다. 가솔린이나 디젤 자동차 등 내연기관 자동차는 교통 혼잡으로 인한 차량 정지 시 에너지 손실이 발생하는데 하이브리드카는 이러한 단점을 보완해 차량 속도나 주행 상태에 따라 엔진과 모터 힘을 적절히 제어함으로써 효율성을 극대화한 것이다. 내연기관 자동차와 순수한 전기차의 중간 단계의 자동차라고 할 수 있다.

➕ LNG와 CNG의 차이

LNG(Liquefied Natural Gas·액화천연가스)와 CNG(Compressed Natural Gas·압축천연가스)는 모두 메테인을 주성분으로 하는 천연가스다. LNG는 천연가스의 부피를 크게 줄일 수 있다는 장점이 있지만 버스나 자동차 연료로 이용하는 데 한계가 있다. LNG를 안전하게 사용하려면 초저온 탱크가 있어야 하는데 이 탱크를 소형화하기 어렵고 비용도 비싸기 때문이다. 따라서 LNG는 차체가 크고 운행거리가 긴 시외버스나 대형화물차 연료로 연구되고 있다.

반면 CNG는 LNG를 상온에서 기화시킨 뒤 고압으로 압축한 것인데 이 과정에서 부피가 LNG의 3배로 늘어나 1회 충전 시 운행 가능한 거리가 짧다는 단점이 있다. 다만 CNG를 연료로 사용하면 냉각과 단열 장치에 필요한 비용을 절감할 수 있어 경제적이다. 따라서 1회 주행거리가 비교적 짧은 시내버스용으로 이용하기에 적합해 CNG 시내버스가 급속히 늘어나고 있는 실정이다. 시내버스는 원래 디젤 연료를 썼는데 앞으로 모든 시내버스에 CNG가 사용될 전망이다.

조류AI·돼지열병 방역 성공...
경제효과 2조

가금농장에서 발생한 고병원성 ■**조류인플루엔자(AI)**가 2021년 동절기보다 절반 넘게 급감한 것으로 조사됐다. 농장 내 ■**아프리카돼지열병(ASF)**도 2022년 들어 한 건도 발생하지 않았다. 방역 조치 강화에 따른 효과라는 분석이 나온다.

3월 6일 농림축산식품부에 따르면 2021년 11월부터 2022년 3월 6일까지 발생한 가금농장의 고병원성 AI 감염은 46건으로, 이에 따른 가금류 살처분은 713만6000마리로 집계됐다.

2020년 겨울부터 2021년 봄까지 가금농장에서의 AI 감염이 102건 발생하고 이로 인해 가금류 2881만6000마리를 살처분한 것과 비교하면 발생 건수는 절반 이하로, 살처분 마릿수는 4분의 1 수준으로 줄어들었다. 이에 대해 AI 방역 정책을 강화한 것이 주효했다는 평가가 나온다.

기존에는 고병원성 AI가 발생하면 인근 3km 이내 모든 농장에서 닭·오리를 살처분했다. 2021년 2월부터는 **겨울에는 1km 이내 농장의 같은 축종만 살처분하는 한편 위험도에 비례한 살처**

분 범위를 설정하고 농가 자율방역 시스템을 강화했다.

야생 멧돼지의 ASF 감염이 증가하는 가운데 양돈농장에서는 ASF 감염이 올 들어 한 건도 발생하지 않았다. 야생 멧돼지의 ASF 감염은 2021년 964건, 2022년 2월까지 353건이 발생했지만 국내 농장의 ASF 감염은 2019년 14건에서 2020년 2건, 지난해에는 5건으로 집계됐다. 2021년 발생한 5건은 모두 농장 간 수평 전파 없이 산발적으로 발생했다.

농식품부는 환경부 등 관계부처가 참여하는 중앙사고수습본부(중수본)를 운영하는 한편 농장에 대해 방역 시설 설치를 확대하고 방역 의식도 끌어올린 결과로 보고 있다.

농식품부는 가축 전염병 방역 성공에 따른 직간접 경제 효과가 수조원에 달하는 것으로 평가하고 있다. 2021년 동절기 3000만마리의 가금류 살처분에 사용된 재정은 약 3000억원으로 추산된다. 감염 확산을 막을 수 있다면 마리당 1만원의 경제 효과가 있는 셈이다.

ASF 방역에 따른 경제 효과가 1조6000억~2조4000억원에 달한다는 평가도 나온다. ASF가 확산해 사육 마릿수의 10~15%를 살처분할 경우 생산액 감소와 사료 판매량 감소로 이 같은 손실이 발생할 수 있는데, 방역에 성공한 덕에 피할 수 있었다는 것이다.

물가 상승 부담을 줄여주는 효과도 있다. 2021년 8월 강원도 고성 양돈농가에서 ASF가 발생했을 때 국내 돼지가격은 지육(통돼지) 기준 29.4% 폭

등했다. 계란도 2021년 3월 한 판에 7700원까지 뛰었지만 지금은 6179원으로 평년 가격(5874원)과 비슷한 수준을 유지하고 있다.

■ 조류인플루엔자 (AI, Avian Influenza)
조류인플루엔자(AI)는 조류에 감염되는 인플루엔자 바이러스에 의한 전염병이다. 닭·칠면조와 같은 가금류와 야생 조류 등에만 감염되는 것으로 보고되어 왔으나, 1997년 홍콩에서 발생된 AI로 인해 사람에게도 전염된다는 사실이 밝혀졌다. 병원성에 따라 고병원성, 약병원성, 비병원성 3종류로 구분되며, 고병원성은 제1종 가축전염병으로 사람에게도 전염된다. 주로 조류의 분비물을 직접 접촉하는 경우 전염되며, 고열, 기침, 인후통, 호흡 곤란 등의 증상을 보인다. 75℃ 이상에서 5분 이상 가열하면 바이러스는 완전히 사멸되므로 닭이나 오리고기를 충분히 익혀 먹으면 AI를 예방할 수 있다.

■ 아프리카돼지열병 (ASF, African Swine Fever)
아프리카돼지열병(ASF)은 전 세계적으로 퍼진 치명적인 바이러스성 출혈성 돼지 전염병이다. 감염된 돼지의 치사율이 100%에 이른다. 주로 감염된 돼지의 눈물, 침, 분변과 같은 분비물 등을 통해 전파되며 잠복 기간은 약 4일에서 19일이다. 돼지 외에는 ASF에 잘 감염되지 않으며 감염돼도 무해하다. ASF는 인수공통감염병이 아니므로 ASF에 감염된 돼지고기를 먹어도 사람이 감염될 우려는 없다. 국내에서는 2019년 9월 경기도 파주에서 처음 발병했다.

택배노조, 64일 만에 파업 종료... 업무 재개

민주노총 전국택배노동조합(택배노조)이 CJ대한통운택배 대리점 연합과 ■**파업** 65일째인 3월 2일 협상을 타결하고 파업을 종료하기로 했다. 택배노조는 이날 오후 3시 서울 중구 CJ대한통운 본사 앞에서 보고대회를 열고 "이번 파업 사태로 발생한 국민, 소상공인 및 택배종사자의 피해가 더는 확대되지 않도록 즉시 파업을 종료하고 현

▲ 전국택배노동조합 (페이스북 캡처)

장에 복귀한다"고 밝혔다.

택배노조와 대리점연합은 이날 오후 2시 대화를 재개한 뒤 이런 결과를 도출했다. 양측은 앞서 지난 2월 23일부터 여섯 차례 대화에 나섰으나 표준계약서 부속합의서 등을 둘러싸고 이견을 보이면서 같은 달 25일 대화가 중단됐다.

택배노조는 "대리점과 택배기사 간 기존 계약 관계가 유지될 수 있도록 지원한다"며 "택배노조 조합원은 개별 대리점과 기존 계약의 잔여기간을 계약기간으로 하는 표준계약서를 작성하고 복귀하며, 모든 조합원은 서비스 정상화에 적극 참여하고 합법적 대체 배송을 방해하지 않는다"고 합의 내용을 밝혔다.

김태완 택배노조 수석부위원장은 **"사회적 합의 불이행을 인정하지 않던 CJ대한통운이 우리 택배기사들에게 보낸 문자에 업계 최고의 복지를 약속**했다. 이것은 또 다른 형태의 우리 승리"라며 "여러분의 투쟁으로 승리를 쟁취했다"고 말했다.

택배노조에 따르면 전체 파업 인원은 3월 3일 지회별 보고대회에 전원 참석해 오후 1시까지 합의문을 놓고 현장 투표를 한다. 그 후 3월 5일까지

표준계약서를 작성한 후 현장에 복귀하고, 3월 7일부터 업무를 재개한다.

택배노조는 CJ대한통운이 과로사 방지를 위한 사회적 합의를 이행하라며 지난해 12월 28일부터 파업에 돌입했다. 지난 2월 10일부터는 사측에 대화를 촉구하며 CJ대한통운 본사 점거 농성을 벌이다 19일 만에 농성을 해제했다.

■ **파업 (strike)**
파업이란 노동자들이 자신의 요구를 관철시키기 위하여 생산활동이나 업무 수행을 일시적으로 중단하는 집단행동을 말한다. 일반적으로 파업은 특정 사업체의 노동조합이 조합원들의 경제적인 이익 증진이나 근로조건 개선을 위한 단체교섭의 요구를 관철하려는 목적으로 이뤄진다. 대다수 국가에서는 노동자들이 자본주의 체제하에서 경제적 약자의 지위라는 점을 인정하여 노동3권(단결권, 단체교섭권, 단체행동권)을 보장하며, 적법한 절차에 따르는 노동자들의 파업행위를 정당한 단체행동으로 허용하고 있다. 파업의 종류로는 ▲동정파업 ▲정치파업 ▲동맹파업 ▲총파업 등이 있다.

2021년 합계출산율 0.81명... OECD 꼴찌

2021년 국내 **합계출산율**(15~49세 여성 1명이 평생 낳을 것으로 예상되는 출생아 수의 평균)이 0.81명

으로 역대 최저치를 기록했다. 인구가 2년째 감소하고 있는 가운데 2022년 출산율이 0.7명, 2023년은 0.6명대에 진입할 수 있다는 섬뜩한 비관론도 나온다.

통계청이 2월 23일 발표한 2021년 인구동향조사 출생·사망 잠정 통계를 보면, 2021년 한 해 출생아 수는 26만500명이다. 이는 통계 작성을 시작한 1970년 이래 최저치다. 전년도 27만 2300명보다 4.3%, 1만1800명 줄었다. 30년 전인 1991년 70만9000명과 비교하면 3분의 1 규모다. 2001년 56만 명의 절반을 밑도는 수준이기도 하다.

인구 1000명당 출생아 수를 뜻하는 조출생률(組出生率)은 5.1명으로 전년보다 0.2명 감소했다. 이 역시 통계 작성 이래 최저다. 한국은 이미 경제협력개발기구(OECD) 회원국 중 최악의 저출산 국가지만 코로나19로 인해 신생아 울음소리가 더 줄었다.

2022년 합계출산율은 0.7명대로 떨어질 것이란 분석이 지배적이다. 상황이 예상보다 빠르게 악화하면 내년 출산율은 0.6명대에 진입할 가능성도 있다. 통계청이 지난해 12월 발표한 장래인구추계를 보면 올해 합계출산율은 보수적으로 전망하면 0.73명이며, 낙관적 전망치는 0.77~0.85명이다.

하지만 보수적으로 내다본 내년 출산율은 0.68명에 그친다. 코로나19 변수가 작용했던 2021년과 2020년은 보수적 전망치가 맞아떨어졌다. 통계청은 2024년 합계출산율이 0.7명까지 서서히 떨어졌다가 이후 회복할 것으로 전망하고 있다.

韓 출산율 OECD 부동의 꼴찌...경제 치명타

2019년 OECD 38개 회원국의 평균 합계출산율은 1.61명이다. 한국의 합계출산율은 1984년 1.74명으로 1명대에 처음 들어선 뒤 지속 감소하다가, 2018년 0.98명으로 OECD 부동의 꼴찌가 됐다. 지난해 시도별 출산율은 세종시가 1.28명으로 가장 높고, 서울이 0.63명으로 가장 낮았다.

출생아 감소는 혼인 건수가 감소한 데다 아이를 더욱 늦게 낳고 있어서다. 지난해 1~12월 누적 혼인 건수는 19만2500건으로 전년 동기 대비 9.8%, 2만1000건 감소했다. 같은 기간 모(母)의 평균 출산 연령은 33.4세로 전년보다 0.2세 올랐다. 2019년 기준 OECD 평균은 28.3세다.

급속한 저출산·고령화는 경제에 치명타로 돌아온다. 2020년 3737만9000명이던 국내 생산가능인구(만 15~64세)는 향후 5년간 177만 명 감소할 것으로 예상된다. 2070년이면 1736만8000명으로 반 토막이 우려된다. 한국금융연구원은 이런 추세가 이어지면 2030년 잠재성장률이 0%대에 진입할 것으로 전망했다.

▌ 인구 고령화 단계별 용어

구분	설명
고령화사회 (aging society)	총인구에서 65세 이상 인구가 차지하는 비중이 7% 이상
고령사회 (aged society)	총인구에서 65세 이상 인구가 차지하는 비중이 14% 이상
초고령사회 (post-aged society)	총인구에서 65세 이상 인구가 차지하는 비중이 20% 이상

➕ 출산력 (出産力, fertility)
출산력이란 현실적으로 출산을 할 수 있는 제반 여건과 출산 이후 양육 문제, 해당 국민의 출산 의지를 포괄

하는 종합적 개념이다. 출산력을 측정하는 지표로는 조출생률(組出生率 : 인구 1000명당 출생아 수), 일반출산율, 연령별출산율, 합계출산율, 재생산율, 모아비(母兒比 : 가임연령(15~49세)의 여자인구에 대한 0~4세의 유아인구비), 기혼 부인당 평균출생아수 등이 있다. 출산력은 인구의 생물학적 가임능력, 즉 잠재적 출산수준과는 다른 의미다. 가임능력은 일반적으로 변하지 않지만 출산력은 경제·사회적 여건 변화에 따라 변동하므로 저출산 문제를 해결하기 위해서는 출산율보다 출산력을 높이는 게 중요하다. 한편, 수년 전 출산력이란 용어가 '아이를 많이 낳을 수 있는 생물학적 가임능력'을 의미하는 것으로 오해되며 여성 비하라는 비난이 빗발친 적이 있다.

▲ GTX-A·B·C 노선도 (자료 : 국토교통부)

GTX-C 노선에 왕십리·인덕원·의왕·상록수역 등 4개역 신설

경기 양주 덕정역~수원 수원역을 잇는 ▪GTX(수도권광역급행철도)-C노선에 왕십리·인덕원·의왕·상록수역 등 4개 역이 추가된다. 국토교통부는 2월 24일 이러한 내용을 담은 실시협약을 발표했다.

정부는 2021년 6월 GTX-C 노선 우선협상대상자로 현대건설 컨소시엄을 선정한 후 2022년 상반기 실시협약 체결을 목표로 협상을 진행하고 있다. 당초 창동·광운대·청량리·삼성·양재 등 10개역으로 기획됐는데 현대건설 컨소시엄이 우선협상대상자 선정 당시 왕십리역과 인덕원역을 추가 정차역으로 제안했다. 이후 사업자 측은 지자체 협의를 거쳐 2021년 8월 의왕역, 12월 상록수역까지 총 4개역을 추가하는 방안을 제안했다.

국토부는 추가 역 신설은 어렵다는 입장이었으나 지자체의 요청에 왕십리역과 인덕원역을 허용하는 방향으로 선회했다. 의왕역 신설도 2021년 8월 3차 신규 공공택지 추진계획 발표에 포함해 기정사실로 했다. 그간 상록수역의 포함 여부만 불확실한 상황이었다.

GTX는 현재 총 4개 노선이 추진되고 있다. 총사업비는 18조71억원이다. ▲A노선은 2024년 개통 ▲B노선은 올해 안에 우선협상대상자 선정 ▲C노선은 올해 상반기 실시협약 체결 ▲서부권광역급행철도(일명 D노선)는 2022년 말 예비타당성조사 신청을 목표로 추진된다.

국토부는 이날 지자체·주민 의견을 충분히 수렴하고 안전관리를 최우선으로 해 GTX 적기 개통을 추진하겠다고 강조했다. GTX-C 노선과 관련해 논란이 된 서울 강남구 대치동 은마아파트 지하 관통과 도봉구 도봉산역~창동역 구간 지상화 방안 등을 놓고 주민 소통을 강화하고자 3월 중 주민설명회를 개최하기로 했다.

2019년 6월 착공된 GTX-A 노선은 2024년 완전 개통을 목표로 2022년 차량 제작, 임시차량기지 건설, 신호 시스템 설치 등에 나선다. 파주 운정역~삼성역(민자)은 2024년 6월, 삼성역~동탄역(재정)은 2023년 12월 각각 준공돼 분리 운영된다. GTX-A 노선의 대부분이 지하 대심도를 통과하는 터널공사인 만큼 구조물·작업자 안전관리를 더욱 철저히 하고, 진동·소음은 실시간 계측해 공개하겠다는 게 국토부의 계획이다.

GTX-B 노선은 2022년 상반기 재정구간에 대해 기본계획을, 민자 구간에 대해서는 시설사업기본계획(RFP)을 고시하겠다는 목표를 내걸었다. 사업성 확보를 위해 용산~상봉 구간은 재정사업으로, 송도~용산 및 상봉~마석 구간은 민자 사업으로 각각 추진된다.

이른바 'GTX-D'로 불리는 서부권 광역급행철도는 지난해 11월부터 사전타당성 조사가 진행 중이며, 연내 예비타당성조사 신청을 목표로 하고 있다고 국토부는 설명했다.

▪ **GTX (Great Train eXpress)**
GTX란 수도권 외곽에서 서울 도심의 주요 거점을 연결하는 수도권 광역급행철도로, 2007년 경기도가 국토부(당시 국토해양부)에 제안해 추진됐다. 기존 수도권 지하철이 지하 20m 내외에서 시속 30~40km로 운행되는 것에 비해 GTX는 지하 40~50m의 공간을 활용, 노선을 직선화하고 시속 100km 이상(최고 시속 200km)으로 운행하는 신개념 광역 교통수단이다. GTX는 앞서 A(경기 파주 운정~화성 동탄역), B(인천 송도~경기 마석역), C노선(경기 양주~경기 수원역) 등 3개 노선이 예비타당성조사를 통과했다. GTX-D 노선은 김포 장기에서 부천종합운동장까지 건설된다.

450억 사기범, 캄보디아서 13년만에 송환

2009년 수백억원을 가로챈 뒤 캄보디아로 도피한 60대 남성이 13년 만에 국내로 송환됐다. 경찰청은 특정경제범죄가중처벌법상 사기 등 혐의를 받는 피의자 A 씨를 지난해 캄보디아에서 검거해 2월 23일 국내로 송환했다고 밝혔다.

A 씨는 2009년 피해자들에게 주식계좌를 개설해 이를 담보로 대출을 받아주면 갚겠다고 속이는 등의 수법으로 총 450억원 상당의 사기를 저지른 혐의를 받고 있다. A 씨에 대해 경찰과 검찰은 각각 1건과 5건의 수배를 내린 상태였다.

경찰청은 지난해 상반기 사기 범죄 특별단속을 통해 A 씨에 대한 국제공조가 진행 중이지 않은 것을 확인하고, 같은 해 3월 A 씨에 대해 국제형사경찰기구(▪**인터폴**) '적색수배'를 발부했다. 적색수배는 6가지의 인터폴 수배 단계 중 가장 강력한 조치로, 체포영장이 발부된 중범죄 피의자에게 내리는 국제수배를 말한다.

결정적인 첩보는 2021년 8월 서울경찰청 인터폴 국제공조팀이 입수했다. '캄보디아에서 신원을 알 수 없는 한국인이 위조한 캄보디아인 신분증을 사용하며 체류 중'이라는 내용이었다. 경찰청 인터폴계는 정확한 신원을 확인하기 위해 수소문한 끝에 해당 한국인이 A 씨라는 정보를 입수했고, 경찰청 과학수사관리관을 통해 최종적으로 A 씨인 것을 확인했다.

이후 캄보디아 경찰에 A 씨의 캄보디아 신분증 발급 경위를 요청했고, 현지 경찰 수사 결과 2010년 4월쯤 A 씨가 사망한 캄보디아인 명의를 도용해 허위 신분증을 발급받은 사실이 밝혀졌다. 현지 경찰은 지난해 11월 30일 A 씨를 검거했다.

■ 인터폴 (ICPO, International CriminalPolice Organization)
인터폴은 각국 경찰 간 정보공유를 위한 협력체다. 가맹 각국의 형사경찰 당국이 상호 간에 주권을 존중하면서 국제범죄의 방지, 진압에 협력하기 위해 설립한 조직이다. 국제법상의 협정에 의한 것이 아닌 임의 조직이므로, 강제수사권이나 체포권은 없다.

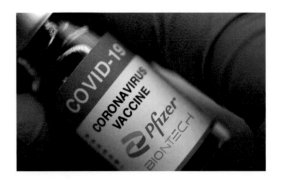

표할 예정이다.

해당 제품은 5~11세의 코로나19 예방 목적으로 미국 화이자사가 별도로 개발해 생산하는 백신이다. 한국화이자제약이 지난해 12월 1일 식약처에 사전검토를 신청했고, 2월 4일 수입품목으로 허가를 신청했다.

예방효과는 90.7%, 안전성·효과성 확인
식약처는 한국화이자제약이 제출한 임상시험 자료에 대한 분석을 바탕으로 중앙약사심의위원회의 자문을 거쳐 5~11세용 코미나티주의 안전성과 효과성을 인정할 수 있다고 결론 내렸다. 제출된 자료는 미국 핀란드 폴란드 스페인 등 4개국에서 5~11세 어린이 3000여 명을 대상으로 진행한 임상시험 결과다.

증상은 대부분 경증에서 중간 정도 수준이었다. 사망이나 심근염 등은 나타나지 않았고 약물과 관련한 중대한 이상반응도 발생하지 않은 것으로 확인됐다. 접종 후 중화항체가 비율과 혈청반응률 등 면역반응에서도 효과가 입증됐고, 백신 접종에 따른 예방효과는 90.7%로 파악됐다.

최영준 고려대학교안암병원 소아청소년과 교수는 "이상사례는 대부분 가벼운 수준이었으며

5~11세용 화이자 코로나 백신 국내 품목허가

어린이도 접종받을 수 있는 코로나19 백신이 국내에서 허가됐다. 식품의약품안전처(식약처)는 2월 23일 한국화이자제약의 만 5~11세용 코로나19 백신 '코미나티주 0.1mg/mL(5~11세용)'의 품목허가를 내줬다고 밝혔다. **소아용 코로나19 백신이 허가된 건 이번이 처음**이다. 구체적인 접종 대상과 시기 등은 아직 확정되지 않았으며, 질병관리청에서 국내 코로나19 유행 상황과 소아용 백신의 국내 도입 일정 등을 고려해 별도로 발

2~3일 이내에 사라져 크게 우려되지는 않는다고 본다"며 "안전하게 사용할 수 있는 백신으로 평가한다"고 말했다.

'썩은 김치' 파동…한성식품 대표 '김치 명인' 자진반납

썩은 배추와 무 등 불량 재료로 김치를 제조해 논란이 된 한성식품 김순자 대표이사에 대한 '식품명인' 지정이 취소됐다. 명인이 만든 김치에 위생 문제가 불거지자 김 대표 스스로 명인 자격 반납 의사를 밝힌 것으로 전해진다.

농림축산식품부(농식품부)는 2월 28일 식품산업진흥심의회를 열어 김 대표의 식품명인 자격 취소를 결정했다고 3월 4일 밝혔다. 농식품부가 1994년 식품명인 인증제를 도입한 이후 명인 자격을 취소한 사례는 김 대표가 처음이다.

앞서 한성식품은 자회사인 효원이 운영하는 공장에서 변색된 배추와 곰팡이가 낀 무 등을 사용하는 모습이 담긴 영상이 공개돼 파장을 일으켰다. 공장 위생 문제도 불거졌다. 공개된 또 다른 영상에는 깍두기용 무를 담아 놓은 상자와 완제품 포장김치를 보관하는 상자에 곰팡이가 붙어있었고, 냉장실에 보관 중인 밀가루 풀과 금속 탐지기 군데군데에도 곰팡이가 슬어있었다.

특히 **김 대표는 2007년 정부로부터 식품명인 29호(김치명인 1호)로 지정**돼 비판 여론이 거셌다. 논란이 확산되자 한성식품은 김 대표 명의의 사과문을 낸 후 해당 공장을 폐쇄하고 나머지 직영 공장 3곳도 가동을 중단했다.

명인 자격을 박탈해야 한다는 여론의 목소리가 커지자 김 대표는 2월 25일 명인으로서 사회적 책임을 다하지 못했다며 농식품부에 식품명인 자격을 반납하겠다는 의사를 밝혔다. 농식품부는 이를 근거로 2월 28일 식품산업진흥심의회를 열고 해당 식품명인의 식품명인 자격 취소 결정을 내렸다.

는 '숙련 기술 장려법' 제11조 규정에 의한다. 2012년부터 22개 분야 96개의 직종으로 통폐합되었으며, 전 직종 매년 시행으로 변경되었다. 22개 분야는 기계, 재료, 화공, 전기, 전자, 통신, 조선, 항공, 토목, 건축, 섬유, 광업 자원, 정보 처리, 농림, 해양, 산업 디자인, 에너지, 안전 관리, 환경, 산업 응용, 공예, 서비스 등이다.

대한민국 식품 명인은 농림축산식품부장관이 전통식품의 계승·발전과 가공기능인의 명예를 위하여 지정하여 보호·육성하는 제도이다. 전통식품과 전통식품 외의 일반식품 등 두 분야로 구분하여 운영하고 있다. '식품산업진흥법'은 식품명인 지정을 받지 않은 자가 제조·가공·조리 등을 한 식품에 식품명인의 표시나 이와 유사한 표시를 하거나, 거짓이나 부정한 방법으로 우수식품인증을 받은 경우에는 3년 이하의 징역 또는 3000만원 이하의 벌금에 처하도록 규정했다.

논란 속 누더기된 방역패스 결국 중단

논란이 끊이지 않았던 '방역패스'(접종증명·음성확인제)가 도입 4개월 만에 사실상 전면 중단된다. 정부는 2월 28일 중앙재난안전대책본부(중대본) 회의에서 3월 1일 0시부터 **식당·카페 등 11종 다중이용시설 전체에 대한 방역패스 적용을 일시 중단하기로 결정**했다. 4월 1일 시행될 예정이던 청소년 방역패스도 중단한다.

50인 이상 대규모 행사·집회에 적용되던 방역패스도 해제된다. 보건소나 선별진료소, 임시선별진료소에서 시행하던 음성확인서 발급 업무도 멈춘다. QR코드 확인 등 절차도 사라진다. 정부는 이번 조치로 보건소가 방역패스 발급 업무 대신 고위험군 확진자 관리에 집중할 수 있게 될 것으로 기대하고 있다. **현 방역패스는 델타 변이 유행 상황을 토대로 마련**된 것인데, 전파력은 강하고 중증화율·치명률은 낮은 새 변이인 ▪**오미크론**이 우세종이 되면서 유행 양상이 완전히 달라졌다.

최근 전국 곳곳에서 방역패스를 둘러싼 소송이 제기되고 일부 방역패스의 효력을 중단하라는 판결도 속속 나오면서 결국 정부는 ▲유흥시설 ▲실내체육시설 ▲노래연습장 ▲목욕장 ▲PC방 ▲식당·카페 등 11종 시설에 대한 방역패스를 전부 풀기로 했다.

식당, 영화관 등 밤 11시까지 영업시간 연장

정부는 3월 5일부터 식당과 카페 등 다중이용시설에 대해 영업시간을 현행 오후 10시까지에서 오후 11시까지로 1시간 연장하기로 했다. 영업시간 연장은 3월 20일까지 적용된다.

전해철 중앙재난안전대책본부(중대본) 2차장(행정안전부 장관)은 "그간 추진된 손실보상 확대, 거리두기 일부 완화 조치에도 불구하고 오랜 기간 계속되어온 자영업·소상공인분들의 어려움이 더욱 가중되고 있다는 점이 고려됐다"고 설명했다.

▪ **오미크론 (Omicron)**

오미크론이란 남아프리카공화국으로부터 유행한 코로나19 변이 바이러스를 말한다. 오미크론이란 명칭은 그리스 문자 알파벳 15번째 글자인 '오미크론'에서 따왔다. 오미크론은 델타 변이보다 두 배 많은 32개의 돌연변이를 가지고 있어, 이전 감염으로 획득한 면역을 모두 돌파하는 특성을 가졌다. 오미크론은 2021년 11월 26일 알파, 베타, 감마, 델타에 이어 5번째 우려변이로 지정됐다.

분야별
최신상식

국제
외교

바이든, 美 최초 흑인 여성 대법관 지명

■ **유리천장 (glass ceiling)**
유리천장은 외관상 공식적으로 차별이 없는 것처럼 보이지만 암묵적으로 존재하는 회사 내 차별을 말한다. 주로 여성이나 유색인종 등이 고위직으로 올라가는 것을 가로막는 보이지 않는 장벽이 있다는 것을 비유적으로 표현한 용어.

233년 '유리천장' 깨져

233년간 백인과 남성 위주로 쌓아 올려진 미국 대법원의 강고한 '**■유리천장**'이 마침내 깨졌다. 조 바이든 미국 대통령은 2월 25일(현지시간) 사퇴를 공식화한 스티븐 브레이어 대법관 후임으로 **커탄지 브라운 잭슨**(사진) 연방 항소법원 판사를 지명했다. **잭슨 판사가 상원 인준을 통과하면 233년 미국 대법원 역사상 처음으로 흑인 여성 대법관이 탄생**하게 된다. 흑인이 대법관 자리에 오르는 것으로는 세 번째가 된다.

백악관은 보도자료를 통해 "잭슨 판사는 가장 뛰어난 법조인 가운데 한 명"이라며 "바이든 대통령은 현명하고, 실용적이며, 헌법에 대한 깊은 이해를 가진 자격을 갖춘 후보자를 물색해 왔다"고 밝혔다. 백악관은 이어 바이든 대통령이 양당 상원의 조언을 받고 후보자의 판결을 면밀히 검토한 끝에 이번 결정을 내렸다고 설명했다. 바이든 대통령은 2020년 대선 기간 공약으로 흑인 여성을 대법관으로 지명하겠다고 약속한 바 있다.

미 대법원은 1789년 설립된 이후 115명의 대법관을 배출했는데 백인 남성 비율이 압도적으로 높다. 흑인은 **■서굿 마셜** 대법관이 처음이었고, 현재 재

직 중인 클레런스 토머스 대법관이 두 번째였다. 여성은 2006년 퇴직한 샌드라 데이 오코너 대법관이 최초였고, 지난해 별세한 루스 베이더 긴즈버그 대법관이 두 번째였다.

커탄지 브라운 잭슨은 누구

올해 51세인 잭슨 판사는 지난해 바이든 대통령에 의해 연방 항소법원 판사로 발탁된 바 있다. 이전에는 8년 동안 워싱턴에서 판사로 근무했다. 마이애미 출신으로 하버드대 학부와 로스쿨을 졸업했고 브레이어 대법관 밑에서 그를 돕는 재판연구관으로 근무하기도 했다.

그녀는 트럼프 전 대통령 재임 시절 미 하원으로부터 소환을 받은 돈 맥갠 백악관 법률고문에게 이에 응할 것을 판결하며 "대통령은 왕이 아니다"라고 밝히는 등 공화당에서 반대를 제기할 만한 논쟁적 판결을 다수 내렸다고 워싱턴포스트는 전했다.

대법관 후보가 결정됨에 따라 상원은 본격적인

인준절차에 들어갈 것으로 예상된다. 상원 인준을 받으려면 여당인 민주당과 야당인 공화당이 50명씩 의석을 나눠 갖고 있는 상원에서 60명 이상의 동의를 받아야 한다. 하지만 현재 민주당(민주당 성향 무소속 포함)과 공화당이 '50 대 50'으로 정확히 양분하고 있는 상원 구조상 그의 인준 과정에서는 상당한 진통이 예상된다.

■ 서굿 마셜 (Thurgood Marshall, 1908~1993)

서굿 마셜은 미국 대법원의 첫 번째 흑인 대법관이다. 린든 존슨 대통령에 의해 1967년 대법관으로 내정되어 1991년까지 그 직을 유지했다. 서굿 마셜이 맡은 사건 중 가장 유명한 사건은 1954년에 발생한 '브라운 대 교육위원회' 사건이다. 서굿 마셜은 이 사건에서 인종차별을 정당화한 '분리하되 평등' 판례를 58년 만에 뒤집으며, 백인과 유색인종이 같은 공립학교에 다닐 수 없게 한 법을 폐지시켰다.

POINT	세 줄 요약

❶ 조 바이든 미국 대통령이 커탄지 브라운 잭슨을 연방 항소법원 판사를 지명했다.

❷ 상원 인준을 통과하면 233년 미국 대법원 역사상 처음으로 흑인 여성 대법관이 탄생하게 된다.

❸ 민주당과 공화당이 상원을 정확히 양분하고 있는 가운데, 잭슨 판사의 인준 과정에서 상당한 진통이 예상된다.

유엔, 2024년까지
세계 첫 플라스틱 규제 협약 만든다

유엔이 오는 2024년 말까지 세계 첫 플라스틱 오염 규제 협약을 만들기로 합의했다. 이는 글로벌 기후변화에 대처하기 위한 2015년 ▪**파리기후협약** 이후 최대의 친환경 합의(그린 딜)가 될 것으로 유엔환경총회(UNEA)는 평가했다고 로이터, AFP 통신 등이 3월 2일(현지시간) 보도했다. 다만 구체적인 규제 내용은 추후 협상 과정을 통해 나올 예정이다.

전 세계 175개국 협상 대표는 케냐 나이로비에서 열린 제5차 UNEA에서 일주일 넘게 협상을 벌인 끝에 급증하는 플라스틱 오염을 규제하자는 내용의 기념비적 합의안을 만들어냈다. 회의장과 화상으로 5000명 가까이 이번 대회에 참가한 가운데 법적으로 구속력이 있는 플라스틱 오염 관련 조약을 만들기로 한 결의안이 만장일치로 채택됐다.

이번 결의안으로 향후 정부 간 위원회는 구속력 있는 조약 협상에 나선다. 이 조약이 구체화할 경우 전 세계 석유화학 기업과 경제에 파급 효과를 불러올 전망이다. 특히 주된 플라스틱 생산국인 미국, 인도, 중국, 일본 등에 상당한 충격을 가할 것으로 예상된다. 통상 글로벌 협약을 만드는데 5년~10년이 걸리지만 플라스틱 규제협약 논의 기간이 불과 3년 안으로 잡힌 것은 그만큼 광범위한 지지를 받고 있기 때문이다.

이번 협약은 플라스틱 제품의 생산에서 재활용, 폐기까지 라이프 사이클을 다루며, 먹이사슬까지 영향을 미쳐 식탁 위 음식에까지 영향을 미치는 미세플라스틱도 대상으로 삼는다. 플라스틱 생산은 해마다 늘고 있지만, 재활용 비율은 10%가 채 안 되고 대부분은 매립되거나 바다로 흘러 들어가는 것으로 알려졌다. 1분마다 쓰레기 트럭 한 대 분량의 플라스틱 쓰레기가 바다로 쏟아져 들어간다는 추정도 나온다.

▪ **파리기후협약 (Paris Climate Change Accord)**
파리기후협약(파리기후변화협정)은 기후변화의 주범인 온실가스 배출을 줄이기 위한 기존 기후변화협약인 교토의정서의 효력이 2020년 만료됨에 따라 이를 대체하는 신기후체제로 2015년 12월 12일 유엔기후변화협약(UNFCC) 당사국 총회에서 채택됐다. 산업화 이전 수준 대비 지구 평균 온도가 2도 이상 상승하지 않도록 온실가스 배출량을 단계적으로 감축하는 내용이 골자다.

정부, 대러시아 전략물자 수출 차단

외교부는 2월 28일 러시아에 대한 전략물자(전쟁을 하기 위해 가치가 있다고 인정되는 물자) 수출을 차단하기로 했다고 발표했다. 국제사회의 대(對)러시아 제재 동참 차원이다. 정부는 러시아에 대해 바세나르체제 등 이른바 ▪**4대 국제수출통제체제**에서 정한 전략물자 품목의 수출을 사실상 불

승인하는 방식으로 전략물자 수출 심사 제도를 운영하기로 했다.

정의용 외교부 장관은 앞서 2월 25일 국회 외교통일위원회에서 "4대 다자 국제수출체제의 일원으로서 러시아에 대한 전략물자 수출 통제에 동참할 것"이라고 밝힌 바 있다. 외교부는 전략물자가 아니지만, 미국이 독자적 수출 통제 품목으로 정한 반도체·정보통신·센서·레이저·해양·항공우주 등 57개 기술·품목에 대해서도 조치 가능한 사항을 검토해 조속히 확정할 예정이라고 밝혔다.

벨라루스 수출도 통제 조치

정부는 3월 6일 러시아의 우크라이나 침공을 지원한 벨라루스에 대해서도 러시아와 유사한 수출 통제 조치를 하기로 했다. 정부는 3월 7일자로 벨라루스에 대한 전략물자 수출 제한, 우려 거래자 지정을 추가 시행하고 비전략물자 통제도 러시아와 같은 내용으로 이행할 예정이다.

정부는 아울러 우크라이나 사태로 현지 물류에 어려움을 겪는 기업을 돕기 위해 러시아·우크라이나 인근 지역의 대한무역투자진흥공사 공동 물류센터 내 화물 보관과 내륙 운송 서비스 지원을 시작했다.

■ **4대 국제수출통제체제**

4대 국제수출통제체제는 미국, 독일, 영국 등 서방 주요국이 주축이 돼 전략물자의 수출을 통제하는 체제다. 2차 세계대전 후 냉전 체제에서 서방 국가가 대공산권수출통제위원회(COCOM, Coordinating Committee for Multilateral Export Controls)을 결성해 동구권에 무기 수출을 금지한 것에서 시작됐다.

4대 국제수출통제체제는 ▲바세나르체제(WA, Wassenaar Arrangement) ▲미사일통제체제(MTCR, Missile Technology Control Regime) ▲핵공급국그룹(NSG, Nuclear Suppliers Group) ▲호주그룹(AG, Australia Group)으로 구성된다. WA는 재래식 무기를, MTCR은 미사일을, NSG는 핵무기를, AG는 화학무기를 각각 통제한다.

美, 대러 수출 통제 FDPR서 韓 예외 적용 최종 확정

미국 정부가 우크라이나를 침공한 러시아를 제재하고자 적용한 수출 통제 수단인 **해외직접생산품규칙**(FDPR, Foreign Direct Product Rules) 적용 대상에서 한국을 최종 제외했다. **FDPR은 미국 밖 외국 기업이 만든 제품이라도 미국이 통제 대상으로 정한 미국산 기술이나 소프트웨어를 사용했을 때 미 정부가 수출을 금지할 수 있도록 한 것이다.**

미 상무부는 이를 근거로 러시아가 우크라이나 침공을 개시한 지난 2월 24일 전자(반도체), 컴퓨터, 통신·정보보안 등 7개 분야 57개 하위 기술을 활용해 만든 제품을 러시아에 수출할 때 미 정부의 허가를 받아야 한다고 발표했다. 사실상 러시아로의 기술 제품 수출을 금지한 것이다.

미 상무부 발표 당시 유럽연합(EU) 27개국과 호주, 캐나다, 일본, 뉴질랜드, 영국 등 미국 우방국 32개국은 FDPR 적용을 면제받았으나 **한국은 적용 면제 대상에 들지 못해 논란**이 일었다. 일각에서는 한국이 대러시아 제재에 미온적인 반응을 보이면서 한미 동맹 관계의 신뢰가 흔들린 것 아니냐는 분석까지 내놓았다.

이후 한국 정부가 외교·통상 라인을 가동해 미국 측과 협상을 벌였고 3월 4일 한미 양국은 한국도 FDPR 적용 대상에서 제외된다는 데 합의했다. 3월 8일 산업통상자원부와 미 상무부는 **공동성명**(joint statement)을 발표하면서 한국의 FDPR 적용 면제국 포함을 확정했다고 밝혔다.

성명에는 "미 상무부 산업안보국(BIS)은 미국의 러시아·벨라루스 제재 규칙의 FDPR 면제국가 목록에 대한민국을 추가했다"며 "한국은 유럽연합(EU) 회원국과 일본, 캐나다, 호주, 영국, 및 뉴질랜드와 함께하게 됐다. 파트너 국가들에 대한 FDPR 적용 면제를 통해 강력한 수출통제를 이행하기 위한 다자간 노력이 강화되고 있다"고 명시했다.

러시아, 韓 비우호국가 지정

한편, 러시아 정부는 3월 7일(현지시간) 정부령을 통해 자국과 자국 기업 등에 비우호적 행동을 한 국가와 지역 목록을 발표했는데 이 목록에 한국이 포함됐다. 미국, 영국, 호주, 일본, EU, 캐나다, 대만 등도 이 목록에 포함됐다.

이번 조치는 미국과 EU 등 서방이 러시아의 우크라이나 침공을 규탄하며 '핵폭탄급' 경제 제재를 취한 데 따른 보복 차원으로 풀이된다. 비우호국가 목록에 포함된 국가들에는 외교적 제한을 포함해 각종 제재가 취해질 것으로 예상된다.

∎ 한국 수출 지역 순위 (자료 : 대한무역투자진흥공사·2022년 1월 기준)

순위	국가	수출 점유율	수입 점유율
1	중국	24.10%	21.90%
2	미국	15.50%	11.80%
3	베트남	9.60%	3.80%
4	일본	4.70%	7.40%
5	홍콩	4.50%	0.30%
6	대만	3.40%	3.50%
7	인도	2.60%	1.20%
8	싱가포르	2.50%	1.50%
9	멕시코	2.20%	1.10%
10	호주	1.90%	6.50%
11	필리핀	1.80%	0.70%
12	인도네시아	1.60%	2.30%
13	말레이시아	1.50%	2.60%
14	러시아연방	1.50%	3.30%
15	독일	1.50%	2.70%

EU, VTB 등 러시아 7개 은행 SWIFT서 배제

유럽연합(EU)이 러시아의 7개 은행을 국제은행간통신협회(**"SWIFT**·스위프트)에서 배제하기로

합의했다고 블룸버그 통신이 3월 1일(현지시간) 보도했다. 블룸버그는 익명을 요구한 관리들을 인용해 EU가 합의한 배제 대상으로 러시아 국책은행인 VTB 방크, 방크 로시야, 오트크리티예, 노비콤방크, 소브콤방크, VEB.RF, 기타 1곳 등 7곳이 지목됐다고 전했다.

SWIFT는 전 세계 1만1000개 이상 금융기관들이 안전하게 결제 주문을 주고받는 전산망으로, 이곳에서 퇴출당하면 수출이 사실상 막히게 돼 가장 강력한 경제 제재 수단으로 꼽힌다. 러시아 천연가스 의존도가 높은 독일과 이탈리아는 러시아의 SWIFT 퇴출에 소극적이었으나 결국 제재 대열에 참가했다.

AFP통신은 EU 회원국이 러시아 국부펀드 직접 투자펀드(RDIF) 투자도 중단한다고 보도했다. 미국과 서방 동맹국들은 러시아의 은행 시스템과 화폐 가치에 타격을 주기 위해 일련의 제재를 마련 중이다. 달러화 대비 러시아 루블화 환율은 연초 대비 27% 하락했다.

이에 러시아가 제재를 피하기 위해 암호화폐를 활용하는 방안을 추진 중이라는 보도가 나오면서 비트코인 시세는 3월 2일 오전 7시 기준 전날 같은 시간 대비 5% 이상 급등하기도 했다.

■ **SWIFT (Society for Worldwide Interbank Financial Telecommunication)**

SWIFT(스위프트)란 '국제은행간통신협회'를 뜻하는 영어 약자로, 국제 금융거래 정보를 안전한 환경에서 교환할 수 있도록 은행과 기타 금융기관 사이를 네트워크로 연결하는 단체다. 1973년 설립됐으며 벨기에에 본부를 두고 있다. 현재는 200개 이상의 국가와 지역 내 1만1000여 개 이상의 금융기관이 SWIFT 네트워크를 이용해 돈을 지불하거나 무역 대금을 결제하고 있다. 2018년 기준 거액의 국제 결제 가운데 절반 정도가 SWIFT 체제를 이용하는 것으로 알려졌다. SWIFT에서 퇴출당하면 사실상 국제 금융거래가 어렵다.

국제 사회는 2012년 SWIFT를 이용해 이란에 경제 제재를 가한 바 있다. 당시 미국과 EU는 이란에 대한 경제 제재로 이란 중앙은행을 비롯한 30여 개 금융기관과 기업들을 SWIFT에서 강제 탈퇴시켰다. 석유와 가스 수출로 벌어들인 돈을 받을 길이 없어진 이란은 결국 핵 합의에 참여했다. 미국은 2017년에 북한 은행도 시스템에서 퇴출했다.

기출TIP 2021년 아주경제 필기시험에서 SWIFT를 묻는 문제가 출제됐다.

영국, 코로나19 모든 법적 방역 규정 폐지 선언

영국이 코로나19 확진자 자가격리와 무료검사 등 코로나19 관련 모든 법적인 방역 규정과 지원을 종료한다. 보리스 존슨 영국 총리는 2022년 2월 21일(현지시간) 의회에서 이같이 밝힘에 따라

영국은 코로나19 팬데믹이 시작된 지 2년 만에 '▪위드 코로나'를 이행한다.

존슨 총리는 코로나19 확진자에게 부과되던 자가격리 의무가 오는 2월 24일부터 폐지되고 시민들에게 무료로 제공되던 코로나19 검사도 4월 1일 종료된다고 밝혔다. **존슨 총리는 코로나19 오미크론 변이의 증상이 경미한 데 비해 검사를 위해 막대한 비용이 들고 있다면서 이제는 중단할 때가 됐다고 지적했다.**

존슨 총리가 속한 보수당은 그동안 위드 코로나 정책으로 전환할 것을 촉구해 왔다. 반면 야당과 의료계는 성급한 결정이라며 우려를 나타냈다. 영국은 코로나19로 숨진 것으로 확인된 사망자가 16만 명 이상으로 전 세계에서 7번째로 많다.

일각에서는 존슨 총리가 자신을 향한 비판을 돌리기 위해 방역 대책을 완화하는 것이라고 비판했다. 존슨 총리는 사회적 거리두기 등 엄격한 코로나19로 방역 대책이 시행되던 기간 동안 측근들과 함께 방역 지침을 어기고 수차례 파티를 즐긴 사실이 드러나 곤혹을 치르고 있는 중이다.

발표 전날 영국 여왕 코로나19 확진
올해 95세인 엘리자베스 2세 영국 여왕이 코로나19 확진 판정을 받았다. 영국 왕실은 2월 20일(현지시간) 성명을 통해 엘리자베스 2세 여왕이 코로나19 확진 판정을 받았다고 밝혔다. 영국 왕실 측은 "여왕은 현재 약한 감기 증세를 보이고 있으며, 다음 주 동안 윈저성에서 가벼운 임무는 계속해서 수행할 예정"이라고 전했다.

앞서 2월 10일에는 영국 왕위 계승 서열 1위인 찰스 왕세자가 2020년 3월에 이어 2번째로 코로나19에 감염됐다. 2월 14일에는 찰스 왕세자의 아내 커밀라 콘월 공작부인까지 양성 판정을 받았다. 여왕은 찰스 왕세자가 양성 판정을 받기 이틀 전인 지난 2월 8일 그와 만났던 것으로 전해졌다. 왕실 측은 여왕이 코로나19 백신 3차 접종을 완료했다고 밝힌 바 있다.

▪ 위드 코로나 (With Corona)
위드 코로나는 코로나19의 완전 퇴치는 힘들다는 것을 인정한 뒤 오랜 봉쇄에 지친 국민의 일상과 침체에 빠진 경제 회복, 사회적 거리두기에 따른 막대한 비용 및 의료비 부담 감소를 위해서 확진자 수 억제보다 치명률을 낮추는 새로운 방역체계로의 전환이 필요하다는 것이다. 2020년 초부터 전 세계로 확산된 코로나19가 장기화되면서 대두되는 개념이다. 실제로 영국·이스라엘 등 높은 백신 접종률을 기록한 국가들에서는 기존의 방역 조치가 더는 지속가능하지 않다는 판단에 따라 사회적 거리두기와 관련된 방역지침을 완화하고 있다. 특히 영국의 경우 2021년 7월 19일부터 사회적 거리두기, 실내 마스크 착용 의무, 모임제한 등의 방역규칙을 전면 완화해 위드 코로나 실험에 들어갔다.

마크롱, 연임 도전...
20년 만에 재선 대통령 되나

▪에마뉘엘 마크롱 프랑스 대통령이 차기 대통령 선거 후보 등록 마감 하루 전 연임 도전을 공식 발표했다. 마크롱 대통령이 차기 대선에 당선되면 20년 전 자크 시라크 전 대통령 이후 처음으로 연임에 성공한 대통령이 된다.

마크롱 대통령은 3월 3일(현지시간) 르파리지앵 등 프랑스 지역 일간지에 낸 '프랑스인에게 보내는 편지'라는 제목의 기고문을 통해 연임 도전 의

▲ 에마뉘엘 마크롱 프랑스 대통령

사를 밝혔다. 마크롱 대통령은 기고문에서 자신을 "세기의 도전에 직면해 프랑스와 유럽의 단합된 대응을 이끌어 낼 후보"라고 소개하면서 "당신의 신뢰를 다시 얻고 싶다"고 밝혔다.

마크롱 대통령이 기고문 형태를 통해 출마선언을 한 것은 급박한 국제정세에 따른 것으로 보인다. 그는 "러시아와 우크라이나 간 전쟁으로 정상적인 선거운동을 벌일 수는 없지만 조국을 계속 발전시키고자 하는 우리의 프로젝트, 우리의 열망을 설명 하겠다"고 밝혔다.

그동안 마크롱 대통령의 연임 도전은 기정사실로 받아들여졌다. 하지만 그가 **2022년 상반기 유럽연합(EU) 순회의장국 정부 수장**으로서 우크라이나 사태 해결의 중재자 역할을 자처하면서 출마선언이 늦어졌다. 그는 러시아가 우크라이나를 침공하기 전 블라디미르 푸틴 러시아 대통령을 직접 만나 군사적 긴장 완화를 촉구했으며, 러시아와 미국·우크라이나 간 정상회담도 추진했다.

최근 각종 여론조사에 따르면 마크롱 대통령이 1차 투표에서 가장 높은 지지율로 결선에 진출하고, 결선에서도 승리할 가능성이 높다. 프랑스 대선은 4월 10일 1차 선거를 하고, 과반 득표한 후보가 없을 경우 4월 24일 ▪**결선투표**를 진행한다.

현재로선 지난 2017년 대선 경쟁자인 **극우 성향의 마린 르펜 국민연합(RN) 대표가 마크롱 대통령의 가장 강력한 경쟁자**로 꼽힌다. 하지만 이민자 혐오를 부추기는 극우 성향 전직 언론인 에릭 제무르가 등장하면서 극우 진영 표가 분산될 전망이다. 사회당(PS), 녹색당(EELV), 굴복하지않는 프랑스(LFI) 등 좌파 진영 정당에서도 후보 난립으로 결선 진출 후보를 내지 못할 것이란 전망이 우세하다.

▪ **에마뉘엘 마크롱 (Emmanuel Macron, 1977~)**
에마뉘엘 마크롱은 프랑스 제5공화국 8번째 대통령이다. 2017년 5월 프랑스 대선에서 당선되면서, 만 39세의 나이로 취임한 프랑스 최연소 대통령이다. 2008년부터 로스차일드 투자 은행가로 일하다 2012년 프랑수아 올랑드 대통령에게 발탁되어 대통령 경제수석비서관을 지내면서 본격적으로 정치에 입문하였다.
마크롱은 경제적 자유주의, 프랑스 개혁, 유연한 유럽연합(EU) 체제 등을 주장하는 중도적 개혁가 성향을 가졌다고 평가된다. 자유시장, 법인세 인하, 노동 유연성 강화, 재정 건전성 확보 등을 주장하며 안보 면에서는 셴겐조약(Schengen agreement : 유럽연합 회원국 간 체결된 국경개방조약)을 유지하되 유럽연합(EU) 외부에 국경 경비를 강화하자는 것이 기본 입장이다.

▪ **결선투표 (決選投票)**
결선투표는 1차 선거에서 과반수의 표를 얻은 자가 없을 경우 상위 득표자 2인에 대해서 재선거를 하여 과반수의 득표를 한 후보를 당선자로 결정하는 선거제도이다. 결선투표는 과반수 득표를 한 후보를 당선자로 결정하기 때문에 당선자에게 권력의 정통성과 대표성이 부여되고 1·2차 투표 사이에 유권자들이 인물에 대해 더 객관적인 평가를 할 수 있다는 장점이 있다.
그러나 정당 간 혹은 후보자들 간 모종의 정치적 거래가 이뤄질 수 있고 유권자가 선택한 최상의 후보가 결선투표에 오르지 못해 지지할 후보가 사라진 유권자들에 의해 차선의 선택 결과로 최종 당선자가 결정돼 오히려 정치적 정통성이 낮아진다는 지적도 있다.

중국 '쇠사슬女' 파장...
"인신매매 막으려면 DNA 수집해야"

일명 '쇠사슬녀' 사건으로 인신매매 피해 여성의 비참한 삶이 드러나며 공분을 일으킨 중국 인신매매의 실태가 중국 최대 연례 정치 일정인 **양회** (兩會 : 전국인민대표대회와 중국인민정치협상회의) 의 화두로 떠올랐다. 쇠사슬녀 사건이란 한 40대 중국 여성이 장쑤성 쉬저우의 한 농촌 마을에 팔려 와 자녀 8명을 낳는 등 쇠사슬에 목이 묶여 학대당한 사건을 지칭한다.

3월 4일 개막한 양회에서는 쇠사슬녀 사건의 후속 대응으로 공안 당국이 인신매매 방지를 위해 국민들의 유전자 정보(DNA)를 수집·관리해야 한다는 제안이 잇달아 나왔다. **중국 정책 자문기구인 중국인민정치협상회의**(정협·政協) 위원인 드라마 감독 류자청이 유치원과 초등학교에 입학하는 모든 어린이의 DNA 정보를 수집해 데이터베이스(DB)화할 것을 공식 제안했다.

류 씨는 "DNA 정보가 제출되지 않은 학생은 입학할 수 없도록 해야 한다"면서 "입학할 자녀의 DNA 정보 제공을 거부하는 사람이 있으면 유치원과 초등학교는 적시에 공안 기관에 보고하고,

공안 기관은 조사와 상응한 조치를 하도록 해야 한다"고 주장했다. 유괴나 인신매매 범죄를 들킬까봐 DNA 정보 수집에 응하지 않는 이들이 있을 수 있다는 전제에 따른 제안이다.

프라이버시를 침해하고 국민 통제에 사용될 소지가 있다는 논란에 류 씨는 "DNA DB가 유괴된 아이들을 찾는 데만 사용될 수 있도록 해야 한다"며 "자료가 유출되거나 악용될 경우 사생활 침해로 엄벌에 처해야 한다"고 말했다.

다른 정협 위원들도 "의료용 출생증명서에 영유아와 산모의 DNA 정보를 추가하는 것을 시작으로 전국민 DNA DB를 구축해야 한다", "주민등록 때 유전자 검사를 의무화하자" 등의 의견을 낸 것으로 전해졌다.

쇠사슬녀 사건에 대해 앞서 중국 당국은 인신매매나 유괴가 없었다고 주장했다. 하지만 중국의 수천만 네티즌이 스스로 탐정이 돼 사건 파헤치기에 나서며 실체가 드러나기 시작했다. 여론이 가라앉지 않자 당국은 인신매매 사실을 인정하고 관련 공직자 17명을 처벌했다.

중국 공안국은 오는 12월 31일까지를 여성과 아동에 대한 불법 인신매매 근절을 위한 특별 단속에 나섰다. 거처가 불분명하거나 지적·신체적 장애가 있는 여성, 아동에 대한 인신매매 실태를 정확하게 파악하고 신고 시스템을 정비할 것을 일선에 지시했다. 한편, 이번 사건과 관련해 중국 정부가 인민의 신뢰를 받지 못하면서 중국이 마침내 **■타키투스 함정**에 빠진 게 아니냐는 이야기까지 나왔다.

■ **타키투스 함정 (Tacitus Trap)**

타키투스 함정은 정부가 한 번 신뢰를 잃으면 국민의 마음을 얻지 못한다는 것을 의미한다. 고대 로마 시대의 역사가 타키투스의 책에서 유래한 말이다. 타키투스는 "일단 황제가 인민이 미워하는 대상이 되면, 그가 하는 좋은 일이건 나쁜 일이건 사람들의 혐오를 가져온다"고 지적했다.

우크라서 러시아군 총격으로 전 뉴욕타임스 기자 사망

우크라이나를 침공해 전쟁 중인 러시아군의 공격으로 전 뉴욕타임스(NYT) 기자 1명이 사망하는 사건이 발생했다. **지난 2월 러시아가 우크라이나를 침공한 이후로 해외 언론인, 미국인이 사망한 것은 처음**이다.

지난 3월 13일(현지시간) AFP 통신의 보도에 따르면 우크라이나 수도 키이우 서북쪽 외곽의 이르핀에서 러시아군의 공격으로 전 NYT 기자 1명이 사망했고, 함께 있던 2명은 부상을 입었다.

통신은 이날 이르핀에서 취재진이 탄 차가 러시아군에 의해 공격을 받았으며, 기자 1명이 현장에서 숨졌다고 전했다. 키이우 방위군을 위해 일

하는 의사 다닐로 샤포발로프는 AFP에 "사망한 기자는 목에 총을 맞았다"고 증언했다.

러시아군의 공격으로 미국인이 사망하면서 미국이 러시아와 우크라이나 간 전쟁에 직접 개입할 가능성도 배제할 수 없게 됐다. 제이크 설리번 미 백악관 국가안보보좌관은 CNN에 "매우 충격적이다. 블라디미르 푸틴 러시아 대통령에게 가혹한 대가를 치르게 하려는 이유"라며 "동맹국과 논의하겠다"고 밝혔다.

사망한 전 NYT 기자는 언론인이자 다큐멘터리 감독인 브렌트 르노인 것으로 알려졌다. 고인은 지난 2014년에 시카고 학교 내부 폭력을 주제로 한 다큐멘터리를 제작해 방송계의 **■퓰리처상**으로 불리는 **■피바디상**을 받은 경험도 있는 것으로 알려졌다. 한편, 폭스뉴스 소속 영상 기자인 피에르 자크르제우스키도 르노에 이어 키이우 외곽에서 취재 중 총격으로 사망했다.

■ **퓰리처상 (Pulitzer Prize)**

퓰리처상은 현대 저널리즘의 창시자로 불리는 미국 언론인 조지프 퓰리처(Joseph Pulitzer, 1847~1911)를 기념하기 위해 1917년 탄생한 저널리즘·예술 분야 시상식이다. 언론 분야에서는 보도·사진·비평·코멘터리 등 부문, 예술 분야에서는 픽션·드라마·음악 등 부문에 걸쳐 각각 수상자를 선정한다. 저널리즘과 문학 관련 상 중 미국 최고 권위를 자랑하여 '기자들의 노벨상'이라고도 불린다.

■ **피바디상 (Peabody Awards)**

피바디상은 1993년에 탄생한 상으로, 방송매체의 공익분야 기여를 장려하기 위해 탄생했다. 매년 텔레비전, 케이블방송, 라디오 등을 포함한 전자미디어 부문에서 뛰어난 성과를 보인 개인에게 상이 수여된다. 지난 2001년에 홍현진PD가 KBS 1TV에서 연출한 '그 오두막엔 여든네 살 청년이 산다'가 국내 최초로 피바디상 다큐멘터리 부문에서 선정됐다.

기출TIP 2017년 한국언론진흥재단에서 퓰리처상을 단답형으로 묻는 문제가 출제됐다.

中 양회 폐막...리커창 "5.5% 성장 목표 쉽지 않다"

리커창 중국 총리는 3월 11일 정부가 제시한 5.5% 성장은 쉽지 않은 목표라고 말했다. 우크라이나 사태와 관련해서는 "제재는 세계 경제에 충격을 줄 것"이라며 러시아에 대한 제재에 반대한다는 입장을 거듭 밝혔다. 미중 관계에 대해서는 "서로 대문을 닫아서는 안 되고, **디커플링**(decoupling : 국가와 국가, 국가와 세계 경기 등이 같은 흐름을 보이지 않고 탈동조화되는 현상)은 더욱 해서는 안 된다"고 말했다.

리 총리는 이날 ▪**양회**(전국인민대표대회·전국인민정치협상회의) 폐막 후 베이징 인민대회당에서 내외신 기자회견을 열고 국내외 현안에 대해 이 같은 입장을 밝혔다. 리 총리는 앞서 지난 3월 5일 전국인민대표대회(전인대) 개막식 업무보고를 통해 올해 경제 성장률 목표치를 5.5% 안팎으로 제시한 바 있다.

리 총리는 경제 성장을 등산에 비유하며 "1000m 산은 100m만 올라도 10%가 되지만 3000m 산은 5%만 오르려 해도 150m를 가야 한다"며 "게다가 위로 올라갈수록 기압이 낮아지고 산소가 줄어든

다"고 말했다. 그만큼 올해 경제 성장률 목표를 달성하기가 쉽지 않다는 점을 강조한 것이다.

리 총리는 우크라이나 사태와 관련한 국제사회의 대러 제재에 대해서는 "세계 경제가 코로나19 충격 등으로 매우 어려운 상황에서 관련 제재는 세계 경제 회복에 충격을 줄 것"이라며 "이는 각국 모두에 불이익"이라고 말했다. 대러 제재에 반대한다는 입장을 다시 한번 분명히 한 것이다.

미중관계에 대해서는 "양국 정상이 지난해 말 화상회담에서 합의한 대로 상호존중과 평화공존, 상생협력을 함으로써 이성적이고 건설적인 방식으로 이견을 적절히 통제해야 한다"면서 "서로의 핵심 이익과 중대한 우려를 존중하길 바라며 더 많은 대화와 소통이 필요하다"는 입장을 밝혔다.

중국은 이날 인민대회당에서 전인대 폐막식을 열고 연례 최대 정치행사인 양회를 마무리했다. 전인대 폐막식에서는 올해 정부 업무보고와 예산안 등 모두 10개의 안건이 표결을 거쳐 처리됐지만 지난해 홍콩 선거제 개편과 같은 큰 이슈는 없었다. 중국 지도부는 올가을 시진핑 국가주석의 3연임을 결정지을 제20차 당 대회를 앞두고 열린 이번 양회에서 경제 안정을 최우선 과제로 제시했다.

▪ **양회 (兩會)**

양회란 우리나라 국회에 해당하는 중국 최고의 국가 권력기관인 전국인민대표대회(전인대)와 중국 최고 정책자문기구인 중국인민정치협상회의(정협)를 함께 부르는 말이다. 전인대는 주로 헌법 개정, 국가의 중대 의사 결정과 같은 역할을 하며, 정협은 공산당의 정책 결정 전 다른 정당이나 각 단체의 의견을 수렴해 조율하는 역할을 한다. 양회는 중국 최대의 정치행사로서 중국 정부의 운영 방침은 양회를 거쳐 정해진다.

기출TIP 2021년 뉴스1 필기시험에서 양회를 묻는 문제가 출제됐다.

대만 총통, '대중 매파' 폼페이오에 훈장

▲ 마이크 폼페이오 전 미국 국무장관

대만을 방문 중인 마이크 폼페이오 전 미국 국무장관이 차이잉원 총통으로부터 대만 최고 등급 훈장을 받았다. **폼페이오 전 장관은 도널드 트럼프 전 미 행정부에서 대중 강경책을 주도했던 인물로 중국 정부의 제재 대상에 올라 있다.**

차이 총통은 3월 3일 타이베이 총통부에서 폼페이오 전 장관을 만나 특종 징싱(景星) 훈장을 수여했다고 대만중앙통신이 보도했다. 징싱 훈장은 대만 총통이 정무 분야에 기여한 대만인과 외국인에게 주는 훈장이다.

차이 총통은 "폼페이오 전 장관은 오랫동안 대만의 국제기구 참여를 지지했을 뿐 아니라 국무장관 재임 시절 대만과 미국 관계에 수많은 돌파구를 만들었다"고 말했다. 이어서는 폼페이오 전 장관을 '친구'로 칭하기도 했다.

폼페이오 전 장관은 "미국과 대만은 자유를 수호하고 침략을 허용하지 않는다는 결심을 갖고 있다"며 "차이 총통 재임 개간 다른 이들이 자유에 대한 갈망을 짓밟는 일은 벌어지지 않을 것이고 미국이 계속 함께 서 있을 것"이라고 화답했다. 필요하면 무력으로라도 대만을 통일하겠다는 중국을 겨냥한 발언이다. 그는 이날 '반석처럼 단단하다'는 뜻의 한자인 '견야반석(堅若磐石)'이 새겨진 마스크를 썼다. 이는 미 정부가 대만에 대한 지지를 강조할 때 쓰는 표현이다.

러시아의 우크라이나 침공이 남 일 같지 않은 대만으로선 미 공화당의 유력한 대선주자로 평가받는 폼페이오 전 장관의 방문을 크게 반기는 분위기다. 중국이 국제 정세가 혼란한 틈을 타 대만을 공격할 수 있다는 우려가 일각에서 제기되자 미국은 초당적인 대만 지지 의사를 표명했다.

한편, 중국 정부는 2021년 1월 조 바이든 미국 대통령이 취임하자 눈엣가시였던 폼페이오 전 장관과 로버트 오브라이언 전 백악관 국가안보보좌관 등 대중 강경파 28명을 제재 명단에 올렸다.

➕ 폼페이오 초청비 논란

대중국 매파의 대표적 인물로 꼽히는 마이크 폼페이오 전 미국 국무부 장관의 대만행을 두고 초청비용이 수십만달러를 넘어섰을 것이라는 비판의 목소리가 제기됐다. 대만 언론사에 의하면 폼페이오의 초청 및 1회 강연비에 대해 생방송 강연은 1회당 10~20만달러, 오디오 강연은 별로의 추가 비용 협상 과정이 수반되며, 대만행 비행기에 몸을 싣는 초청비로만 최소 15만달러 이상의 지출이 있었을 것이라고 추정했다.

실제로 이번 폼페이오의 대만 방문 일정을 담당한 것으로 알려진 위안징 기금회 측은 "비용과 관련한 내용은 언론에 공개할 수 없지만, 비용 부담은 미국 측이 아닌 대만의 위안징 기금회 측이었다"고 설명했다. 다만, 위안징 기금회가 주최하고 서명한 이번 폼페이오 전 국무장관의 일정은 대만 외교부로부터 지원금이 있었던 것으로 알려졌다.

분야별
최신상식

북한
안보

'국제 의용군' 자처하며
우크라로 출국한 이근 전 대위 논란

■ **해군 특수전전단 (UDT/SEAL)**
해군 특수전전단(UDT/SEAL)
은 1955년 창설된 우리나라 해
군의 특수전 부대로, 수중파괴
(UDT), 전천후 특수작전(SEAL),
폭발물처리(EOD), 해상대테러
(CT) 등의 특수작전 임무를 수
행하는 부대다. 극한을 넘나드
는 훈련을 받는 해군 특수전전
단은 그간 1993년 서해 페리
호 여객선 구조, 1998년 북한
유고급 잠수정 내부 수색작전,
2011년 아덴만 여명작전 등을
성공적으로 수행한 바 있다.

이근 전 대위 출국에 외교부 '경고'
■ **해군 특수전전단(UDT/SEAL)** 출신 유튜버 ■**이근** 전 대위가 우크라이나 국
제의용군에 참여하겠다며 출국하는 일이 발생했다. '의용군' 참여를 지원한
한국 국적자는 100명에 달하는 것으로 전해졌다. 정부는 **여권법 위반으로
최대 1년의 징역에 처할 수 있다**고 경고하고 나섰다.

외교부는 3월 7일 "무단으로 우크라이나에 입국할 경우 여권법 위반에 따
른 형사처벌 및 여권에 대한 행정제재 대상이 된다"며 "현재 우크라이나가
전시임을 엄중히 인식하고 여행금지국인 우크라이나에 허가 없이 입국하지
말아줄 것을 당부한다"고 밝혔다.

이는 앞서 이 씨가 전날 자신의 유튜브 채널을 통해 "최초의 대한민국 의용
군인 만큼 우리나라를 대표해 위상을 높이겠다"며 우크라이나로 출국한 사
실을 밝히며 논란이 커지자 나온 외교부의 입장이다.

정부, 우크라이나 전 지역에 '여행금지' 발령
정부는 앞서 2월 13일 우크라이나 전 지역에 여행경보 4단계(여행금지)를 발

령했다. 여행금지 조치는 여행경보 최고 단계로 법적 강제성이 있는 조치다. 이를 위반할 경우 여권법 제26조에 따라 1년 이하 징역 또는 1000만 원 이하 벌금형에 처해진다. 이 같은 처벌 규정은 2007년 샘물교회 선교사들이 아프가니스탄에 무단 입국한 뒤 생겼다.

현재 소지 중인 여권에 대한 반납 명령, 여권 무효화, 새 여권 발급 거부 및 제한 등의 행정제재도 가능하다. 외교부 당국자는 "이근 씨를 포함한 우리 국민이 우크라이나 국제의용군에 참가하기 위해 출국했다는 사실은 인지하고 있다"며 "허가 없이 입국할 경우 관련 법규에 따른 법적 조치를 취할 것"이라고 말했다.

우크라이나 국제의용군에 참여하겠다는 의사를 밝힌 한국 국적자는 100여 명이 있는 것으로 전해졌다. 볼로디미르 젤렌스키 우크라이나 대통령이 지난 2월 27일 "국제 지원자들을 위한 외인부대를 창설하겠다"고 밝힌 이후 의용군에 참여하려는 세계 각국의 지원자들이 향하고 있다.

이근 전 대위 '사망설' 돌기도

러시아가 우크라이나 서부지역 훈련기지를 공습해 외국인 용병 약 180명을 제거했다는 주장이 나오는 등 우크라이나 전쟁에 참여한 용병 관련 소식이 전해지자 온라인상에서 '이근 전 대위 사망설'이 나도는 등 이 씨의 신변에 대한 우려가 쏟아졌다. 그러나 3월 14일 외교부는 "현재까지 (우크라이나에서) 우리 국민 피해를 접수한 바 없다"며 이 씨의 사망설을 일축했다.

한편, 지난 3월 10일 이 씨를 여권법 위반 혐의로 경찰에 고발했으며, 이 씨의 여권 무효화 등 행정제재 절차에도 착수한 외교부는 이 씨 일행의 신변 및 우크라이나 내 동향을 파악하고 있는 것으로 알려졌다.

■ **이근 (李根, 1984~)**

이근은 해군 특수전전단(UDT/SEAL) 출신 군사 안보 컨설턴트 및 유튜버이다. 이근은 유튜브 콘텐츠를 통해 밀리터리 열풍을 일으켰으며 인터넷 방송을 넘어 TV 방송과 CF까지 출연한 바 있다. 그러나 이근에 대한 각종 사생활 의혹이 제기되며 논란이 불거졌다. '네이비실 해군 먹튀 논란'이 대표적이다. 대한민국 해군은 이근을 미국 해군 네이비실에 연수를 보내주며, 이근이 연수에서 돌아온 후 한국군에 맞는 전술 체계를 구축하는 데 도움을 줄 것을 조건으로 걸었다. 그러나 이근은 조건을 이행하지 않고 복귀 1년 만에 제대한 것이 밝혀지며 논란이 됐다.

POINT **세 줄 요약**

❶ 해군 특수전전단(UDT/SEAL) 출신 유튜버 이근 전 대위가 우크라이나 국제의용군에 참여하겠다며 출국하는 일이 발생했다.

❷ 이근 전 대위의 출국 사실이 알려지며 논란이 일자 외교부는 여권법 위반으로 최대 1년의 징역에 처할 수 있다고 경고하고 나섰다.

❸ 온라인상에서 이근 전 대위 사망설이 나도는 등 이근 전 대위에 대한 신변에 대한 우려가 쏟아지고 있다.

문 대통령 "韓 미사일 역량 우월"

▲ 문재인 대통령이 2월 28일 육군3사관학교에서 열린 제57기 졸업 및 임관식에서 국기에 경례하고 있다. (자료 : 청와대)

문재인 대통령이 2월 28일 육군3 ■**사관학교** 졸업 및 임관식 축사에서 "최근 북한이 연이어 미사일 발사 시험을 하고 있지만 우리는 우월한 미사일 역량과 방어능력을 갖추고 있다"고 말했다. 문 대통령은 "우리가 누리는 평화와 번영은 튼튼한 안보의 토대 위에서 이룬 것"이라며 이같이 말했다.

문 대통령의 이러한 발언은 앞서 윤석열 국민의힘 대선 후보가 북한의 미사일 도발 등을 거론하며 **사드**(THAAD·고고도미사일방어체계) 추가 배치를 주장하고 러시아의 우크라이나 침공 사태와 맞물려 현 정부의 '안보 무능' 프레임을 제기하는 상황에 대한 반박으로 해석된다.

문 대통령은 "북핵 위기를 대화 국면으로 바꿔내고 한반도 평화 프로세스를 추진할 수 있었던 원동력도 강한 국방력이었다"며 "어떤 위협도 빈틈없이 막아낼 한국형 **아이언돔**(미사일을 탐지해 격추하는 방공 시스템)과 미사일 방어체계도 든든하게 구축해 가고 있다"고 강조했다.

이어 "우리 군은 세계 6위의 국방력을 갖추고 국방개혁 2.0을 통해 최첨단 과학기술군으로 진화

하고 있다"며 "초음속 순항미사일, 고위력 탄도미사일, F−35A를 비롯해 유사시에 대비한 초정밀 타격능력도 강화하고 있다"고 설명했다.

이어서 "지난해에는 **세계 여덟 번째로 최첨단 초음속전투기 KF−21 보라매 시제 1호기를 출고했고 세계 일곱 번째로 잠수함발사탄도미사일**(SLBM) **발사에 성공했다**"고 부연했다. 문 대통령은 나아가 "우리나라는 세계에서 안보의 부담이 가장 큰 나라"라며 "당장은 남북 간의 전쟁 억지가 최우선 안보 과제지만, 더 넓고 길게 보면 한반도의 지정학적 상황 자체가 언제나 엄중한 안보환경"이라고 말했다.

■ 사관학교 (士官學校)

사관학교는 육·해·공군의 정규 장교를 양성하기 위한 4년제 군사학교다. 이들 학교는 대학 과정에 해당하며, 학생들은 졸업하면 학사 학위를 받고 소위로 임관하게 된다. 우리나라의 사관학교로는 ▲육군사관학교 ▲육군3사관학교 ▲해군사관학교 ▲공군사관학교 ▲국군간호사관학교가 있다.

육군3사관학교는 나머지 학교와 다르게 4년제 대학 2년 수료자, 전문대 졸업자, 학점은행제 80학점 이상자를 대상으로 입학을 받아 3·4학년 2년 동안만 생도교육을 하여 소위로 임관시킨다.

한편, 문재인 대통령은 2018년 육사, 2019년 해사, 2020년 공사, 2021년 국군간호사관학교 졸업 및 임관식 참석에 이어 이어 2022년 3사까지, 역대 대통령 처음으로 5개 사관학교 졸업식에 모두 참석했다.

김정은, 시진핑에 구두친서…
"올림픽 성대히 진행 축하"

김정은 조선노동당 총비서 겸 국무위원장이 시진핑 중국공산당 총서기 겸 국가주석에게 '구두친

서'를 보냈다. 북한 노동신문은 2월 22일 김정은 총비서가 "베이징 겨울올림픽경기대회가 참신하고 특색 있는 대체육축전으로 성대히 진행된 데 대해 진심으로 되는 열렬한 축하를 보내셨다"고 보도했다.

김 위원장은 "조중(북중) 두 당, 두 나라의 전략적 협조와 단결을 강화하여 미국과 추종세력들의 노골적인 적대시 정책과 군사적 위협을 짓부시고 공동의 위업인 사회주의를 수호하고 전진시켜나가고 있다"며 "습근평(시진핑) 동지와 함께 조중관계를 불패의 관계로 더욱 확고히 다져나가며 평화롭고 발전하는 세계를 건설하는 데 적극 기여할 의지를 피력하셨다"고 신문은 전했다.

특히 **코로나19와 미중갈등이라는 '악조건' 속에서 올림픽을 성공적으로 개최했다며 중국을 치켜세웠다.** 김 위원장은 "(시진핑) 총서기 동지의 영도 밑에 중국당과 인민이 유례없이 엄혹한 보건위기와 적대세력들의 책동 속에서도 견인불발의 분투와 노력으로 올림픽 역사에 뚜렷한 자국을 남기고, 새 시대 중국 특색의 사회주의 사상이 가리키는 길을 따라 힘차게 나아가는 중국의 기상을 과시했다"고 평가했다.

아울러 김 위원장은 중국이 시 주석의 장기 집권

시대를 선언할 올가을 20차 당 대회를 언급하며 "중국 공산당 제20차 대회를 맞이하는 올해에 사회주의 현대화 국가를 전면적으로 건설하기 위한 투쟁에서 보다 큰 성과를 거두리라는 확신을 표명했다"고 통신은 전했다.

김 위원장은 미국과 대립각을 세우며 북중 친선관계를 과시하기도 했다. 북한과 중국은 2021년 7월 11일 '조·중 우호협력 및 상호원조조약'(**■조중우호조약**) 체결 60주년을 맞아 친서를 교환하고 혈맹관계를 과시한 바 있다. 앞서 북한은 코로나19 등을 이유로 올림픽에 불참했지만, 최대 우방인 중국의 잔치 분위기를 망치지 않으려는 듯 올림픽 기간 내내 각별한 관심을 기울여왔다.

■ 조중우호조약 (朝中友好條約)

조중우호조약은 조선민주주의인민공화국(북한)과 중화인민공화국(중국) 간 최초의 동맹 조약이며 정식 명칭은 '조·중 우호협력 및 상호원조조약'이다. 1961년 7월 11일 북한 김일성과 저우언라이 총리 사이에서 체결됐다. 이 조약은 안보 조약임에도 불구하고 공동으로 대응해야 할 외적인 위협을 구체적으로 지정하고 있지는 않다. 또한 휴전 8년 후, 1957년 중국 인민지원군 철수 4년 후에야 체결되었다는 점도 특징적이다. 전문가들은 해당 조약이 미국 등 공동의 위협에 대항하기 위한 성격보다는 중국이 북한을 '관리'하기 위한 성격이 강했다고 분석한다.

김정은, 5년 만에 초급 당비서 대회 소집

김정은 북한 국무위원장이 2월 28일 평양에서 진행된 노동당 제2차 '초급 당비서 대회'를 마무리하면서 주민에 대한 헌신과 사상교육 강화를 강

▲ 김정은 북한 국무위원장

조했다. 조선중앙통신은 3월 1일 김 위원장이 전날 폐막식에서 '초급 당비서들은 어머니당의 참된 정치일군이 되자'라는 제목의 결론을 통해 이들이 중점에 둬야 할 임무와 과업을 제시했다고 보도했다.

김 위원장은 "우리 당이 제시하는 모든 노선과 정책, 우리식 사회주의 건설의 근저에는 이민위천, 위민헌신의 이념이 놓여있다"면서 "인민의 당, 심부름꾼당, 이것이 우리 당의 유일한 존재 명분이고 최고의 징표이며 영원한 본태"라고 강조했다.

북한 노동당 조직은 최상위인 중앙당부터 도·시·군당, 하부단위인 초급 당과 최말단 당세포까지 체계적으로 조직돼 있다. **이번 대회를 통해 중앙당 차원의 의사결정을 현장 기층조직까지 철저히 전파하면서 내부 결속을 꾀한 것으로 해석**된다. 김 위원장이 초급당비서들에게 "인민들의 편리와 생활 최대한 도모"를 직접 강조하면서 애민 지도자 이미지를 심으려는 의도도 보인다.

북한은 2월 26일부터 28일까지 사흘간 평양에서 노동당 제2차 초급 당비서 대회를 진행했다. 북한이 초급 당비서 대회를 소집한 건 5년 2개월

만이다. 김 위원장은 행사 첫날에도 직접 참석해 "초급 당 조직이 현실 발전의 요구에 부응하지 못하는 심중한 편향들이 나타나고 있다"며 "실수에서 교훈을 받아들여야 할 것"이라고 다그쳤다.

> **➕ 김정은이 맡고 있는 여러 가지 직책**
>
> 김정은은 북한에서 여러 직책을 맡고 있다. 북한은 김정은의 집권 10년차를 맞아 2021년 1월 10일 김정은을 '노동당 총비서'로 추대한 바 있다. 또한 김정은은 당·정·군에서 각각 직함을 갖고 있다. 노동당 내에서는 '총비서'이고 정부에서는 '국무위원회 위원장'이라는 직함을, 군에서는 '공화국 무력의 총사령관'이다. 북한은 당이 모든 것을 결정하고 책임지는 당–국가 체제이기 때문에 북한 내에서는 노동당이 가장 중요하고 당 총서기 직책이 우선하지만, 국제사회에서 각국 대표는 정부 대표자이기 때문에 국무위원장 직함을 사용한다.

북, 평양 순안서 탄도미사일 발사...
대선 나흘 전 도발

대선을 나흘 앞두고 우크라이나 사태가 지속 중인 상황에서 북한이 탄도미사일을 발사했다. 합동참모본부는 3월 5일 "북한이 오전 8시 48분쯤 순안 일대에서 동해상으로 탄도미사일 1발을 발

사했다"며 "이 미사일의 비행거리는 약 270km, 고도는 약 550km로 탐지됐다"고 밝혔다.

이날 발사는 **북한이 2월 27일 미사일을 쏜 지 엿새 만이자, 2022년 들어 9번째 시험발사**다. 이번 탄도미사일 발사는 대선 날인 3월 9일을 불과 나흘 앞두고, 이틀째 사전투표가 진행 중인 시점에 이뤄졌다는 점에서 북측의 의도가 주목된다. 러시아 침공 사태로 세계정세가 불안한 와중에 북한이 무력시위를 통해 대미 협상력 제고를 노린 것이란 해석이 나온다.

앞서 우리 군 당국은 2월 27일 발사체를 탄도미사일이라고 규정했다. 그러나 북한은 개발 중인 정찰위성에 쓰일 카메라 성능을 점검하기 위한 시험이었다고 주장하면서 미사일 발사체 사진 대신 저궤도에서 찍은 지구 사진만 공개했다. 북한이 이날 발사한 탄도미사일도 2월 27일 '정찰위성 개발용'이라는 명분으로 쏘아 올린 준중거리 탄도미사일(MRBM)과 유사한 기종으로 추정된다.

북한의 정찰위성을 띄우기 위한 장거리 로켓 발사는 **■대륙간탄도미사일(ICBM)** 기술과 같다는 점에서 북한이 ICBM 도발 의지를 우회적으로 드러냈다는 분석이 나왔다. 군은 북한 평양과 서쪽 지역 일대 등에서 미사일 발사 징후로 의심되는 움직임을 예의주시해온 것으로 전해졌다. 청와대는 서훈 국가안보실장 주재로 **■국가안전보장회의(NSC)** 상임위 긴급회의를 열고 유엔 안보리 결의 위반이라고 규탄했다.

군 당국에 따르면 **북한은 3월 16일에도 신형 ICBM로 추정되는 탄도미사일을 쐈지만, 발사 직후에 공중 폭발**된 것으로 알려졌다. 3월 5일과 마찬가지로 평양 순안 비행장 일대에서 발사된 ICBM은 고도가 20km에도 이르지 못하고 폭발했다.

■ **대륙간탄도미사일 (ICBM, Inter-Continental Ballistic Missile)**

대륙간탄도미사일(ICBM)이란 핵탄두를 장착하고 한 대륙에서 다른 대륙까지 대기권 밖을 비행하여 발사되는 사정거리 6400km 이상, 로켓엔진으로 추진하는 탄도미사일을 말한다. ICBM은 핵탄두를 장착하고 있고, 대부분 관성유도방식에 의해 한 대륙에서 다른 대륙까지 대기권 밖을 비행하여 적의 전략목표를 공격한다.

액체·고체 연료를 사용한 다단식(多段式) 로켓으로 1500~3500km의 고공에 쏘아 올리며 400~500km의 거리에서 레이더에 의한 제어가 가해지면 엔진의 가동이 중단되고 그 이후는 속도벡터에 의해 역학적으로 결정되는 탄도를 비행하여 목표에 도달한다. 최초의 ICBM은 1957년 소련에서 개발한 'R-7'으로, 세계 최초의 인공위성인 '스푸트니크 1호'가 이 미사일에 실려 발사된 바 있다.

■ **국가안전보장회의 (NSC, National Safety Council)**

국가안전보장회의(NSC)는 국가 안보·통일·외교와 관련된 정책을 수립하는 최고 의결기구로이자 대통령 직속 자문기관이다. 우리나라에서 NSC는 대통령, 국무총리, 외교부 장관, 통일부 장관, 국방부 장관 및 국가정보원장과 대통령령으로 정하는 위원으로 구성한다. 대통령은 회의의 의장이 된다.

NSC는 상임위원회와 사무처를 두 축으로 하는데, 상임위원회는 NSC에서 위임한 사항을 처리하기 위한 곳이다. 상임위원회는 매주 최소한 1회 이상 수시로 열려 통일·외교·안보 현안에 관한 정책을 조율한다. 합의가 되면 곧바로 대통령에게 보고하고, 합의가 이뤄지지 않는 문제나 국가적 중대 사안은 NSC에 안건을 넘긴다.

북 외무성 "우크라 사태 근원은 미 패권주의"

북한이 러시아의 우크라이나 침공 사태를 두고 "우크라이나 사태가 발생하게 된 근원은 전적으

로 다른 나라들에 대한 강권과 전횡을 일삼고 있는 미국과 서방의 **패권주의** 정책에 있다"고 주장했다. **북한이 러시아의 우크라이나 침공 이후 공식 입장을 낸 것은 처음**이다.

북한 외무성 대변인은 2월 28일 이 같은 내용을 밝혔다. 외무성 대변인은 "미국과 서방은 법률적인 안전 담보를 제공하는 데 대한 러시아의 합리적이며 정당한 요구를 무시한 채 한사코 **나토 (NATO·북대서양조약기구)**의 동쪽 확대를 추진하면서 공격무기 체계 배비(배치) 시도까지 노골화하는 등 유럽에서의 안보 환경을 체계적으로 파괴해 왔다"고 했다.

대변인은 "이라크와 아프가니스탄, 리비아를 폐허로 만들어버린 미국과 서방이 이제 와서 저들이 촉발시킨 이번 우크라이나 사태를 두고 '주권 존중'과 '영토 완정'을 운운하는 것은 어불성설"이라면서 "세계가 직면한 가장 큰 위험은 국제 평화와 안정의 근간을 허물고 있는 미국과 그 추종세력들의 강권과 전횡"이라고 주장했다.

그는 이어 "현실은 주권국가의 평화와 안전을 위협하는 미국의 일방적이며 이중기준적인 정책이 있는 한 세계에는 언제 가도 평온이 깃들 수 없다는 것을 다시 한번 여실히 실증해주고 있다"고 했다.

앞서 북한은 2월 26일 외무성 홈페이지에 당국의 공식 발표가 아닌 개인 전문가 명의의 글을 올려 간접적으로 미국을 비난했다. '리지성 국제정치연구학회 연구사' 명의로 올린 글에서 북한은 "미국이 간섭하는 지역과 나라들 마다에서 불화의 씨가 뿌려지고 국가들 사이의 관계가 악화되는 것이 하나의 법칙처럼 굳어지고 있는 것이 바로 현 국제질서"라며 "우크라이나 사태 역시 러시아의 합법적인 안전상 요구를 무시하고 세계 패권과 군사적 우위만을 추구하면서 일방적인 제재 압박에만 매달려온 미국의 강권과 전횡에 그 근원이 있다"고 주장했다.

■ **패권주의 (覇權主義)**

패권주의는 강대국이 강력한 군사력을 통해 세계를 지배하고 다른 국가에 영향력을 행사하려는 제국주의적 행태를 비판하려는 의도로 사용되는 정치학 용어다. 이 말은 본래 1960년대 냉전 시기 중국이 소련과 미국의 세계 지배를 비판하기 위해 만든 용어로 처음 등장했다. 오늘날은 무력을 통하지 않은 문화적 침략을 비판할 때도 문화적 패권주의라는 식으로 언급된다.

■ **나토 (NATO, North Atlantic Treaty Organization)**

나토는 국제 군사 기구로 1949년 4월 4일 체결된 북대서양조약에 의해 창설되었다. 이 기구는 회원국이 어떤 비가입국의 공격에 대응하여 상호 방어하는 것을 인정했기 때문에 집단 군사 동맹 체계로 운영되고 있다. 유럽 연합군 최고사령부는 벨기에의 브뤼셀에 본부를 두고 있으며 최고사령관 또한 이곳에서 거주하고 있다. 북대서양조약기구 회원국의 군사 지출비는 세계 전체 군사 지출비의 70%를 차지한다.

공군 조종사 목숨 앗아간 KF-5E 추락 원인은 '엔진 부품 구멍'

지난 1월 추락 사고로 공군 조종사 목숨을 앗아

간 'KF-5E 비행사고' 원인은 기체 내 엔진 연료도관에 있었던 미세한 구멍이었던 것으로 확인됐다. 3월 3일 공군 관계자는 KF-5E 비행사고 조사결과 발표에서 "사고 항공기 잔해를 조사한 결과, 우측 엔진 연료도관에서 연료가 누설된 것을 확인했다"며 "누설된 연료가 항공기 이륙 중 발화해 엔진 화재를 일으켰다"고 사고 원인을 설명했다.

앞서 지난 1월 11일 임무 수행 중이던 이 KF-5E는 경기도 한 야산에 추락했다. 조종사였던 고(故) 심정민(29) 소령은 전투기가 민가로 추락하는 것을 막고자 야산을 향해 기수를 돌리다가 비상 탈출시기를 놓쳤다.

공군에 따르면 당시 사고 전투기에서는 이륙한 지 약 54초 만에 화재가 발생했다. **기체 내 엔진 연료도관에 머리카락보다 얇은 구멍 두 곳에서 연료가 샜고, 이것이 이륙 중 화재를 일으켰다는 설명**이다.

이후 엔진 화재로 전투기 상승·하강기동을 제어하는 수평꼬리날개 케이블이 손상돼 정상 작동이 불가능해졌다. 기체는 이륙한 지 1분 55초 만에 사실상 조종불능 상태에 빠졌다. 전투기가 지상에 충돌하기까지는 약 19초 정도 시간이 남았었

지만, 심 소령은 민가를 발견하고 충돌을 피하기 위해 비상탈출을 시도하지 않았다고 한다.

이번 사고와 관련 군이 전투기 정비에 보다 주의를 기울였어야 하는 게 아니냐는 지적도 제기된다. 사고가 난 KF-5E는 지난 1986년 도입돼 35년 이상 임무를 수행해왔다. 기체 노후화를 고려해 점검·정비 주기나 관련 지침을 미리 손봤어야 하는 게 아니냐는 지적이다. 공군이 현재 운용 중인 KF-5E는 모두 20~30년 된 노후 기종이다. 공군 F-5 기종 전투기는 2000년 이후에만 이날까지 모두 12대가 추락했다.

이에 대해 공군 관계자는 "F-5 기종에서 연료도관 화재가 일어난 건 이번이 처음"이라며 "연료도관 부품 교체 주기는 600시간으로, 이 기체는 508시간 비행해 부품 자체가 노후됐다고 보기는 어렵다"고 설명했다. 다만 **공군은 유사 사고를 예방하기 위해 모든 F-5 전투기를 점검할 예정이다. 또한 노후 기종 조기 도태를 위해 신형 전투기 조기 도입도 추진할 계획**이다.

➕ KF-21 보라매

KF-21 보라매는 대한민국 독자 기술로 만든 최초의 국산 초음속 전투기이다. 그동안 한국형 전투기는 KF-X라고 불렸지만 드디어 2021년 KF-21 시제 1호기가 나오면서 '실험(eXperimental)'을 의미하는 X를 떼어냈다. 2022년 초도비행을 목표로 하고 있고 2025년 양산을 시작하여 2026년부터 실전배치가 될 예정이다. KF-21의 성능은 4.5세대 전투기(공대공 반매립 운용)로 시작되어 향후 추가 개량으로 5세대 전투기나 6세대 전투기의 전투능력을 목표로 지향한다. KF-21 시험 비행을 무사히 통과하면 우리나라는 자국 전투기를 개발한 13번째 국가이자 4.5세대 이상 초음속 전투기를 개발한 8번째 국가가 된다.

분야별
최신상식

문화
미디어

오징어게임 이정재·정호연
美배우조합상 남녀주연상

3관왕 쾌거

넷플릭스 오리지널 드라마 '오징어게임'의 남녀 주연 배우인 **이정재**(사진 왼
쪽)**와 정호연**(사진 왼쪽 두 번째)**이 한국 배우 최초로 미국배우조합상**(SAG,
Screen Actors Guild awards) **남우·여우주연상**을 받았다. 오징어게임은 SAG 최
고 영예인 앙상블 최고 연기상 수상에는 실패했지만 남녀주연상에, **최고의
액션 연기를 선보인 작품에 주는 스턴트 앙상블상**까지 추가하며 3관왕에 올
랐다.

SAG는 세계 최대 연기자 조합인 미국배우조합(SAG, Screen Actors Guild)에
서 주최하는 시상식으로서 영화와 TV 부문의 배우, 성우들에게 매년 상을
수여한다. 미국영화예술아카데미 소속 회원들이 다수 소속돼 있어 아카데
미상의 전초전 격으로 불릴 정도로 권위를 인정받고 있다.

SAG 최고상은 최고의 연기를 펼친 작품 배우 전체에 주는 앙상블 최고 연
기상이다. 봉준호 감독의 영화 '기생충'의 배우들은 2020년 아시아 영화로
는 처음으로 앙상블 최고 연기상을 받았다. 2021년에는 윤여정이 영화 '미
나리'로 여우조연상을 수상한 바 있다. 황동혁 감독의 '오징어게임'은 한국

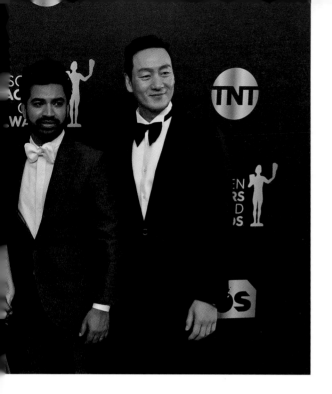

드라마 최초로 수상 SAG 기록을 남겼다. 이로써 한국 영화·드라마는 3년 연속으로 SAG와 인연을 맺으며 높아진 위상을 과시했다.

이정재, 美 대형 에이전시 CAA와 계약

'오징어게임'에서 주인공 성기훈 역을 연기한 이정재는 수상 소감에서 "너무 감사하다. 너무 큰 일이 제게 벌어졌다. '오징어게임'을 사랑해준 전세계 관객분들에게 감사드린다"고 환하게 웃었다. '오징어게임'을 통해 글로벌 스타로 발돋움한 이정재는 앞서 미국의 대형 연예 에이전시인 ▪**CAA**와 전속 계약을 체결했다고 알려졌다.

탈북자 강새벽 역을 맡아 데뷔작으로 하루아침에 스타로 떠오른 정호연은 "여기 계신 많은 배우분들을 관객으로 TV에서 스크린으로 봤는데, 그분들을 보면서 배우가 되고 싶다는 꿈을 꿨다. 지금 이 자리에 있다는 것 자체가 영광이고 감사하다"라며 감격에 겨운 듯 눈물을 흘렸다.

정호연은 이날 시상식에서 5 대 5 가르마로 땋은

머리에 한국식 장식인 댕기 패션을 선보여 눈길을 사로잡았다. 패션 매거진 보그 미국판은 "드레스와 댕기 매칭은 정호연이 가진 고전적 할리우드의 매력과 한국 전통의 의미 있는 조합"이라고 평가했다.

한편, 이날 시상식에서 '오징어게임'은 앙상블 최고 연기상 후보에도 올랐지만 최고상 수상의 영광은 HBO 드라마 '석세션'에 돌아갔다. '석세션'은 미디어 재벌 가문의 상속에 대한 이야기를 그린 블랙 코미디다. 국내에서는 ▪**웨이브가 '석세션'을 포함해 '왕좌의 게임', '유포리아', '왓치맨' 등 HBO 드라마 시리즈**를 독점 제공하고 있다.

▪ **CAA (Creative Artists Agency)**
CAA(크리에이티브아티스트에이전시)는 미국 최대 규모의 엔터테인먼트·스포츠 에이전시로 꼽히는 회사다. 팝스타 비욘세, 레이디 가가, 도자 캣, 톱 배우 브래드 피트, 조지 클루니, 윌 스미스. 영화감독 스티븐 스필버그, 방송인 오프라 윈프리 등이 CAA에 소속돼 있다.
미국 4대 메이저 엔터테인먼트 에이전시로는 ▲CAA와 함께 ▲UTA(United Talent Agency) ▲WME(William Morris Endeavor) ▲ICM 파트너스(ICM Partners)가 꼽힌다.

▪ **웨이브 (wavve)**
웨이브는 SK텔레콤과 지상파 3사(KBS·MBC·SBS)가 연합해 2019년 9월 출범한 토종 온라인동영상서비스(OTT, Over The Top)다. 오리지널 콘텐츠 드라마로 '트레이서', '이렇게 된 이상 청와대로 간다' 등이 있다. 웨이브는 지상파 콘텐츠를 기반으로 한 방대한 콘텐츠를 무기로 국내에서 넷플릭스에 이어 OTT 가입자수 2위를 유지하고 있다.

POINT	세 줄 요약

❶ '오징어게임'이 미국배우조합상(SAG) 3관왕을 차지했다.

❷ 남우주연상(이정재), 여주주연상(정호연), 스턴트앙상블상을 받았다.

❸ 글로벌 스타로 발돋움한 이정재는 미국 대형 에이전시인 CAA와 전속 계약을 체결했다.

클래식·발레·미술...
전 세계 문화계 '러시아 보이콧' 확산

▲ 러시아 지휘자 발레리 게르기예프

러시아의 우크라이나 침공에 항의해 러시아를 **보이콧**(boycott : 집단 거부)하는 움직임이 전 세계 문화계에서 확산됐다. 특히 '전쟁의 주범' 블라디미르 푸틴 러시아 대통령을 옹호하는 러시아 예술가들은 퇴출 위기에 내몰렸다.

독일 뮌헨 필하모닉 오케스트라는 지난 3월 1일 (현지시간) **러시아 출신 세계적 지휘자 발레리 게르기예프를 해고**했다. 평소 푸틴을 옹호하는 입장이었던 게르기예프는 러시아의 우크라이나 침공에 입장을 밝히라는 뮌헨 필하모닉 오케스트라 측의 요구에 침묵했다.

네덜란드 로테르담 필하모닉 오케스트라도 게르기예프에게 명확한 입장을 밝힌 것을 촉구했으나 게르기예프가 이를 거절하자 그의 이름을 딴 '게르기예프 페스티벌'을 중단키로 했다. 게르기예프는 **이탈리아의 세계적 오페라 극장 '라 스칼라'** 공연에서도 배제됐다.

미국 뉴욕 카네기홀은 게르기예프와 함께 러시아 피아니스트 데니스 마추예프를 무대에서 내렸다. 마추예프와 게르기예프는 2014년 러시아의 우크라이나 크림반도 강제 합병을 지지한 바 있다. 카네기홀은 게르기예프와 마추예프 대신 뉴욕 페트로폴리탄 오페라 음악감독인 야닉 네제 세갱, 피아니스트 조성진을 투입했다.

영국 런던 로열 오페라 하우스는 오는 7~8월 열릴 계획이었던 러시아 볼쇼이발레단의 투어 공연을 취소한다고 발표했다. 유럽 최대 음악 축제인 **□유로비전 송 콘테스트**의 주최 측인 유럽방송연합(EBU)도 올해 행사에서 러시아 참가를 제한했다.

세계 최대 미술 축제인 베네치아 비엔날레 개막을 한 달여 앞두고 러시아 예술가들이 자국에 대한 항의 표시로 자체적으로 참가 포기를 선언하기도 했다. 프랑스 마티스 미술관은 중국 베이징에서 개최 예정인 앙리 마티스 전시를 보류했다. 중국이 러시아의 침공에 대한 비판에 동참하지 않았다는 이유다.

러시아 최고 부호 블라디미르 포타닌은 구겐하임 미술관 이사회에서 물러났다. 푸틴과 가까운 사이로 알려진 포타닌은 스페인 구겐하임 미술관에 수십 년간 작품을 기증했다. 구겐하임 미술관은 포타닌의 그간 지원에 감사를 표하면서도 그의 사퇴 결정을 수용했다.

■ 유로비전 송 콘테스트 (Eurovision Song Contest)
유로비전 송 콘테스트(유로비전)는 유럽에서 1년에 한 번씩 열리는 최대의 국가 대항 노래 경연대회. 유럽방송연합 (EBU)에 소속된 각국의 방송사가 그해의 국가대표를 선발해 노래와 퍼포먼스를 겨루는 경연 대회로서 유럽 최대 음악 축제이자 세계적으로도 시청자가 많은 방송이다. 1956년부터 한 번씩 개최국을 바꿔가며 개최되고 전 대회 우승자를 배출한 나라에서 자기 대회를 개최하는 것이 전통이다. ABBA(아바), 올리비아 뉴튼 존, 셀린 디옹, 훌리오 이글레시아스, 나나 무스쿠리 등 전설적인 가수들이 유로비전을 통해 배출됐다.

그림책 작가 이수지, 『여름이 온다』로 볼로냐 라가치상 수상

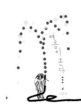
한국 그림책 작가 두 명이 '그림책 노벨상'이라 불리는 이탈리아 볼로냐 라가치상을 받았다. 2월 22일 이탈리아 볼로냐 아동도서전은 이수지의 『여름이 온다』(비룡소)와 최덕규의 『커다란 손』(윤에디션)이 볼로냐 라가치상 스페셜멘션(특별언급)을 수상했다고 밝혔다. 『여름이 온다』는 픽션 부문에, 『커다란 손』은 논픽션 부문에 각각 선정됐다.

볼로냐 라가치상은 이탈리아에서 매년 3월 말에 열리는 세계에서 가장 큰 어린이 책 도서전인 '볼로냐 도서전'에서 주는 상이다. 픽션, 논픽션, 코믹스, 시 분야 등으로 나뉘어 있으며 올해는 61개국에서 2215건의 작품이 출품됐다.

픽션 부문의 『여름이 온다』는 물놀이와 비발디의 '사계' 중 '여름'을 접목한 그림책이다. 비발디의 '사계'는 이 작가의 아이들이 좋아했던 곡으로, 함께 음악을 들으며 느꼈던 그 감흥을 여름날의 물놀이와 함께 표현했다. 책 커버 날개의 QR코드를 찍으면 '사계'와 함께 작가의 해설이 담긴 영상이 재생된다.

논픽션 부문의 『커다란 손』은 아버지의 돌봄으로 자란 아들이 어른이 되어 늙어가는 아버지를 돌보는 이야기를 담았다. 아버지가 아들을 키우듯 이제는 아들이 아버지를 돌본다. 목욕을 시켜주고 옷을 입혀주고 밥을 흘리지 않게 떠넘겨 준다. 이러한 아버지에 대한 보살핌은 자연스러운 세대의 이어짐은 물론 그 속에 깃든 사랑을 보여준다.

『커다란 손』은 기존의 출판 경로가 아닌 독립출판으로 판매를 시작한 그림책으로 최 작가가 직접 출판사를 운영하고 있다. 두 작가에 대한 시상은 3월 21일 열리는 이탈리아 볼로냐 도서전에서 있을 예정이다.

> **➕ 아스트리드 린드그렌상**
>
> 아스트리드 린드그렌상은 아동·청소년에 대한 관심을 높이기 위해 2002년 스웨덴 정부가 제정한 아동문학상이다. 시상식은 매년 3월에 열리며, 2020년 아스트리드 린드그렌상은 『구름빵』을 쓴 백희나 작가가 한국인 최초로 수상했다. 아스트리드 린드그렌상은 볼로냐 라가치상, 한스 크리스티안 안데르센상과 함께 세계 3대 아동문학상으로 꼽힌다.

1700팀 '박재범 소주' 대기... 1병 1만4900원 소주 완판

가수 박재범이 프리미엄 소주 '원소주(WON SOJU)'를 출시했다. 원소주는 1병에 1만4900원이라는 높은 가격에도 불구하고 출시 1주일 만에

▲ 박재범이 '원소주(WON SOJU)'를 출시하며 주류 사업을 본격적으로 시작했다. (박재범 트위터 캡처)

초도 생산물량 2만 병이 모두 판매됐다. 원소주를 제조하는 원스피리츠 측은 3월 3일 원소주 초기 물량이 완판됐다고 밝혔다. 원스피리츠는 박재범이 지난해 4월 설립한 양조업체다.

박재범은 지난 2월 25일부터 3월 3일까지 원소주 출시를 기념해 서울 영등포구 더현대서울 백화점에서 **팝업스토어**를 운영했다. 소비자들은 매일 팝업스토어 앞에서 **오픈런**을 강행하는 등 원소주의 인기는 폭발적이었다. 한때 팝업스토어 대기팀이 1700팀을 넘기도 했으며, 애초 1인당 12병이었던 구매 한도도 4병으로 제한된 것으로 알려졌다.

한편, 올해 초 힙합 레이블 AOMG와 하이어 뮤직(H1GHR MUSIC) 대표직을 내려놓은 박재범은 최근 새로운 엔터테인먼트 회사 모어 비전(MORE VISION)을 만들었다. 박재범은 최근 무려 580만여 명의 팔로워를 보유한 SNS를 탈퇴해, 연예계를 은퇴하고 자취를 감춰 사업에 집중하는 것이 아니냐는 추측이 나오기도 했지만, 이후 새 SNS 계정을 개설해 팬들과 소통 중이다.

▪ 팝업스토어 (pop-up store)

팝업스토어는 하루 혹은 몇 달 정도의 짧은 기간만 운영하는 매장을 말한다. 2002년에 미국 대형할인점 타깃(TARGET)이 신규 매장을 열 공간을 마련하지 못해, 단기 임대한 장소에 임시로 연 매장이 의외의 인기를 끌자 기업들이 이를 벤치마킹하면서 팝업스토어라는 개념이 자리 잡기 시작했다. 한편, 팝업스토어는 웹페이지의 떴다 사라지는 팝업창과 유사하다 하여 이같이 불리게 됐다.

▪ 오픈런 (open run)

오픈런이란 백화점 매장이 영업을 시작하자마자 소비자들이 매장으로 질주하는 현상을 의미한다. 코로나19 팬데믹 이후 억눌렸던 소비가 한꺼번에 분출되며 '오픈런'이 흔해졌다는 분석이 나온다. 코로나19 장기화로 급감했던 소비가 백신 접종 확대 등을 통해 소비 폭발로 이어지면서 고급차와 명품 브랜드의 수요가 급증했다. 한국자동차산업협회는 2021년 수입차 판매량을 전년 대비 9.1% 증가한 33만 대로 예측했다. 3대 해외 명품 브랜드로 꼽히는 일명 에루샤(에르메르·루이비통·샤넬)의 2020년 한국 매출은 2조4000억원에 달했다. 면세점 매출이 급감했음에도 샤넬코리아의 경우 일반 매장 판매 증가로 영업이익이 2020년 대비 34% 증가한 1491억원을 기록했다.

한편, 뮤지컬이나 연극 등의 분야에서 오픈런이란 작품을 무대에 올릴 때 공연 종료 시점을 정하지 않고 계속 공연하는 것을 의미한다. 관객에게 인기가 높으면 공연이 몇 년간 지속되기도 한다. 반대로 기간을 정해 놓고 공연하는 것은 '리미티드런(limited run)'이라고 부른다.

기출TIP 2018년 제주MBC에서 팝업스토어를 묻는 문제가 출제됐다.

왓챠, 웹툰·음악도 서비스... 콘텐츠 경계 허문 플랫폼 2.0 공개

온라인동영상서비스(OTT) **왓챠**가 '탈 OTT'를 선언했다. 음악과 웹툰 구독을 새롭게 추가하고 종합 엔터테인먼트 구독 플랫폼 '왓챠 2.0'으로 진화한다는 것이다. 기존에 존재하지 않던 새로운 구독 모델을 제시해, 대형 콘텐츠 투자로 출혈 경쟁이 한창인 국내 OTT 시장에 파란을 일으킨

다는 목표다.

박태훈 왓챠 대표는 2월 22일 서울 여의도에서 개최한 '2022년 왓챠 미디어데이'에서 "왓챠피디아로 시작해 지난 11년 동안 OTT 왓챠로 많은 고객의 사랑을 받으며 성장해왔다"며 "2022년에는 음악과 웹툰을 더한 종합 엔터테인먼트 구독 플랫폼 왓챠 2.0으로 큰 변화를 이루고, 앞으로의 10년, 20년을 대비하기 위해 큰 도약을 하겠다"고 밝혔다.

연내 출시 계획인 **왓챠 2.0은 기존 영상 콘텐츠 플랫폼의 경계를 넘어 음악과 웹툰으로 서비스 콘텐츠의 영역을 넓히는 것이 핵심**이다. 번들상품인 '유튜브 뮤직' 서비스까지 이용할 수 있도록 구독 이용료를 책정한 유튜브처럼 하나의 통합 구독 모델을 연내 선보인다는 방침이다.

왓챠는 영화나 드라마처럼 집중해서 긴 시간을 투자해야 하는 콘텐츠와 비교해 **상대적으로 이동 중이나 자투리 시간에도 이용이 가능한 음악과 웹툰이 왓챠 플랫폼 내에 구독자들을 더 오래 머물 수 있게 하는 무기가 될 것**이라고 봤다.

웹툰과 음악 사업의 전개는 IP(지식재산권) 확보 차원에서도 왓챠에 큰 힘이 될 전망이다. 왓챠는

올해 약 20편의 오리지널 콘텐츠와 다수의 경쟁력 있는 익스클루시브(독점) 콘텐츠를 공개할 예정이다. '조인 마이 테이블', '좋좋소' 등 왓챠 오리지널을 하나의 세계관 아래 영상과 웹툰, 음악으로 다양하게 제작할 계획이다.

■ 왓챠 (Watcha)

왓챠는 대한민국의 OTT 서비스이다. 영화 추천 서비스 왓챠피디아에서 시작되었다. 왓챠는 2016년 1월 31일 웹 서비스를 오픈하고 5월 앱을 출시했다. 앱 출시 후 6개월 만에 구글플레이와 애플 앱스토어의 '2016 올해의 앱'으로 동시 선정되었다. 구글플레이가 집계한 2018년 한국 내 엔터테인먼트 카테고리 앱 중 매출 1위를 기록했고 2019년 가입자는 약 500만 명이다. 2020년 7월 서비스명을 왓챠피딩에서 왓챠로 변경했다. 왓챠는 9만 편이 넘는 영화, 드라마, 예능, 다큐, 애니메이션을 보유하고 있다.

폴란드 'SF 거장' 대표작 원전 번역본 국내 첫 출간

▲ SF 거장 스타니스와프 렘 원전 번역본 (자료 : 민음사)

폴란드 출신 과학소설(SF) 거장 스타니스와프 렘(Stanistaw Lem, 1921~2006)의 원전 번역본 대표작들이 국내에서 처음 출간됐다. 3월 3일 민음사는 렘의 ■『솔라리스』, 『우주 순양함 무적호』, 『이욘 티히의 우주 일지』 등 폴란드어 원전을 직접 번역

해 펴냈다고 밝혔다. 그간 국내에 출간됐던 렘의 작품은 영어 등으로 된 작품을 다시 번역한 중역본이었다.

렘의 대표작이자 세계 SF의 클래식으로 꼽히는 『솔라리스』는 심리학자가 미지의 행성을 탐사하기 위해 우주정거장에 갔다가 10년 전 사망한 연인을 마주하면서 불가사의한 사건에 휘말리는 내용이다. 영화계 거장 안드레이 타르코프스키와 스티븐 소더버그가 각각 영화화했다.

1964년 출간된 『우주 순양함 무적호』는 우주 탐사 중 실종된 우주선을 찾는 무적호의 긴 여정을 담았다. 단편집 『이욘 티히의 우주 일지』는 1950~1970년대에 걸쳐 산발적으로 발표된 작품들을 렘 재단에서 선별해 엮은 것이다.

렘은 아서 C 클라크, 아이작 아시모프, 필립 K. 딕과 더불어 20C SF를 대표하는 작가다. 1946년 장편소설 『화성에서 온 인간』 연재로 등단해 단행본만 60여 권에 달하는 저작을 남겼다. 이는 40여 개 언어로 번역되며 전 세계에서 4500만 부이상 팔렸다.

외계의 낯선 생명체와 맞닥뜨린 인간의 소통 문제, 미지의 존재와의 갈등을 통한 인간 본성에 대한 성찰, 기술 진보에 따른 인류 미래에 대한 탐구는 렘의 소설을 관통하는 주제다. 각종 풍자와 익살, 말장난으로 인해 번역하기 까다로운 작품으로 꼽힌다.

렘의 작품은 20C 중반에 이미 인공지능과 가상현실, 검색 엔진, 유전자 복제와 인공수정, 나노기술 등 첨단 과학 기술의 도래를 예측해 작가

의 통찰력이 돋보인다. 렘의 선구적인 업적을 기리고자 1992년 국제천문연맹은 소행성3836에, 2013년 폴란드 정부는 최초의 자국 인공위성에 그의 이름을 붙이기도 했다.

■ 『솔라리스』 (Solaris)

『솔라리스』는 1961년에 발표된 폴란드 작가 스타니슬라프 렘의 공상과학(SF)소설로, 심오한 철학적 사색이 담겼으며 20C SF의 고전으로 평가받는다. 소설 『솔라리스』는 지구로부터 멀리 떨어진 빨간 태양과 파란 태양을 공전하는 거대한 행성인 솔라리스가 배경이다. 심리학자 켈빈이 솔라리스를 연구하는 우주정거장의 연구원을 검진하는 일을 맡게 되는데 연구원들이 심한 광기에 사로잡힌 듯 히스테리 증상을 보인다. 켈빈도 10년 전에 자살한 아내가 나타나 혼란해한다. 다른 연구원들도 과거로부터 찾아온 충격적인 존재들을 만나게 된다. 솔라리스는 점점 인간들의 이성을 앗아간다. 켈빈은 인간 존재의 거울 속을 들여다보고 자기 자신을 발견하게 된다.
인간은 우주에 존재하는 모든 것을 인간의 기준으로 생각할 뿐이지만, 인간을 초월하는 존재와 조우하게 되면 과연 무엇을 할 수 있을지를 생각해 보게 하는 작품이다. 이 소설은 1972년 러시아의 안드레이 타르코프스키 감독에 의해 영화화되어 더욱 유명해졌으며, 2002년 미국의 스티븐 소더버그 감독에 의해서도 영화화됐다.

서울시, '디지털 감성문화도시 서울' 새 단장

서울시가 디지털 기술을 활용해 '디지털 감성문화도시 서울' 조성에 나선다. 서울시는 2022년 집중 추진할 문화정책 3대 전략 10대 핵심과제를 발표하고 감성문화도시 구현을 위해 6080억원을 투입한다고 2월 23일 밝혔다. **문화정책 3대 전략은 ▲디지털 감성문화도시**(768억원) **▲시민문화 향유도시**(3006억원) **▲2000년 역사도시**(2306억원) **등**이다.

▲ 세종문화회관 미디어 파사드 (자료 : 서울시)

서울시는 '뉴 세종 디지털아트센터'로 재탄생하는 세종문화회관과 재개장하는 광화문광장 일대를 디지털 문화 중심지로 조성할 예정이다. 오는 7월부터 세종문화회관에는 대형 **▪미디어 파사드**가 설치되고, 2022년부터 매년 12월엔 광화문 주요 건물을 활용한 '미디어 파사드 축제'가 열릴 예정이다.

또한 시민들이 어디서나 문화예술의 즐거움을 만끽할 수 있도록 '시민문화 향유도시'를 구현한다. 노들섬은 공공미술 프로젝트를 통해 글로벌 예술섬으로 재탄생한다. 노들섬~선유도공원~난지공원은 조형물 등을 활용해 공공미술 랜드마크로 조성한다.

역사와 관련된 콘텐츠 개발에도 나선다. 서울의 역사문화유산을 디지털로 복원·재현하기 위한 첫 종합계획을 수립하고, 풍납동 토성은 완전한 복원 이전에 디지털 콘텐츠로 실물을 먼저 체험할 수 있는 디지털 체험관을 조성할 예정이다.

조선시대 전통 민가 정원의 모습을 보존하고 있는 '서울 **▪성북동 별서**'도 단계적으로 매입·복원해 개방한다. **한양도성~탕춘대성~북한산성의 유네스코 세계유산 등재도 추진**한다. 오세훈 시장은 "디지털 기술로 시민 누구나 일상 속에서 문화

예술을 향유할 수 있는 기회를 확대하고, 문화 소외계층을 최소화하겠다"고 했다.

▪ 미디어 파사드 (media facade)

미디어 파사드는 건축물 외면의 중심을 가리키는 '파사드'와 '미디어'의 합성어로, 건물 외벽 등에 LED 조명을 설치해 미디어 기능을 구현하는 것을 말한다. 도시의 건축물을 시각적인 아름다움뿐 아니라 정보를 전달하는 매개물로 사용함으로써 건축계의 트렌드로 꼽힌다.

▪ 성북동 별서 (城北洞別墅)

성북동 별서는 서울특별시 성북구 성북동에 있는 조선 후기의 별장이다. 별칭은 성락장(城樂莊)이다. 성북동 별서는 별서 조성 이전에도 경승지로 널리 이용되었으며, 고종 대의 내관인 황윤명(黃允明, 1844~1916)이 조성하여 갑신정변 당시 명성황후가 피난처로 사용한 곳이다. 얼마 남지 않은 조선시대 민가정원으로서 보존·연구의 가치가 있다. 또한 자연 계류와 지형, 암석 등이 잘 어우러져 공간 구성 및 경관 연출 등의 측면에서 한국 전통 정원으로서의 미학이 살아 있다.

박상영·정보라, 세계 3대 문학상 부커상 후보 올라

박상영과 정보라 등 한국 작가 2명이 영국 최고 권위의 문학상인 **▪부커상** 인터내셔널 부문(The International Booker Prize) 후보에 나란히 올랐다. 3월 10일(이하 현지시간) 부커재단 공식 홈페이지에 따르면 **박상영의 『대도시의 사랑법』**(Love in the Big City)과 **정보라의 『저주 토끼』**(Cursed Bunny)는 부커상 인터내셔널 부문 1차 후보(롱리스트) 13편에 이름을 올렸다.

한국 작가 작품이 동시에 이 부문 후보에 지명된 것은 처음이다. 부커상은 노벨문학상, ▪**공쿠르상**과 함께 세계 3대 문학상으로 꼽히며 2019년까지 맨부커상으로 불렸다. 인터내셔널 부문은 비영어권 작가들의 영어 번역 작품을 대상으로 한다. 1차 후보로 롱리스트 13편을 발표한 뒤 최종 후보인 쇼트리스트 6편을 선정한다.

올해 13편은 12개국에서 출간된 뒤 영어로 번역된 작품들로 최종 후보작은 4월 7일 발표되며 수상작은 5월 26일 가려질 예정이다. 앞서 **소설가 한강이 2016년 『채식주의자』로 맨부커 인터내셔널상**을 받았으며 2018년에는 『흰』으로 인터내셔널 부문 최종 후보까지 올랐다.

박상영의 『대도시의 사랑법』은 젊은작가상 대상 수상작 '우럭 한점 우주의 맛'을 비롯해 중단편 4편을 모은 연작소설이자 작가의 두 번째 소설집이다. 동성애자인 젊은 작가 '영'이 좌충우돌하며 삶과 사랑을 배워가는 과정이 그려진다. 출간 전에 영국 출판사 틸티드 액시스 프레스와 출간 계약을 맺어 관심을 모았다.

과학소설(SF) 『저주 토끼』는 SF와 호러 판타지 소설에서 두각을 나타낸 정보라의 소설집이다. 수록된 단편 10편은 악착같은 저주와 복수에 관한 이야기이자 위로에 관한 우화들이다. 판권이 영국 출판사 혼포드 스타에 판매돼 영미판으로 출간됐다.

▪ 부커상 (Booker Prize)

부커상이란 1969년 영국 유통업체 부커가 제정한 문학상이다. 매년 영국, 아일랜드, 호주 등 영국 연방국가 작가들이 영어로 쓴 영미 소설들을 대상으로 수상작을 선정한다. 2005년 영연방 지역 이외 작가가 쓴 소설을 대상으로 하는 인터내셔

널 부문을 신설했다. 이 부문은 영어로 번역돼 영국에서 출간된 외국 문학작품에 주는 상이다. 부커상 인터내셔널의 특징은 작가와 번역가에게 함께 상을 준다는 것이다. 2016년 부커상 시상식에서는 한국소설 『채식주의자』가 맨부커상 인터내셔널 부문에 선정돼 소설가 한강과 영국인 번역가 데버러 스미스가 상을 수상했다.

▪ 공쿠르상 (Le Prix de Goncourt)

공쿠르상은 프랑스의 작가 에드몽 드 공쿠르(Edmond de Goncourt, 1822~1896)의 유언에 따라 1903년 제정된 프랑스 최고 권위의 문학상이다. 르노도상(Prix Renaudot), 페미나상(Prix Femina), 앵테랄리에상(Prix Interalli)과 함께 프랑스 4대 문학상으로 인정받고 있다. 상금은 1만원 남짓한 10유로에 불과하지만, 수상작은 즉시 불어권의 베스트셀러로 등극해 작가에게 부와 명예를 동시에 안겨주기로 유명하다. 프루스트의 『꽃 파는 아가씨들의 그늘 아래』, 생텍쥐페리의 『야간 비행』, 말로의 『인간의 조건』, 보부아르의 『레 망다랭』, 뒤라스의 『연인』 등이 대표적인 수상작이다.

화랑미술제 개막...
역대 최다 143개 갤러리 참여

2022. 3. 17_20
SETEC, Seoul

02 733 3706-8
official@koreagalleries.or.kr
www.koreagalleries.or.kr

▲ 화랑미술제 (자료 : 한국화랑협회)

국내 최장수 아트페어인 화랑미술제가 3월 16일부터 서울 강남구 대치동 세텍(SETEC)에서 개최됐다. 올해에는 가나아트, 갤러리현대, 국제갤러리, 학고재 등 대형 갤러리를 비롯해 역대 최다인 143개 화랑이 참여한다. 화랑들은 이건용, 이배,

김창열, 이우환, 박서보 등 한국을 대표하는 작가부터 1990년대생 신예까지 작가 800여 명의 작품 약 4000여 점을 선보일 예정이다.

화랑미술제의 신진작가 발굴 특별전 '줌-인'(ZOOM-IN)은 심사를 거쳐 김선혁, 김시원, 김용원, 오지은, 이상미, 이혜진, 전영진 등 7명을 소개한다. 이밖에 대체불가토큰(**NFT**) 미술품 등 미술계 주요 이슈를 다루는 토크 프로그램 등 부대 행사도 마련된다.

한국화랑협회가 주최하는 화랑미술제는 1979년 시작된 국내 최초 아트페어로, 올해 40회째를 맞는다. 올해에는 그동안 화랑미술제의 역사를 돌아보는 아카이빙 전시도 열린다. 화랑미술제는 국내 주요 아트페어 가운데 연중 가장 이른 시기에 열려 그해 미술시장 흐름을 가늠할 수 있는 행사로 꼽힌다.

지난해 국내 미술시장은 활황세로 돌아서 역대 최대 규모로 팽창했다. 올해에는 세계적인 아트페어인 영국 프리즈와 한국을 대표하는 아트페어인 키아프(**KIAF**)가 오는 9월 코엑스에서 동시에 열릴 예정이어서 시장이 더 확대될 것으로 전망된다.

황달성 한국화랑협회장은 "올해 화랑미술제 매출은 작년보다 2배 정도 늘고, 미술시장 전체는 작년의 3배 정도로 성장하지 않을까 조심스럽게 예측한다"며 "한국을 아시아 문화예술시장의 중심으로 만들려는 노력을 계속하고 있다"고 말했다.

▪ NFT (Non Fungible Token)
NFT란 '대체 불가능한 토큰'이라는 뜻으로, 블록체인의 토큰을 다른 토큰으로 대체하는 것이 불가능한 가상자산을 말한다. 이는 자산 소유권을 명확히 함으로써 게임·예술품·부동산 등의 기존 자산을 디지털 토큰화하는 수단이다. NFT는 블록체인을 기반으로 하고 있어 소유권과 판매 이력 등의 관련 정보가 모두 블록체인에 저장되며, 따라서 최초 발행자를 언제든 확인할 수 있어 위조 등이 불가능하다. 또 기존 암호화폐 등의 가상자산이 발행처에 따라 균등한 조건을 가지고 있는 반면 NFT는 별도의 고유한 인식 값을 담고 있어 서로 교환할 수 없다는 특징을 갖고 있다.

▪ KIAF (Korea International Art Fair)
KIAF(한국국제아트페어)란 동시대 세계미술의 정점을 보여주고, 미술시장의 활성화와 미술 대중화에 이바지할 목적으로 2002년부터 매년 개최되는 국제 미술 전람회이다. 영문 머리글자를 따서 KIAF(키아프)로 약칭한다. 한국화랑협회와 코엑스가 주최하고, 한국국제아트페어 운영위원회가 주관한다. 키아프는 미술 애호가들에게 뛰어난 작품을 감상할 수 있는 기회를 제공하고 컬렉션의 폭을 넓혀 주며, 작가들에게는 국제 무대에 진출할 수 있는 징검다리 역할을 하는 목적을 갖고 있다. 또한 키아프는 한국 미술 시장의 잠재력과 우수성을 발견해 미술의 발전과 세계화를 추진해왔다.

분야별
최신상식

과학
IT

'모바일 올림픽' MWC 2022 결산

■ MWC (Mobile World Congress)

MWC는 CES, IFA와 더불어 세계 3대 전자제품 박람회로 꼽히는 전시회로, 세계이동통신사업자협회(GSMA)가 주최하는 세계 최대 모바일 기기 박람회이다. MWC는 매년 2월에 열리며, 2000년대 중반까지는 프랑스 칸에서 열렸지만, 이후 공개입찰을 통해 2023년까지 스페인 바르셀로나에서 주최하기로 결정됐다. MWC는 CES나 IFA와는 다르게 모바일산업에 집중된 전시회다. 스마트폰, 태블릿 등 모바일 관련 제품과 산업 전반에 관련된 내용이 주를 이룬다.

대세가 된 메타버스

코로나19 이후 3년 만에 오프라인으로 개최된 지상 최대 이동통신 전시회 모바일월드콩그레스(**■MWC**)가 3월 3일(현지시간) 스페인 바르셀로나에서 막을 내렸다. '연결성의 촉발'을 주제로 하는 MWC 2022는 코로나19 대유행 속에도 나흘간 온·오프라인 병행으로 열렸다.

2020년에는 취소, 2021년에는 연기하는 우여곡절 끝에 정상적으로 개막한 올해 MWC에는 세계 155개국에서 1500곳이 넘는 기업이 참가했다. 한국 대기업 중에서는 삼성전자와 SK텔레콤, KT, LG유플러스 등 이동통신 3사가 참여했다.

MWC 2022에서 관람객의 가장 많은 관심을 모은 서비스는 단연 '메타버스'

였다. MWC 2022 메인 무대를 차지한 SK텔레콤 부스에는 세계이동통신사업자연합회(GSMA)가 집계한 전체 관람객의 3분의 1에 해당하는 2만 명이상이 몰렸다. 4D 메타버스와 이프랜드 등 메타버스 상용화 실체를 확인하려는 글로벌 이동통신사의 관심이 집중됐다.

삼성전자, 최고상 'CTO 초이스' 선정

삼성전자는 MWC 2022에서 '5세대(5G) 이동통신 가상화 기지국'으로 최고의 모바일 혁신 기술상을 받은 것과 동시에 최고의 영예인 'CTO(최고기술책임자) 초이스'로 선정돼 2관왕에 올랐다. 'CTO 초이스'는 전체 모바일 기술을 아울러 '최고(supreme)'의 챔피언을 선정하는 것으로, 글로벌 모바일 어워드의 대상 격이다.

삼성 5G 가상화 기지국은 범용 서버에 기지국 소프트웨어를 적용해 유연하고 효율적인 통신망 구축과 운영을 지원하는 차세대 기술이다. 북미, 유럽, 아시아의 선도적인 이동통신사업자와 상용 계약을 체결하며, 기술력뿐 아니라 상용 사업 역량을 인정받고 있다.

"글로벌CP도 망 투자비용 분담해야"

MWC에서는 넷플릭스 유튜브 등 글로벌 콘텐츠 공급기업(CP)들도 데이터 전송망 투자 비용을 분담해야 한다는 데 의견을 모았다. 세계 약 750개 통신사업자를 회원으로 둔 세계이동통신사업자

연합회(GSMA)는 MWC 2022 개막에 맞춰 이사회를 열고 글로벌 CP망 투자비용 분담안 보고서에 승임했다. 비용 분담 방식은 민관 펀드 조성 방안이 제시했다. 전 세계 통신망 사업자들이 망 사용 대가에 대한 공통 입장을 정한 것은 이번이 처음이다.

GSMA 이사회 멤버인 구현모 KT 대표는 '망 이용 대가'가 오해를 부를 수 있다며 통신사업자가 CP에 요구하는 것은 '망 투자 비용 분담'이라고 강조했다. 구 대표는 "글로벌 CP가 트래픽 발생시키는 게 전체의 40% 정도 된다"며 "지금까지 통신사업자 혼자 진행하던 망 투자를 글로벌 CP도 분담해야 한다는 의미"라고 말했다.

➕ 망중립성 (network neutrality)

망중립성은 통신사 등 인터넷서비스제공자(ISP)가 인터넷으로 전송되는 콘텐츠를 차별·차단하는 것을 금지하는 원칙이다. 즉 ISP가 막대한 돈을 들여 통신망을 구축하는 한이 있더라도 인터넷·콘텐츠 기업이 자유롭고 차별 없이 통신망을 사용할 수 있어야 한다는 것이다. SNS나 OTT 서비스 등 트래픽을 대량으로 차지하는 인터넷사업자는 소비자 권익과 인터넷 서비스 활성화를 근거로 망중립성을 찬성한다. 반면 ISP 측은 수익성 악화와 네트워크 투자 비용을 근거로 망중립성에 반대하며 망 사용료를 받아야 한다는 입장이다.

POINT 세 줄 요약

❶ 지상 최대 이동통신 전시회 MWC가 3월 3일(현지시간) 스페인 바르셀로나에서 막을 내렸다.

❷ 삼성전자는 MWC 2022에서 '5세대(5G) 이동통신 가상화 기지국'으로 'CTO 초이스'를 수상했다.

❸ MWC에서는 넷플릭스, 유튜브 등 글로벌 콘텐츠 공급기업(CP)들도 데이터 전송망 투자 비용을 분담해야 한다는 데 의견을 모았다.

갤럭시 S22 성능 고의로 낮춘 'GOS 논란'...집단소송 예고

▲ 갤럭시 S22 시리즈

삼성전자 신형 플래그십 스마트폰 '갤럭시 S22' 시리즈의 고의적인 성능 저하 논란이 법적 공방으로 비화될 조짐을 보였다. 논란의 불씨가 된 것은 S22 시리즈의 '게임 최적화 서비스(GOS, Game Optimizing Service)'다. GOS는 기기의 과열과 ▪스로틀링 문제를 위해 고사양을 요구하는 게임 등을 실행할 때 인위적으로 기기 성능을 낮춰 발열을 막는 기능이다.

삼성전자는 S22 시리즈 전에 나온 스마트폰에서도 해당 기능을 적용했지만 당시에는 유료 앱 등을 통해 GOS 기능을 무효화할 수 있었다. 하지만 S22 시리즈부터는 **삼성전자의 모바일 운영체제(OS) 최신 버전인 '원 UI 4.0'** 업데이트를 통해 GOS 탑재가 의무화됐고 우회도 할 수 없게 됐다.

이에 구매자들은 삼성전자가 전작보다 성능이 뛰어나다고 과대광고를 내세우면서 GOS를 통해 기기 성능을 의도적으로 낮춰 구매자를 속였다고 불만을 터뜨렸다. 일부 사용자들은 **"포르쉐를 시속 300km로 달릴 수 있다고 광고하며 팔아놓고**

사용자 안전을 위한다며 100km로 제한해 놓은 꼴"이라고 비난했다.

집단소송에 앞서 3월 4일에는 '갤럭시 스마트폰의 허위 광고에 속은 대한민국 국민을 보호해주세요'라는 제목으로 청와대 국민청원이 올라와 이날 오후 3시 기준 8000여 명의 동의를 얻었다. 3월 8일 업계에 따르면, 일부 S22 소비자들은 최근 네이버 카페를 개설해 삼성전자를 상대로 소송 준비에 나섰다. 이들은 "과대광고에 속은 구매자의 권리를 행사하자"고 촉구했다.

GOS 사태에 고개 숙인 삼성

논란이 이어지자 삼성전자는 3월 16일 열린 주주총회에서 '갤럭시S22' 시리즈에 탑재된 GOS 애플리케이션의 성능 저하 논란에 대해 다시 한번 사과했다. 한종희 디바이스경험부문장 부회장은 "주주와 고객 여러분께 심려를 끼쳐 송구하다. 고객 여러분 마음을 처음부터 헤아리지 못한 점에 대해 다시 한번 사과의 말씀을 드린다"고 거듭 사과했다. 한 부회장은 이같이 밝힌 뒤 연단 앞으로 나와 고개를 숙이기도 했다.

한 부회장은 GOS 비활성화 소프트웨어 업데이트를 통해 안전 문제가 생길 수 있단 지적과 관련해 "CPU와 GPU 성능 제한을 풀더라도 온도 제어 알고리즘으로 최적화해 안전을 확보할 예정"이라고 말했다.

삼성전자는 앞서 업데이트를 통해 사용자들이 GOS 기능 적용 유무를 선택할 수 있도록 개선책을 내놓았다. 경쟁 제품인 애플 아이폰 시리즈가 최근 월등한 ▪AP 성능으로 갤럭시 시리즈를 압도하며 브랜드 격차를 벌리고 있는 반면, 삼성은

GOS 논란으로 갤럭시 브랜드 자체에 대한 불신
으로까지 이어지고 있는 상황이다.

■ 스로틀링 (throttling)

스로틀링은 PC, 노트북, 모바일 기기의 CPU, GPU, AP 등이
고사양 작업을 처리할 때 지나치게 과열돼 기기나 배터리가
손상되는 것을 막고자 클럭(회로에 가해지는 전기적 진동)과
전압을 강제적으로 낮추거나 강제로 전원을 꺼서 발열을 줄
이는 기능이다. 즉 스로틀링이 걸리면 성능이 강제로 낮아지
는 것이다. 밀폐된 구조상 쿨링 기능에 한계가 있는 노트북이
나 모바일 기기가 같은 사양의 데스크톱보다 성능이 떨어지
는 이유는 스로틀링이 빨리 오기 때문이다.

■ AP (Application Processor)

AP(애플리케이션 프로세서)는 스마트폰 등 이동통신 단말기
에서 여러 응용 프로그램(애플리케이션) 구동과 그래픽 처리
를 담당하는 시스템반도체다. 시스템반도체는 다양한 기능을
집약한 시스템을 하나로 만든 반도체로서 PC의 중앙처리장
치(CPU)에 해당한다. 삼성전자는 갤럭시 시리즈에서 퀄컴에
서 만든 스냅드래곤이나 자체 AP인 엑시노스를 사용하고 있
으며 애플은 자체 개발한 애플 실리콘을 아이폰 시리즈에 탑
재하고 있다.

인류가 쏘아올린 로켓 잔해
달에 충돌

약 3톤에 달하는 로켓 잔해가 3월 4일 밤(국내
시간) 달 뒷면에 충돌한 것으로 알려졌다. 이날
AFP통신 등 외신은 **우주쓰레기가 된 로켓 잔해
가 시속 9300km의 속도로 달 뒷면 헤르츠스프
룽 충돌구 안에 떨어져 지름 10~20m 크기의 크
레이터(분화구)가 생겼을 것으로 보인다**고 보도
했다.

달에 충돌한 우주쓰레기는 인간이 과거 우주로

쏘아올린 로켓의 일부다. 다만, 달에 충돌한 이
우주쓰레기를 누가 만든 것인지를 두고는 논란이
있는 상태다. 지난 1월에 로켓 잔해가 충돌할 것
은 최초로 예고한 미국 천문학자 빌 그레이는 애
초 2015년 2월 심우주기상위성(DSCOVR)을 쏘
아 올린 스페이스X의 팰컨9 로켓을 지목했다가
나중에 중국의 창정-3C 로켓 잔해로 정정했다.
중국이 **■창어 5호** 발사에 앞서 2014년 10월에
시험적으로 진행한 '창어 5호-T1' 미션에 사용된
로켓 잔해라고 밝혔다.

하지만 중국 외교부는 "우리 측 모니터링으로
는 관련 상단 로켓이 지구 대기로 들어와 완전
히 불타 사라졌다"며 달에 충돌할 로켓 잔해가 창
정-3C에서 나온 것이 아니라고 부인했다. 이 가
운데 지구 근접 물체를 추적하는 미국 우주군 제
18우주관제대대는 중국의 로켓 잔해가 2015년
에 궤도를 이탈해 대기권에 진입했다고 중국 측
주장을 뒷받침했다가 나중에 입장을 바꿔 혼란을
주기도 했다.

한편, 이번 사례는 **인류가 쏘아올린 로켓의 잔해
가 우주쓰레기가 되어 달과 충돌한 역사상 최초의
사례다**. 하지만 달에 미치는 영향은 미미하다. 달
에는 지구와 달리 대기가 없어 소행성이나 운석
의 충돌에 무방비로 노출돼 있으며, 풍화작용이

나 지각 활동이 없어서 한번 생긴 충돌구는 사라지지 않고 계속 남아있다. 달 전체를 덮고 있는 충돌구 중에는 크기가 최대 2500km에 달하는 것도 있다.

■ **창어 5호 (嫦娥 5号)**

창어 5호는 2020년 11월 하이난성 원창 우주발사장에서 발사된 중국의 무인 탐사선으로, 중국 최초로 달 표면 샘플을 채취해 지구로 복귀하는 임무를 수행했다. 달 샘플 채취 후 지구 복귀 임무는 1960~1970년대 미국과 구소련 이후 40여 년 만이며, 중국은 미국과 구소련에 이어 3번째로 이러한 임무에 성공했다.

한편, 중국은 2019년 1월 창어 4호 탐사선을 인류 최초로 달 뒷면에 착륙시키고 2020년 7월 자국 최초의 화성탐사선 톈원(天問)-1호를 쏘아 올린 데 이어, 창어 5호 임무까지 성공시키며 다시 한번 '우주굴기' 의지를 보였다.

누리호, 6월 15일 2차 발사 예정

▲ 누리호 (자료 : 한국항공우주연구원)

한국형 발사체 **■누리호**의 2차 발사일이 2022년 6월 15일로 잡혔다. 2021년 10월 1차 발사 때 문제를 일으킨 헬륨 탱크 고정장치를 더 튼튼하게 만드는 등 기술적인 보완이 이뤄질 예정이다.

애초 날짜는 5월 19일이었지만, 지난 1차 발사 때 나타난 기술 문제를 해결하기 위해 시기가 늦춰졌다. 날씨 변화 등에 대비하기 위해 설정하는 발사 예비일은 6월 16일부터 23일이다. 최종 발사 일정은 발사 한 달 전쯤 소집되는 발사관리위원회에서 확정된다.

누리호는 2021년 10월에 1차 발사됐다. 연구진이 목표로 삼은 고도 700km까지 올라갔지만, 1.5톤짜리 위성 모사체(실제 위성과 중량이 같은 금속 덩어리)를 초속 7.5km로 지구 궤도에 투입하는 데 실패했다. **3단 로켓 엔진이 예정보다 46초 빨리 꺼진 게 원인**이었다.

과기정통부와 한국항공우주연구원은 3단 로켓에 장착되는 헬륨 탱크의 고정장치를 이전보다 견고하게 다시 설계했다. 과기정통부와 항공우주연구원은 산화제 탱크의 덮개도 더 두껍게 만들었다. 1차 발사 때 나타난 문제를 확인하다 덮개 설계가 취약하다는 점을 발견한 것이다. 덮개가 보강되면서 총 중량이 9kg 늘었지만, 기존 누리호 탑재 능력으로 감당할 수준이라고 항공우주연구원은 설명했다.

과기정통부와 항공우주연구원이 **6월 15일에 2차 발사를 하기로 한 건 기술적인 준비 상황과 함께 장마를 감안**했기 때문이다. 장마가 본격화하기 전에 발사를 시도하려는 것이다. 발사체는 번개가 치거나 강한 바람이 불면 정상 이륙이 어렵다.

2차 누리호에는 0.2톤짜리 성능검증위성과 1.3톤짜리 위성 모사체가 실린다. 1.5톤짜리 위성 모사체만 실린 1차 발사 때와 다른 점이다. 과기정통부와 항공우주연구원은 2022년 12월로 예정된 누리호 3차 발사는 한 달 늦춰진 2023년 1월쯤 가능할 것으로 내다봤다.

■ 누리호 (Korea Space Launch Vehicle-II)

누리호(KSLV-II)는 우리나라 기술로 개발한 3단계 액체로켓으로, 국내 최초의 저궤도 실용위성 발사용 로켓이다. 한국은 2018년 11월 28일 오후 4시 누리호의 엔진 시험 발사체 발사에 성공하며, 전 세계에서 7번째 발사체 엔진 기술 보유국이 됐다. 2021년 10월 21일 누리호 1차 발사에서 모든 비행 절차가 성공적으로 완료됐지만, 위성 모사체의 궤도 안착에는 실패했다.

기출TIP 2021년 KBS 필기시험에서 누리호에 대해 묻는 문제가 출제됐다.

XM3, 벤츠·테슬라 제치고 프랑스 올해의 차 수상

▲ 르노삼성자동차의 XM3 (자료 : 르노삼성자동차)

르노삼성자동차는 XM3(수출명 르노 아르카나)가 프랑스 기자들이 뽑은 '2022 부아튀르 드 라거스' 상을 수상했다고 3월 7일 밝혔다. XM3는 지난 2월 프랑스에서 열린 라거스 트로피 시상식에서 '올해의 차'에 해당하는 최고 권위상인 '2022 부아튀르 드 라거스'와 '콤팩트 스포츠유틸리티차(■SUV) 및 다목적차(MPV) 부문' 1위에 올랐다.

프랑스 자동차 전문매체 '라거스'가 주관하는 라거스 트로피 시상식은 올해로 29회째 열리는 행사로 프랑스 유력 매체 기자들이 세그먼트별 차량을 평가해 부아튀르 드 라거스 및 부문별 수상 차량을 결정한다.

XM3는 이번 평가에서 콤팩트 모델 최초의 쿠페 SUV로 넉넉한 공간과 뛰어난 인테리어 구성, 르노 E-테크 하이브리드 기술, 합리적인 가격 등을 인정받아 총 45점으로 1위에 올랐다.

함께 경쟁을 벌였던 메르세데스-벤츠 C클래스는 44점, 테슬라 모델Y는 42점으로 각각 2위와 3위를 차지했다. 공동 4위인 기아의 EV6와 도요타 야리스 크로스는 40점을 얻었다. 콤팩트 SUV 및 MPV 부문 평가에서도 XM3는 123점으로 1위를 차지했다.

2021년 6월 유럽 시장에 본격 출시된 XM3는 스페인 올해의 차, 슬로베니아 올해의 컴퍼니카, 스웨덴 테크니켄스 바를드 '하이브리드 차량 평가 1위' 등에 오르는 등 좋은 평가를 연이어 받고 있다. 한편, 르노삼성자동차는 삼성과의 브랜드 사용권 계약 종료 후 2년간의 유예기간이 오는 8월 4일부터 만료됨에 따라 사명에서 삼성을 빼고 '르노코리아자동차(RKM)'로 새출발한다.

■ SUV (Sport Utility Vehicle)

SUV는 험한 도로에서 뛰어난 주행 능력을 보여 각종 스포츠 활동에 적합한 스포츠형 다목적 차량을 말한다. SUV는 기상 조건이 좋지 않아도 주행을 쉽게 할 수 있고, 차량을 개조하지 않아도 비포장도로와 같은 험한 길을 수월하게 주행할 수 있다. 레저용 차량인 RV(Recreational Vehicle)와 혼용되어 사용되기도 하지만, SUV는 스포츠를 목적으로 하는 다목적 차량이라는 점에서 RV와 구분된다.

개인정보처리 '읽지도 않고 동의' 관행 없앤다

앞으로 보험사나 배달앱 등 **개인정보처리자가 개인정보 처리 동의서를 받을 때는 민감정보 처리 등 중요 내용은 글자 크기 9포인트(pt) 이상으로 알기 쉽게 표시**해야 한다. 또 정보주체가 자신의 개인정보 처리 내용을 쉽게 알 수 있도록 기호로 구성한 '개인정보 처리 표시제'(라벨링)가 도입된다. 개인정보보호위원회는 이런 내용의 '알기 쉬운 개인정보 처리 동의 안내서'와 '개인정보 처리방침 작성지침'을 3월 3일 공개했다.

개인정보 처리 동의 여부는 정보주체가 자신의 개인정보를 통제할 수 있는 주된 수단이지만 개인정보처리자가 과도하게 동의를 구하거나 정보주체가 관련 내용을 제대로 확인하지 않는 경우가 많았다.

2021년 개인정보보호 실태조사 결과 개인정보 처리 동의서 확인 비율은 33.9%에 그쳤다. 국민 3명 중 2명이 '동의하지 않으면 해당 서비스를 이용하지 못해서'(38.0%), '귀찮고 번거로워서'(34.7%) 등의 이유로 개인정보 처리 동의서를 확인하지 않는 것으로 나타났다.

안내서에 따르면 **개인정보처리자가 동의를 받을 때 포괄적으로 미리 받아선 안 되며 필요한 최소한의 개인정보만을 처리**해야 한다. 필요한 최소한 범위 이외의 개인정보 처리에 동의를 거부한다는 이유로 재화나 서비스 제공을 거부하는 등 불이익을 줘서도 안 된다.

아울러 민감·고유식별 정보 처리나 홍보·판매권유 등으로 연락할 수 있다는 점, 보유·이용기간, 제공기간 등 중요한 내용은 9pt 이상으로 다른 내용보다 20% 이상 크게 표시하거나 색깔, 굵기, 밑줄 등으로 명확히 표시해야 한다고 안내했다.

개인정보 처리방침 작성지침은 개인정보의 국외이전, 만 14세 미만 아동의 법정대리인 동의, 긴급상황 시 정보 제공 등 중요 내용을 포함하도록 권고했다. 또 처리방침의 핵심사항을 정보주체가 쉽게 알아볼 수 있도록 기호로 구성한 개인정보처리표시제를 도입한다. 민감정보나 생체정보, 국외이전, 제3자 제공 등에 관한 기호를 처리방침 앞부분에 요약된 형태로 공개하도록 하라는 내용이다.

하지만 이번 작성지침은 권고 성격이라 법령상 의무사항은 아니다. 이번 안내서와 작성지침은 개인정보위 누리집과 개인정보보호 포털(www.privacy.go.kr)에서 확인할 수 있다.

▌개인정보의 개념

구분	내용
일반정보	성명, 주민등록번호, 주소 연락처 등
경제정보	소득, 재산상황, 신용, 부채 등
사회정보	학력, 성적, 병역, 직업, 자격 등
통신정보	전자우편, 통화내용, 인터넷 IP 등
민감정보	사상, 신념, 노동조합, 정당의 가입탈퇴, 정치적 견해, 건강, 성생활정보 등

AI 챗봇 '이루다' 논란 딛고 2.0 버전으로 다시 돌아와

▲ 인공지능(AI) 챗봇 이루다 (자료 : 스캐터랩)

성소수자 혐오 발언, 성차별 논란 등을 겪고 서비스가 중단됐던 인공지능(AI) 챗봇 **이루다**가 '이루다2.0'으로 다시 돌아왔다. 지난 3월 14일 AI 스타트업 스캐터랩은 '이루다2.0'의 공개 베타 테스트를 3월 17일부터 2단계에 걸쳐 진행할 예정이라고 밝혔다.

스캐터랩은 과거 문제가 됐던 논란을 해결하기 위해 이루다2.0의 개인정보 보호 조치를 강화하면서 새롭게 데이터베이스를 구축하고, 이용자의 어뷰징 발화에 기존보다 더 잘 대답할 수 있도록 개선책을 마련했다고 밝혔다.

문제가 됐던 이루다1.0과 달리 이루다2.0은 **실제 사람의 발화를 사용하지 않고, 기계가 새롭게 만들어낸 문장으로 구성된 답변 데이터베이스에서 답변**을 가져온다.

스캐터랩은 올해 1월부터 폐쇄 베타 테스트 진행에 약 8000여 명을 참여시켜 이루다2.0 개선사항을 검증했다고 설명했다. 스캐터랩은 3월 17일부터 시작되는 공개 베타 테스트를 통해 AI 챗봇의 대규모 사용자 경험을 추가로 점검하고 시스템 운영의 안정성도 점검할 방침이다. 김종윤 스캐터랩 대표는 "이루다가 많은 사람에게 소중한 친구로 남을 수 있도록 지속적으로 기술 개선에 노력할 계획"이라며 "주기적으로 이루다의 어뷰징 대응 유효성을 확인하고 조치를 취할 예정"이라고 말했다.

▪ 이루다

이루다는 인공지능(AI) 스타트업 스캐터랩이 지난 2020년 12월 23일 출시한 대화형 AI다. 이루다는 출시한 지 한 달도 되지 않아 성소수자 혐오·성차별·개인정보 유출 논란 등을 일으키며 사실상 사망선고를 받았다. 이루다는 스캐터랩이 기존에 내놓았던 메신저 대화 분석 서비스 '텍스트앳'과 '연애의 과학'에서 확보한 연인 간 대화 데이터 100억 건을 학습해 태어났다. 그러나 이루다는 기존 학습 데이터에 포함된 편향된 표현이나 혐오 발언을 걸러내지 못하고, 이용자와의 대화에서 차별적 여성성을 재현하거나 성소수자를 혐오하는 응답을 내놓아 논란을 낳았다.

나아가 이루다에 쓰인 개인정보가 제대로 익명화되지 않았다는 의혹까지 제기돼 이루다 논란에 불을 붙였다. 이루다에서는 갑자기 누군가의 실명으로 보이는 이름을 말하거나, 동 호수까지 포함된 주소 또는 예금주가 나오는 은행 계좌번호를 말하는 사례가 발견됐다. 논란이 끊이지 않자 스캐터랩은 2021년 1월 15일 이루다 서비스를 중단하고 이루다 DB와 딥러닝 대화 모델을 폐기했다.

➕ 가상인간 종횡무진 활약

메타버스 시대에 '가상인간' 바람이 불고 있다. 최근 가상인간이 가수, 광고 모델, 홈쇼핑 쇼호스트로 종횡무진 활동하고 있다. 콘텐츠·엔터, 게임, 언론 등 다양한 업계에서 가상인간이 등장하고 있다. 보험사 신한라이프가 지난해 7월 선보인 광고 모델 '로지'는 유튜브 등 소셜미디어에 사진과 글, 동영상을 올리고 10만여 명 넘는 팔로어들과 댓글을 주고받으며 사람처럼 소통하고 있다. LG전자가 세계 최대 기술전시회 'CES 2021'에서 처음 등장시킨 가상 인플루언서 '래아킴(REAH KEEM)'은 미스틱스토리와 가수 데뷔를 위한 업무협약을 했다.

가상인간은 해외에선 이미 대세로 자리 잡았다. 한 해 130억원의 수익을 올리고 있는 미국의 가상인간인 '릴 미켈라'에서부터 이케아의 광고 모델로 활동한 일본의 '이마', 중국의 1호 가상인간 대학생인 '화즈빙', 태국의 '아일린'까지 전 세계에서 가상인간들이 광고 모델과 가수, 유튜버 등으로 활동하고 있다.

인앱결제 강제 금지법 본격 시행

앱마켓에서 특정 결제수단의 강제를 금지하는 전기통신사업법과 하위법령이 3월 15일부터 시행됐다. 이번 개정안은 지난해 9월 14일 세계 최초로 앱 마켓사업자의 의무를 명확히 규정한 전기통신사업법 개정에 따른 후속조치다.

개정 전기통신사업법은 앱마켓이 앱 개발사에게 특정한 결제방식 사용을 강제하는 행위를 금지한다. 이를 위반한 앱마켓엔 국내 매출의 최대 2%가 과징금으로 부과된다. 이후에도 시정하지 않을 경우엔 이행강제금과 과태료가 부과된다.

앱마켓 사업자의 이용자 보호 의무, 앱마켓 운영 실태조사, 신설 금지행위의 유형과 기준, 과징금 부과 기준 등을 구체화했다. 방송통신위원회는 시행령과 고시 등 하위법령을 마련해 국무회의 의결과 관보 게재를 거쳐 본격 시행된다.

꿈쩍 하지 않는 애플 '버티기'

지난해 9월 한국에서 특정한 결제방식 강제행위를 규제하는 법이 시행되자 애플은 한국 법을 따르겠다는 의사를 밝혔지만 여전히 결제정책 변경 등의 법 이행 조치를 하지 않고 있다.

애플은 전 세계 앱 개발사를 대상으로 자사 앱마켓 '앱스토어'의 자체 결제시스템은 ■**인앱결제**만 허용하고 있다. 앱 개발사는 이용자가 게임·콘텐츠 등 디지털 상품 구매를 위해 인앱결제로 결제한 금액의 최대 30%를 애플에 수수료로 내야 한다.

방송통신위원회는 애플에 대해 법 위반 여부를 판단하는 사실조사 착수를 검토하고 있다. 방통위의 사실조사는 앱마켓에 과징금 등 처분을 내리기 위해 법 위반 여부를 확인하는 절차다. 애플에 대한 업계의 법 위반 신고를 접수하지 않아도 착수가 가능하다. 방통위는 시행령 개정에 임박해 최근까지도 애플 측에 재차 법 이행을 촉구한 만큼, 상황을 지켜보고 필요할 경우 사실조사에 들어가겠단 방침이다.

■ **인앱결제 (in-app purchase)**

인앱결제는 소비자가 유료 앱 콘텐츠를 결제할 때 앱마켓 운영 업체가 자체적으로 개발한 시스템을 활용해 결제하는 방식을 말한다. 구글과 애플은 자체 개발한 내부결제 시스템으로 자사 앱 안에서 유료 앱·콘텐츠를 각국의 신용카드, 각종 간편결제, 이통사 소액결제 등으로 결제하는 방식을 이용하고 있다. 두 업체는 이 방식으로 결제 과정에서 수수료 최대 30%를 부과해 논란을 일으켰다. 이로 인해 모바일 서비스 및 콘텐츠 제공자들의 수수료 부담으로 관련 콘텐츠의 판매 가격 인상이 불가피해 소비자 이용료 인상으로 이어질 가능성이 높아지면서 거센 반발을 받았다. 한국에서 앱마켓 거대 사업자가 우월적 지위를 이용해 불공정행위를 하지 못하도록 세계최초로 '구글갑질방지법'이 논의됐으며, 2021년 8월 31일 국회 본회의를 통과해 9월 14일부터 시행됐다.

그간 유튜브 패션에는 **■ 세계 4대 패션위크**와 관
련된 콘텐츠가 중점적으로 다뤄져 왔는데, 이 가
운데 아시아 패션위크 최초로 서울 패션위크가
소개됐기 때문이다.

서울시는 최근 우리나라의 패션이 세계적인 관심
을 끌고 있기 때문에 유튜브 사용자들에게 서울
패션위크를 알리는 동시에 양질의 패션 콘텐츠
를 제공할 목적으로 유튜브 측과 협력하게 됐다
고 밝혔다. 서울시는 앞으로 국내 패션 크리에이
터와 다양한 협업 콘텐츠를 제작해 소개하고, '서
울 패션위크 현장기획전' 판매 제품 리뷰를 제공
해 제품 판로 개척도 지원할 방침이다.

한편, 데릭 블라스버그 유튜브 패션·뷰티 총괄은
"뉴욕, 런던, 밀라노, 파리 컬렉션에 이어 한국의
훌륭한 신진 디자이너들이 전 세계 패션·뷰티 업
계 관계자들에게 영감을 주며 소통할 수 있도록
노력하겠다"고 말했다.

서울 패션위크 아시아 최초로
'유튜브 패션'에 소개

▲ 2022 F/W 서울 패션위크 홍보 포
스터 (자료 : 서울시)

지난 3월 14일 서
울시는 서울 패션
위크가 아시아 패
션위크로는 최초
로 글로벌 패션 채
널 '유튜브 패션'에
소개된다고 밝혔
다. 세계 최대의
패션 관련 콘텐츠
채널인 유튜브 패
션은 약 150만 명
의 구독자를 보유하고 있으며, 전 세계 주요 패션
위크 기간에 디자이너와 그들의 작품, 주최 도시
에서 제작한 콘텐츠 등을 실시간으로 게재한다.

**서울시는 이번 기회로 서울 패션위크가 세계 5대
패션위크로 도약할 기회를 얻게 됐다고 설명**했다.

■ 세계 4대 패션위크

세계 4대 패션위크는 전 세계 각국의 패션위크 가운데에서
남다른 권위를 자랑하는 ▲프랑스 '파리 패션위크' ▲이탈리
아 '밀라노 패션위크' ▲영국 '런던 패션위크' ▲미국 '뉴욕 패
션위크' 등 4개 도시의 패션위크를 일컫는 말이다. 이들 패션
위크는 패션계에 행사하는 영향력이 몹시 커 세계 패션의 방
향을 결정하는 역할을 한다.

분야별
최신상식

스포츠
엔터

베이징 패럴림픽 10일간 열전 마무리

<table>
<tr><td>➕ 러시아·벨라루스 출전 금지</td></tr>
</table>

러시아의 우크라이나 침공 사태와 관련해 러시아패럴림픽위원회(RPC)와 침공에 협력한 벨라루스의 선수단은 '중립국 선수 자격'으로 참가할 예정이었으나 개막을 하루 앞두고 국제패럴림픽위원회(IPC)의 출전 금지 결정으로 결국 대회에 나서지 못했다.

'홈 이점' 중국 압도적 1위

10일간 뜨거운 열전을 벌인 2022 베이징 동계패럴림픽이 3월 13일 막을 내렸다. 14년 전 베이징 하계올림픽과 지난 2월 막을 내린 2022 베이징 동계올림픽 개·폐회식을 연출한 중국의 유명 영화감독 장이머우가 이번 패럴림픽에서도 개·폐회식 총연출을 맡았다. 폐회식 주제는 '따뜻함 속 영원(In Warmth Eternal)'이다.

이번 대회에는 전 세계 46개국 560여 명의 선수가 참가해 6개 종목, 78개 세부 종목에서 치열한 경쟁을 벌였다. **홈 이점을 업은 개최국 중국이 금메달 18개**(은 20·동 23)**를 따내 종합 순위 1위를 기록**했고, 전쟁의 고통 속에도 대회에 출전한 우크라이나가 노르딕 스키에서 메달을 휩쓸며 2위(금 11·은 10·동 8)를 차지했다. 2008년 하계올림픽을 개최한 베이징은 이번 동계 대회를 마치며 최초로 동·하계 올림픽과 패럴림픽을 모두 치른 도시가 됐다.

8년 만에 '노메달'

우리나라는 이번 동계 패럴림픽에 선수 31명과 임원 48명 등 79명을 파견, 6개 전 종목에 참가했으나 메달 획득엔 실패했다. 2018년 평창 대회에서 금

제로 떠올랐다. 이번 대회에 참가한 한국 선수들의 평균 연령은 37.8세로, 홈 이점을 업고 종합 1위를 차지한 중국 대표팀의 평균 연령인 25세와는 차이가 크다.

여성 선수도 너무 적었다. 이번 대회에 출전한 지구촌 46개국 560여 명의 선수들 중 여성은 역대 최다인 138명이었는데, 한국은 2명(알파인 스키 최사라·휠체어컬링 백혜진)에 불과했다.

정진완 대한장애인체육회 회장은 3월 13일 기자회견에서 "선수 발굴을 한다고 하지만 전반적인 시스템에 있어 부족한 부분들이 있다"고 인정하며 "신인 선수와 꿈나무 선수 육성 사업 개편을 통해 경기력 향상 대책을 내놓겠다"고 밝혔다.

메달 1개, 동메달 2개를 수확한 **한국이 동계 패럴림픽에서 메달을 획득하지 못한 건 2014년 소치 대회 이후 8년 만**이다.

이번 대회 6개 종목, 78개 세부 종목 중 한국 선수가 포디움(podium·시상대)에 오른 종목은 없다. 메달 획득 여부로 선수들이 흘려 온 땀과 눈물을 평가할 수는 없지만, 메달을 목표로 치열하게 싸워온 만큼 아쉬움이 남을 수밖에 없다.

코로나19 팬데믹 속에 제대로 훈련하지 못했고, 중국 현지에서 테스트 이벤트가 열리지 않는 등 대회 준비에 제약이 있었던 것은 사실이다. 다만 코로나19가 없었던 때에도 한국 선수단이 메달을 획득하지 못한 대회들이 있었던 것을 고려하면, 국가대표 훈련 시스템과 종목별 선수 육성 제도 등을 전반적으로 돌아볼 필요성이 있어 보인다.

여성 선수 2명·평균 연령 37.8세

그간 한국 장애인체육의 약점으로 꼽혀온 얕은 선수층과 고령화는 이번 대회에서도 해결해야 할 과

➕ 아지토스 (Agitos)

아지토스란 국제패럴림픽위원회(IPC)에서 패럴림픽을 상징하기 위해 지정한 엠블럼(사진에서 깃발 아랫부분)이다. 라틴어로 '나는 움직인다'라는 뜻을 가지고 있으며, 장애를 극복하고 패럴림픽에 나선 선수들의 열정과 투지를 나타낸다. 패럴림픽 엠블럼에 쓰인 3개의 색상은 전 세계 국기에서 많이 쓰인 색상에서 뽑아냈으며, 휘장의 모양은 하나의 중심을 향하고 있는 모습을 나타내어 전 세계 선수들의 화합을 의미한다.
패럴림픽의 엠블럼은 대한민국 서울에서 열린 1988년 하계 패럴림픽에서 쓰인 패럴림픽 엠블럼을 그대로 채택한 것에서 유래됐으며, 1994년부터 엠블럼에 녹색, 적색, 청색의 3개의 색상을 사용하고 있다.

POINT 세 줄 요약

❶ 2022 베이징 동계패럴림픽이 3월 13일 막을 내렸다.

❷ 우리나라는 8년 만에 '노메달'로 마감했다.

❸ 한국 장애인체육의 약점으로 꼽혀온 얕은 선수층과 고령화는 앞으로 해결해야 할 과제로 떠올랐다.

MLB 사무국-선수노조 극적 단체협약 합의...4월 8일 개막

미국프로야구 메이저리그(MLB) 사무국과 선수노조가 극적으로 새 단체협약에 잠정 합의했다. 미국 언론은 MLB 구단주와 선수노조가 새 단체협약에 잠정 합의해 오는 4월 8일 팀당 162경기 체제로 정규리그의 막을 올릴 예정이라고 3월 11일 전했다.

MLB 노사는 새 단체협약을 개정하지 못하고 지난해 12월 2일 ▪**직장폐쇄**를 결정했다. 구단은 FA 협상 등 주요 업무를 중단했고, 선수들은 구단 훈련 시설을 이용할 수 없게 됐다. 첨예한 대립 속에서도 협상은 지속됐지만 좀처럼 이견을 좁히지 못했다.

MLB 노사의 대립은 MLB 사무국이 최대 쟁점이었던 부유세(균등경쟁세) 부과 기준에 대해 한발 물러서며 타결의 실마리를 마련했다. 1994∼1995년에 이어 MLB 역대 두 번째로 긴 파업도 막을 내렸다.

새 단체협약은 앞으로 5년간 발효된다. 새 단체협약에 따르면 부유세 부과 기준은 올해 2억3000만달러로 시작해 2026년에는 2억4400만달러까지 오른다. 포스트시즌 출전팀은 12팀으로 확대됐고, 사상 처음으로 유니폼 패치와 헬멧에 상업 광고를 할 수 있도록 했다.

이 밖에 투구 시간제한(주자가 없을 때 14초, 주자가 있을 때 19초), 내셔널리그 지명타자 제도 도입, 탱킹(이듬해 신인 드래프트에서 상위 순번을 얻고자 일부러 좋은 성적을 내지 않는 전략) 폐해를 막기 위한 신인 드래프트 추첨 지명 도입 등도 새 단체협약에 담겼다.

■ **직장폐쇄 (職場閉鎖)**

직장폐쇄란 사용자가 공장·작업장을 폐쇄하여 근로자가 제공하는 근로를 일시적으로 거부하는 행위를 말한다. 노동법이 인정하는 유일한 사용자 쟁의행위이다. 직장폐쇄는 근로자에게 임금을 지급하지 않아 경제적 압박을 가할 수 있다. 일시적으로 노무수령만을 중단한다는 점에서 휴업 또는 폐업과 구별된다. 직장폐쇄는 근로자의 쟁의행위에 대해 방어적·대항적으로만 사용하여야 그 정당성이 인정되므로, 만약 노동조합이 파업을 철회하면 사용자도 직장폐쇄를 해제해야 한다.

티빙·왓챠 오리지널, 칸 국제 시리즈 페스티벌 초청

토종 OTT(온라인동영상서비스) 오리지널 시리즈가 2022 ▪**칸 국제 시리즈 페스티벌**에 공식 초청되

며 K콘텐츠에 대한 높은 관심을 입증했다. **티빙은 오리지널 시리즈인 '괴이'와 '술꾼도시여자들'**이 칸 국제 시리즈 페스티벌 코리아 포커스 섹션에 공식 초청됐다고 3월 9일 밝혔다. **왓챠 오리지널 드라마 '좋좋소'**도 함께 초청됐다.

칸 국제 시리즈 페스티벌은 오는 4월 1일부터 6일(현지시간)까지 프랑스 칸에서 열린다. 경쟁 부문과 단편 경쟁 부문 각 10개, 비경쟁 부분에 4개 작품이 선정됐다. 작년 10월 첫 공개된 '술꾼도시여자들'은 세 여자의 우정과 일상을 유쾌하게 그려내며 티빙 역대 유료 가입 기여자수 1위를 차지하며 화제를 모았다.

영화 '부산행'으로 K좀비 열풍을 일으킨 연상호 감독이 집필을 맡아 화제를 모은 '괴이'는 저주받은 불상에 나타난 마을에서 괴이한 사건을 쫓는 초자연 스릴러물로 오는 4월 첫 공개를 앞두고 있다.

왓챠 오리지널 드라마 '좋좋소'는 중소기업의 현실을 코믹한 상황 설정과 디테일한 현실 고증으로 녹여내 많은 직장인들과 청년들의 공감을 이끌어내며 수백만 이상의 조회 수를 기록했다. 왓챠 박태훈 대표는 칸 국제 시리즈와 동시에 열리는 전 세계 최대 규모의 콘텐츠 마켓 행사인 'MIP TV 페스티벌'에도 초청을 받았다.

■ **칸 국제 시리즈 페스티벌 (Cannes International Series Festival)**
칸 국제 시리즈 페스티벌은 전 세계 드라마·시리즈 콘텐츠를 대상으로 경쟁 부문, 단편 경쟁 부문, 비경쟁 부문 작품을 선정하는 시상식이다. 2018년 시작됐으며 2022년으로 5회째를 맞이했다. 전 세계 130여 개 드라마와 시리즈 중 단 10개 작품을 선정해 공식 경쟁 부문에 초청한다. 이 행사는 통

상 불리는 '레드카펫'이 아니라 '핑크카펫'을 깔고, 모든 상영과 행사가 무료로 진행되는 등 '페스티벌'이라는 이름처럼 시상식보다는 축제에 가깝다.

➕ 포화상태 접어든 OTT
코로나19로 급격한 성장세를 보인 OTT 시장이 경쟁 과열로 포화 상태에 접어들며 성장률이 둔화하고 있다는 한계론이 제기됐다. 우후죽순 생겨나는 OTT 간 콘텐츠 차별화가 어려운 데다 코로나19가 종식되면 이용이 감소할 것이라는 우려다.
주요 외신은 아마존, 애플, 구글 등 빅테크 기업이나 월트디즈니, 컴캐스트, 파라마운트 등 레거시 미디어, 넷플릭스 등을 제외한 기업은 규모의 경제에서 밀릴 수밖에 없다고 지적했다.
OTT 인기 드라마 수명이 TV 대비 짧다는 것도 한계 요인으로 지목된다. TV 프로그램 대비 지나치게 빠른 종영과 몰아보기 등으로 일정 기간이 지나면 콘텐츠에 대한 관심이 사라지는 휘발성이 약점으로 꼽힌다.

김광현, 프로야구 최고 대우로 SSG 복귀...4년 151억원

국가대표 투수 김광현이 ▪SSG 랜더스와 프로야구 역대 최고 규모인 4년 151억원 계약을 맺으며 인천으로 돌아왔다. SSG는 지난 3월 8일 김광현과 4년 총액 151억원(연봉 131억원, 옵션 20억원)

▲ 김광현이 SSG 랜더스와 계약을 맺고 인천으로 복귀했다. (SSG 랜더스 홈페이지 캡처)

에 계약을 체결했다고 발표했다.

SSG는 "2년간 메이저리그(MLB)에서 성공적인 시즌을 보낸 김광현에 대해 진지하게 고민했고, 최고 대우 조건을 내세워 계약했다"고 설명했다. 김광현은 2019년까지 쓰던 29번을 쓰며, 3월 9일부터 팀 훈련에 합류했다.

한편, 김광현 이전에 KBO리그 다년계약 기준 최고액은 150억원이었다. 이는 2017년 시애틀 매리너스에서 롯데 자이언츠로 복귀한 이대호가 세운 기록이다. 또, 최근 나성범이 KIA 타이거즈로 가면서 합의한 금액도 150억원이었다. 김광현은 이들보다 1억원이 더 많은 금액에 사인했다.

최근까지만 해도 김광현의 행선지는 미국이 유력했다. 하지만 노사 협정이 불발돼 변수가 생겼다. MLB 사무국과 선수 노조는 협상 데드라인까지 합의점을 찾지 못했다. 김광현은 미국에서 2년간 선발과 불펜을 오가며 10승 7패 2세이브 평균자책점 2.97을 기록하는 등 미국 입장에서도 탐나는 자원이었다. 미국 현지에서 예상되는 김광현의 몸값은 2년 전과 비슷하거나 그보다 높았지만, 개막이 미뤄지면서 결국 한국행을 선택했다.

김광현은 "메이저리그에 있으면서 선진 야구 경험도 할 수 있었고 팬서비스의 중요성에 대해 많이 배울 수 있었다. 팬들의 열망으로 메이저리그에 도전할 수 있었는데 KBO리그에 복귀하면 팬들게 보답해야겠다는 마음을 가져왔다. 또한 미국에 있으면서 구단주님과 SSG가 리그 발전을 위해 적극적인 활동을 펼쳐 나도 같이 하고 싶다는 생각을 했다"고 말하며 인천으로 돌아오는 소감을 밝혔다.

한편, 키움 히어로즈는 3월 18일, **세 차례 음주운**

전으로 한국 야구계에서 사실상 퇴출됐던 강정호와 계약했다고 밝혀 여론의 따가운 눈초리를 받았다. 국내에서 1년 징계 처분을 받았던 강정호는 올해 최저 연봉 3000만원만 받고 내년부터 복귀할 전망이다.

■ **SSG 랜더스 (SSG LANDERS)**
SSG 랜더스는 인천을 연고지로 한 한국야구위원회(KBO) 소속 프로야구팀으로, 신세계그룹이 야구단을 인수한 이후 새롭게 내놓은 팀명이다. 지난 2021년 3월 5일 신세계그룹 야구단이 팀명을 'SSG 랜더스'로 확정했다. 랜더스는 인천국제공항과 인천항처럼, 인천 하면 누구나 떠올릴 수 있는 인천의 새로운 상징이 되겠다는 의지를 담은 팀명이다. 랜더스란 명칭은 인천의 지역 특징에 기반을 둔다. 신세계 관계자는 "인천은 비행기나 배를 타고 대한민국에 첫발을 내디딜(Landing) 때 처음 마주하게 되는 관문 도시이자 대한민국에 야구가 처음 상륙한(Landing) 도시이기도 하다"라며 "새로운 야구 문화를 인천에 상륙(Landing)시키겠다는 의지가 담겨 있다"고 말했다.

'동료 험담'으로 징계 받은 쇼트트랙 심석희 대표팀 합류

동료 험담 논란으로 자격정지 2개월 징계를 받은 ■**쇼트트랙** 선수 심석희가 대표팀 합류를 결정했다. 심석희는 2018 평창 동계올림픽 당시 대표팀 코치와 주고받은 스마트폰 메시지가 지난해 10월 공개되면서 논란의 중심에 섰다. 공개된 메시지 안에는 심석희가 동료 김아랑과 최민정을 비하하고 욕하는 내용이 담겼다. 또 여자 1000m 결승에서 최민정과 고의로 충돌했다고 의심할만한 정황도 발견됐다.

메시지가 공개되자 최민정 측은 대한빙상경기연

맹에 진상 조사를 요구했다. 연맹은 조사위원회를 꾸렸고 비하·욕설은 사실로, 고의 충돌 의혹은 '증거 없음'으로 결론 내렸다. **이후 심석희는 지난해 12월 품위 훼손을 이유로 자격정지 2개월 징계를 받았고 2022 베이징 동계올림픽에 나서지 못했다.**

대표팀 합류를 결정한 뒤 3월 3일 충북 진천선수촌에 본격 입촌한 심석희는 입촌 전 길가에 주저앉아 눈물을 흘리는 모습이 포착됐다. 이날 심석희는 취재진에게 미리 작성해온 편지 한 통을 건넸다.

편지에서 심석희는 "제게 많은 관심과 응원을 주신 국민 분들과 팬 여러분 그리고 관계자 분들에게 충격과 혼란을 드리게 돼 사죄의 말씀을 전한다"며 "이 자리를 빌려 김아랑·최민정 선수에게 진심으로 사과드리고 이번 올림픽 전에 혼란을 겪으신 대표팀원에게도 사과드린다"고 말했다.

대표팀 합류 결정을 두고서는 "당사자들과의 그 어떤 대화가 이뤄지지 않은 채 언론을 통해 사과하는 것보다는, 당사자에게 사과하는 것이 먼저라고 생각했다"며 "소속팀과 오랜 논의 끝에 대표팀 합류를 결정하게 됐고 비로소 제 진심 어린 마음을 전할 수 있는 기회가 주어진 것이라고 생각했다"고 밝혔다.

나아가 비하·욕설 메시지 내용을 두고는 "제가 당시 대표팀원들을 비판했다는 사실은 명백한 저의 잘못이고 고개 숙여 사과드린다"며 "앞으로 힘들겠지만 제가 희생해서라도 팀원들이 단합될 수 있도록 최선의 노력을 다하겠다"고 밝혔다.

한편, **심석희의 입촌 소식이 전해지자 최민정은 연맹에 심석희와의 접촉 금지를 요청했다.** 매니지먼트사 올댓스포츠는 같은 날 공문을 통해 "최민정이 훈련이나 세계선수권 도중 특정 선수의 방해나 보복이 있을까 봐 불안감을 느끼고 있다"며 "훈련 이외에 특정 선수가 사과를 앞세워 최민정과 접촉하려는 일이 발생하지 않도록 해달라"고 했다.

■ **쇼트트랙 (short track speed skating)**

쇼트트랙은 실내 트랙에서 하는 스피드 스케이트 경기로, 한 바퀴의 거리가 111.12미터인 짧은 링크에서 경기를 한다. 1988년 제15회 캘거리 동계올림픽에서 시범종목으로 실시되었다가 1992년 제16회 알베르빌 동계올림픽부터 정식종목으로 치러지고 있으며, 우리나라가 메달을 많이 획득하는 효자 종목이다. 쇼트트랙이 정식종목이 된 알베르빌 동계올림픽에서 김기훈이 남자 1000m 금메달을 획득하며, 동계올림픽 사상 한국의 첫 금메달이 탄생한 이후로 우리나라가 동계올림픽에서 획득한 금메달 중 대다수가 쇼트트랙에서 나왔다. 한편, 2022 베이징 동계올림픽에서는 최민정이 여자 1500m에서 금메달을, 황대헌이 남자 1500m에서 금메달을 획득했다.

하이브, 가요계 최초 연매출 1조 돌파…"BTS 올해도 해외공연"

방탄소년단(BTS) 소속사 하이브가 코로나19 속에도 방탄소년단을 필두로 한 간판스타들의 활약

▲ 하이브 (하이브 홈페이지 캡처)

하는 등 큰 성공을 거둔 덕이라는 분석이 나온다.

하이브는 올해 중순 NFT(대체불가토큰) 거래소와 상품을 공개하고, 6월께 신작 게임을 선보이는 등 사업 영역을 확대할 계획이다. 또 팬 커뮤니티 위버스를 네이버 브이 라이브(V-Live)와 통합해 '위버스 2.0'을 선보인다.

에 힘입어 가요 기획사 가운데 처음으로 연간 매출 1조원을 돌파했다. 하이브가 연 매출 1조원을 넘긴 것은 처음이며, 가요 기획사를 통틀어서도 최초다.

하이브는 연결 기준 2021년 연 매출이 1조 2577억원으로 전년 대비 58.0% 늘어난 것으로 잠정 집계됐다고 2월 22일 공시했다. 영업이익은 1903억원으로 30.8% 증가했다. 순이익은 1410억원으로 62% 늘었다. 앨범 매출은 3785억원으로 전년보다 18.0% 증가했다.

2021년 하이브는 방탄소년단이 **미국 빌보드 메인 싱글 차트 10주 1위를 차지한 '버터'**(Butter) 등으로 740만 장을 팔아치운 것을 비롯해 세븐틴 370만 장, 투모로우바이투게더 180만 장, 엔하이픈 220만 장 등의 판매고를 올렸다. 하이브가 2021년 인수한 이타카 홀딩스 소속 아리아나 그란데는 240만 장, 저스틴 비버는 235만 장을 팔았다.

2021년 공연 매출은 497억원으로 2020년 대비 980.5%, 약 10배나 폭증했다. 그중 대부분인 453억원이 4분기에 나왔다. 2021년 11~12월 미국 로스앤젤레스(LA)에서 열린 방탄소년단 콘서트가 21만 명 이상(공연장 현장 관객 기준)을 동원

▌ BTS 빌보드 핫 100 1위 기록

구분	연도	제목	1위 기간 (단위:주)
1	2020	Dynamite	3
2		Savage Love (Laxed – Siren Beat) – BTS Remix	1
3		Life Goes On	1
4	2021	Butter	10
5		Permission to Dance	1
6		My Universe	1

우즈, 골프 명예의 전당 입회식

▲ 타이거 우즈

'골프 황제' 타이거 우즈가 세계 골프 ▪**명예의 전당**에 헌액됐다. 우즈는 3월 10일(국내시간) 미국 플로리다주 폰테베드라비치의 미국프로골프(PGA) 투어 헤드쿼터에서 열린 2022년 입회식에 참석했다. **우즈는 2020년 3월에 세계 골프 명예의 전당 입회가 확정**됐으나 코로나19 때문에

입회 행사가 미뤄졌고, 이날 입회식을 치렀다.

우즈는 PGA 투어 82승으로 샘 스니드(2002년 사망·미국)와 함께 최다승 부문 공동 1위에 올라 있고, 메이저 대회에서는 15차례 우승해 잭 니클라우스(82·미국)의 18회에 이어 두 번째로 많은 우승 기록을 보유하고 있다.

이날 2017년까지 PGA 투어 커미셔너를 역임한 팀 핀첨(75·미국), 메이저 4승을 포함해 미국여자프로골프(LPGA) 투어 11승을 거둔 수지 맥스웰 버닝(81·미국), 1921년 미국 여자아마추어 챔피언이자 1932년 커티스컵 단장을 맡은 매리언 홀린스(1944년 사망·미국)가 우즈와 함께 명예의 전당에 이름을 올렸다.

우즈는 입회 연설 도중 자신이 주니어 시절, 부모가 자신의 대회 출전 경비를 마련하기 위해 집을 담보로 돈을 빌렸던 일화를 말하면서 눈물을 참으려고 애쓰기도 했다. 우즈는 또 "어떤 골프장에서는 클럽하우스에 출입 금지를 당했다. 다른 주니어 선수들은 다 들어갔던 것을 보면 내 피부색 때문이었던 것 같다"라며 아무도 알아주지 않던 어려웠을 때를 회상했다.

지난해 2월 교통사고로 다리를 심하게 다친 우즈는 이후 대회에 출전하지 못하고 있다. 3월 10일 미국 플로리다주 폰테베드라비치에서 개막하는 PGA 투어 플레이어스 챔피언십에도 불참한다.

■ 명예의 전당 (Hall of Fame)

명예의 전당이란 스포츠, 예술 등 특정 분야에서 위대한 업적을 남기고, 또 큰 존경을 받는 사람을 기념하기 위해 설립된 기념관, 단체, 모임을 말한다. 명예의 전당이라는 말이 처음 쓰인 것은 '위대한 미국인 명예의 전당'이다. 1900년의 G.워싱턴, A.링컨, T.제퍼슨, 1976년의 A.카네기를 비롯하여 102명이 헌액돼 있다.

명예의 전당은 스포츠 분야에 많은데 뉴욕주 쿠퍼스타운에 있는 '야구 명예의 전당', 뉴저지주 뉴브런즈윅의 '미식축구 명예의 전당', 오하이오주 캔턴의 '프로미식축구 명예의 전당', 토론토의 '아이스하키 명예의 전당' 등이 유명하다.

한국인으로는 박세리 선수가 2007년에 LPGA 명예의 전당에 처음으로 이름을 올렸다. 2016년 6월 10일 박인비 선수가 한국인으로는 두 번째이자 사상 최연소로 이름을 올렸다.

호날두 '807'골 기록하며
축구 역사상 최다 골 기록 달성

▲ 크리스티아누 호날두

맨체스터 유나이티드(맨유) 소속의 글로벌 스포츠 스타 크리스티아누 호날두가 축구 역사상 최다 골을 기록한 선수로 등극했다. 호날두는 지난 3월 13일 영국 맨체스터의 올드 트래퍼드에서 열린 토트넘과의 잉글랜드 프리미어리그(EPL) 29라운드 경기에서 ■해트트릭을 기록하며 맨유의 3 대 2 승리를 이끌었다.

이날 해트트릭으로 호날두는 프로 무대와 A매치에서 통산 807골을 기록하며 가장 많은 골을 올린 축구 선수가 됐다. 국제스포츠통계재단

(RSSSF)의 집계에 따르면 **호날두 직전 최다 골 기록은** 지난 2001년 사망한 체코 출신 요세프 비칸의 805골이었다. 축구계에서 권위가 높은 RSSSF의 집계를 보면 최다 골 기록은 호날두와 비칸이 각각 1·2위이고, 그 뒤를 호마리우, 메시, 펠레 등이 차례로 잇는다.

맨유에서 14년 만의 해트트릭

한편, 호날두가 이날 달성한 해트트릭 기록은 그가 맨유에서 14년 만에 달성한 기록이다. 호날두는 이날 개인 통산 59번째이자 맨유 소속 2번째 해트트릭을 기록했다. 호날두가 맨유 소속 첫 해트트릭을 기록한 것은 2008년 1월 있었던 뉴캐슬과의 정규리그 경기에서였다. 호날두는 그로부터 14년 59일이 지난 이날 맨유 유니폼을 입고 해트트릭을 다시 기록했다.

14년 59일 만에 터진 해트트릭 기록은 EPL 역사상 한 선수가 가장 긴 간격을 두고 기록한 해트트릭인 것으로도 알려졌다. 이날로 만 37세 35일인 호날두는 리그 최고령 해트트릭 기록 2위에도 이름을 올렸다. 마흔에 가까운 나이에도 혹독하고 철저한 자기관리로 전성기에 버금가는 경기 능력을 보여주는 호날두에게 축구 팬들은 찬사를 보냈다.

■ **해트트릭 (hat trick)**
해트트릭이란 축구 경기에서 1명의 선수가 1경기에서 3득점을 하는 것을 말한다. 원래는 크리켓(cricket : 영국의 전통 스포츠로, 11명씩으로 이루어진 두 팀이 위켓을 사이에 두고 공격과 수비로 나뉘어 서로 공을 쳐서 승부를 겨루는 구기 경기) 관련 용어였다. 20C 초 영국의 크리켓 경기에서 3명의 타자를 연속 아웃시킨 투수를 칭송하여 소속 클럽에서 증정한 새 모자(hat·해트)에서 비롯된 용어다.

기출TIP 2019년 부천문화재단, 2018년 부산교통공사·안동MBC에서 해트트릭을 묻는 문제가 출제됐다.

러, 국제경기 개최·참가권 박탈... 26개국 합의

▲ 황희 문화체육관광부 장관이 비대면 화상회의로 열린 우크라이나 사태 관련 국제 스포츠장관회의에 참석한 모습 (자료 : 문체부)

우크라이나를 침공한 러시아와 이를 도운 ■**벨라루스**에 대한 국제사회의 제재가 이어지고 있는 가운데 스포츠계에서도 러시아 퇴출 움직임이 일고 있다. 한국과 미국 등 26개국 스포츠 장관들은 3월 4일 영국 나딘 도리스 디지털문화미디어스포츠부 장관 주재로 화상 회의를 열어 우크라이나 사태와 관련한 공동 대응 전략에 대해 논의했다.

이번 회의에는 미국과 캐나다, 호주, 프랑스, 라트비아, 네덜란드, 일본 등 26개 국가가 참석했다. 우리나라에서는 황희 문화체육관광부 장관이 대표로 참석했다. 이들은 공동성명서 초안을 마련해 인권 존중과 국가 간 평화적 관계는 국제 스포츠의 토대라며 러시아와 벨라루스가 벌인 전쟁은 명백한 국제적 의무 위반이라고 지적했다.

성명서 초안에는 ▲국제 스포츠 경기 개최권 박탈 ▲다른 나라에서 개최되는 경기 출전 금지 ▲러시아와 연계된 스포츠 관련 투자 조치(제한) 등의 내용이 담겼다. 다른 나라에서 개최되는 경기 출전 금지에는 국가를 대표하는 팀과 개인은 물론, 주요 프로축구팀과 같이 실질적으로 대표하는 단체도 포함됐다.

■ 벨라루스 (Belarus)

벨라루스는 유럽 동부의 폴란드와 러시아 중간에 위치한 나라다. 수도는 민스크(Minsk)다. 폴란드, 러시아, 독일 등의 지배를 거쳐 1922년 구소비에트사회주의연방을 구성하는 국가의 하나가 되었지만 구소련의 해체와 함께 1991년 독립했다. 이후 1999년 러시아와의 결속 강화를 위한 조약을 체결했다. 1991년 독립 이후부터 알렉산드르 루카셴코의 철권 통치가 이어지고 있다. 최근 루카셴코 대통령이 러시아의 우크라이나 침공을 도와 국제사회의 제재와 지탄을 받고 있다.

고진영, 신기록 2개에 시즌 첫 우승...HSBC 챔피언십 제패

▲ 우승 트로피를 들고 있는 고진영 선수 (자료 : 세마스포츠마케팅)

고진영이 미국여자프로골프(LPGA)투어 시즌 첫 우승과 LPGA 역사를 새로 쓰며 신기록까지 세웠다. 고진영은 3월 6일 싱가포르 센토사 골프클럽 탄종 코스(파72)에서 열린 LPGA투어 HSBC 위민스 월드 챔피언십 최종 라운드에서 6언더파 66타를 쳐 4라운드 합계 17언더파 271타로 정상에 올랐다.

공동 2위에 오른 전인지, 이민지(호주 교포)를 2타차로 따돌린 고진영은 이번 시즌 첫 출전 대회를 우승으로 장식하면서 통산 13승 고지에 올랐다. 고진영은 작년 11월 시즌 최종전 CME 그룹 투어 챔피언십 우승에 이어 2연승째다. 더불어 최근 참가한 10개 대회에서 6차례나 정상에 오르는 등 초강세다.

고진영은 우승뿐 아니라 '15라운드 연속 60대 타수'와 '30라운드 연속 언더파'라는 두 가지 신기록을 세웠다. 두 기록 모두 '영원한 골프여제' 안니카 소렌스탐(스웨덴)을 넘어선 것이라서 의미가 더했다.

고진영은 이번 우승으로 세계랭킹 1위 장기 집권 토대를 든든하게 다졌고, 상금왕 4연패에 도전장을 내밀고 있다. 3월 8일 발표된 여자골프 세계랭킹에서 고진영은 평점 9.92로 1위를 지키며 시즌 첫 승과 함께 세계랭킹 1위를 가뿐히 사수했다.

▍주요 골프 용어

용어	내용
파(Par)	각 홀에 정해진 기준 타수
버디(Birdie)	기준 타수보다 하나 적은 타수로 홀에 넣는 것
이글 (Eagle)	파보다 2개 적은 타수로 홀에 넣는 것
알바트로스 (Albatross)	한 홀에서 기준 타수보다 3타 적게 홀에 넣는 것
보기(Bogey)	파보다 하나 많은 타수로 홀에 넣는 것
티(Tee)	각 홀에서 첫 번째로 공을 치는 출발 지역으로 '티'라고 하는 나무 또는 플라스틱으로 만든 못 위에 골프공을 얹고 침
핸디캡 (Handicap)	기량이 서로 다른 골퍼들이 공정한 입장에서 경기할 수 있도록 골프 기량 수준을 평가하는 방법. 골프를 잘하고 못하고에 상관없이 모든 사람이 공평하게 플레이를 즐길 수 있게 하기 위해 만들어진 독특한 시스템

분야별
최신상식

인물
용어

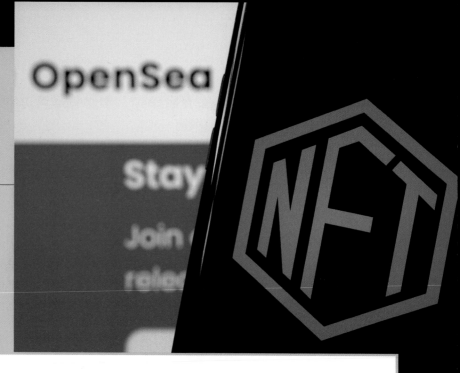

오픈씨
OpenSea

오픈씨는 **미국의 세계 최초·최대의 대체불가능토큰(NFT) 거래소로, NFT의 아마존**이라 불린다. 오픈씨에 각종 디지털 자산을 바탕으로 만들어진 NFT를 올리면 개인 간 거래(P2P)가 이뤄진다. 매매는 암호화폐 가운데 하나인 이더리움을 사용한다. 지난 2017년 설립된 오픈씨는 출범 4년 만인 2021년 기업가치가 10억달러를 돌파하는 유니콘 기업으로 성장했다. 올해 1월엔 기업 가치 133억달러로 평가받으며 **데카콘**(기업가치가 100억달러 이상인 비상장 스타트 기업) 기업 반열에 올랐다.

경쟁 NFT 거래소로는 후발주자인 니프티 게이트웨이와 수퍼레어 등이 있는데 오픈씨는 초보자들도 접근·이용이 쉽다는 차별점을 갖추고 있다. 한편, 미국 뉴욕증권거래소(NYSE)는 NFT를 주식처럼 사고팔 수 있는 거래소 설립을 추진하고 있는 것으로 알려졌다.

한편, 지난해 말부터 올해 초까지 글로벌 투자 트렌드로 떠올랐던 NFT에 대한 수요가 점차 감소하고 있다는 연구 결과가 나오며 거품론이 일었다. 3월 14일 블록체인 리서치 플랫폼 델파이 디지털에 따르면 오픈씨의 NFT 일일 거래량은 점차 하락세를 기록하며 약 7000만달러로 감소했다. 이는 최고점 대비 72% 줄어든 수준이다. 실제로 오픈씨에서 NFT 컬렉션 대부분은 거래가 전혀 없는 것으로 나타났다.

블루 수소
blue hydrogen

블루 수소란 **그레이 수소를 추출할 때 발생하는 탄소를 포집·저장**(CCS, Carbon Capture and Storage) **하거나 포집·활용·저장**(CCUS) **기술을 적용해 탄소배출을 최소화한 공정을 통해 생산된 수소**를 말한다. 수소는 눈에 보이지 않는 무색 기체이나 산업계에서는 생산 방식에 따라 색깔로 구분한다. 크게 나누면 풍력·태양광 등 신재생 전력 기반으로 만들어 탄소 배출이 거의 없는 ▲그린 수소, 화석 연료에 고온·고압 공정을 거치는 ▲그레이 수소, 그 중간에 있는 ▲블루 수소 3가지이다. 국내에서 생산되는 대부분의 수소는 그레이 수소다.

정부는 지난 12월 30일 발표된 한국형 녹색분류체계(K-택소노미)에서 블루 수소 생산을 2030년까지 한시적으로 포함하되, 추후 기술 발전에 따라 감축 기준을 상향한다는 정책 방향을 제시했다. 하지만 환경단체 등에선 화석 연료를 사용하며, 여전히 온실 가스를 많이 배출하는 블루 수소를 친환경으로 볼 수 없다는 목소리가 강하다. 기후 변화 이슈로 새로운 에너지원으로 떠오르는 수소 경제가 커질수록 블루 수소를 둘러싼 친환경 논란은 계속될 것으로 보인다.

트루스 소셜
Truth Social

트루스 소셜은 트위터, 페이스북 등 주류 SNS에서 추방된 **도널드 트럼프 전 미국 대통령이 만든 SNS다.** 트럼프 전 대통령은 지난 2020년 11월 대선 패배에 승복하지 않고 허위 정보를 퍼트려 트위터와 페이스북 계정이 막혔다. 이에 트럼프 전 대통령은 표현의 자유 탄압이라고 반발하며, 온라인 영향력 회복을 위해 트루스 소셜을 만들었다. 트럼프 전 대통령은 이 SNS가 진실을 전하는 새로운 창구가 될 것이라고 주장한다. 트루스 소셜은 전 공화당 하원의원 데빈 누네스가 이끄는 벤처기업 '트럼프 미디어 앤드 테크놀로지 그룹'(TMTG)이 개발했다.

한편, 트루스 소셜이 애플 앱스토어에 공개된 2월 21일(현지시간) 틱톡, 유튜브, 페이스북, 인스타그램 등 대형 SNS를 제치고 다운로드 1위를 기록했다. 2월 21일은 미국이 조지 워싱턴 초대 대통령의 생일을 기념해 지정한 '대통령의 날'로, 2024년 대선 도전 의사를 시사해온 트럼프의 의중이 담겨있다는 해석이 나온다. 트루스 소셜은 다운로드와 가입자 수요가 급증하자 일부 사용자들에게 '대기자 명단에 올린다'고 공지했다.

K디지털 트레이닝
K-Digital Training

청년을 응원합니다!
K-Digital Training

K디지털 트레이닝이란 정부가 주관하고 민간 기업이 교육 과정 전반을 담당하는 디지털 분야 인재 양성 프로그램이다. **직업 훈련 제공을 통해 구직자들의 노동시장 진입을 촉진하기 위해 시행된 제도로, 디지털 신기술 관련 인재 양성하고자 정부가 교육비를 전액 지원**한다. 기업이 현장에서 필요로 하는 디지털 핵심 인재를 양성하기 위해 2020년부터 고용노동부에서 시행했으며, 실무 중심의 양방향 교육이 제공된다. K디지털 트레이닝은 **정부의 훈련비 지원제도인 국민내일배움카드**를 발급받아 참여할 수 있다.

한편, 고용노동부는 2월 28일 한국기술교육대학교 직업능력심사평가원과 함께 올해 상반기 K디지털 트레이닝 훈련과정 공모 1차 선정 결과를 발표했다. 고용부는 2020~2021년 선정된 기존 231개 훈련과정에 더해 매년 약 2만5000명 규모의 인재 양성이 가능할 것으로 기대하고 있다. 기업이 훈련과정을 운영하는 '디지털 선도기업 아카데미'는 지난해 10월 선정된 삼성, KT, SK하이닉스, 포스코 4개사에 이어 카카오, SKT, SK쉴더스, 문화방송(MBC), 삼성중공업, S.A.P코리아가 새롭게 선정됐다. 이번 트레이닝은 기존 졸업예정자에서 대학교 3학년 등 졸업까지 남은 수업연한이 2년 이내인 자까지 발급 대상이 확대돼, 더욱 많은 청년들의 참여가 있을 것으로 기대된다.

마이크로바이옴
microbiome

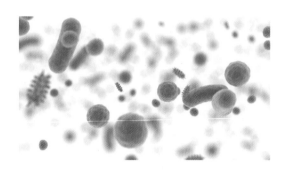

마이크로바이옴은 **몸 안에 사는 미생물(microbe)과 생태계(biome)를 합친 말로, 인체에 존재하는 미생물 군집과 미생물 군집의 유전적 정보**를 총칭한다. '제1의 유전체'라고도 불리는 마이크로바이옴은 70kg 성인 기준 약 38조 개를 가지고 있다고 알려져 있다. 연구 결과 우리 몸속에 서식하는 미생물이 인체의 모든 기능에 미치는 영향력이 크다는 것이 밝혀지면서 관련 연구가 활발히 진행되고 있다. 특히 마이크로바이옴이 차세대 항암제로 주목받자 국내외 바이오 벤처들과 글로벌 제약사들이 앞다투어 개발에 뛰어들었다.

한편, 국내 마이크로바이옴 선두기업인 지놈앤컴퍼니가 올해 항암 마이크로바이옴 치료제 상업임상을 본격 추진한다고 3월 4일 밝혔다. 지놈앤컴퍼니는 다국적 제약사 MSD와 담도암에 대한 임상시험에 협력하는 계약을 체결했다고 전했다. 계약에 따라 지놈앤컴퍼니는 담도암 환자에게 개발 중인 마이크로바이옴 치료제 'GEN-001'과 MSD의 면역항암제 세계 시장 1위 제품 '키트루다'를 병용투여하는 임상 2상 시험을 진행한다. 이번 계약으로 GEN-001과 면역항암제를 함께 투여해 항암 효과를 확인하는 임상 연구가 확장됐다.

유로마이단
Euromaidan

▲ 우크라이나 국기

유로마이단이란 'Euro(유럽)'와 'maidan'(광장)의 합성어로, 우크라이나에서 2013년 11월~2014년 2월까지 벌어진 대규모 반정부 시위를 일컫는다. 이 시위는 당시 빅토르 야누코비치 우크라이나 대통령이 EU(유럽연합)와의 통합을 위한 우크라이나-유럽연합 위원회 조약과 우크라이나-유럽연합 자유 무역 협정(DCFTA)의 서명을 무기한 연기하고, 러시아에 경제 의존을 천명한 것이 발단이 됐다. 시위대는 야누코비치 대통령의 해임을 요구하고 나섰고, 이후 광범위한 인권 억압, 권력 남용, 정부 부패 등에도 항의하는 시위로 번졌다.

이에 야누코비치 정부는 '시위단속법'을 제정해 시위 진압에 나섰다. 국제사회의 비난이 거세지자 우크라이나 의회는 시위단속법을 폐기했으며, 2월 22일에는 야누코비치 탄핵안을 가결했다. 이로써 우크라이나에 친서방 임시정부가 수립되며 시위가 마무리됐다. 반면 이로 인해 친러시아 지역인 크림반도에서는 임시정부 수립 반대 집회가 계속됐다. 이를 계기로 러시아는 2014년 3월 크림반도를 무력으로 병합했고 이후 러시아계 주민 비율이 높은 우크라이나 동부 돈바스 지역에서도 분리·독립을 요구하는 목소리가 커지며 내전이 발발했다.

부다페스트 양해각서
Budapest Memorandum

부다페스트 양해각서란 **1994년 12월 헝가리 부다페스트에서 미국·러시아·영국이 우크라이나·카자흐스탄·벨라루스와 체결한 핵 폐기 각서**다. 옛 소련 시절 개발·생산돼 우크라이나·카자흐스탄·벨라루스에 남아 있던 모든 핵무기를 러시아로 이전하는 대신 이들 국가의 안보·경제를 지원한다는 내용이 담겼다. 당시 우크라이나는 약 1800기의 핵탄두를 가진 세계 3위 핵보유국이었지만 신생독립국으로서 주권과 안전을 보장받기 위해 모든 핵무기를 포기했다.

한편, 각서는 정식 조약(treaty)이나 협정(agreement)과 달리 국제법적 준수 의무가 약하며 '상황이 변하면 각서 내용을 재협의할 수 있다'는 모호한 문구를 포함시켰다. 이로써 러시아가 2014년 우크라이나 크림반도를 강제 병합할 때부터 부다페스트 양해각서 효력에 의문이 제기됐다. 이번에 러시아의 돈바스 지역 침공으로 부다페스트 양해각서는 폐기된 것이나 다름없다는 시각이 지배적이다. 당시 서방 측 대표로 문서에 서명한 미국과 영국이 이번 사태를 어떻게 다루느냐에 따라 국제사회의 평화 질서가 크게 흔들릴 수 있다는 지적이다.

호모 헌드레드
homo-hundred

호모 헌드레드란 **의학기술 등의 발달로 100세 장수가 보편화한 시대의 인간을 지칭하는 용어다.** 유엔이 지난 2009년 작성한 '세계인구고령화(World Population Aging)' 보고서에서 처음 등장한 말로, 현 인류의 조상을 '호모사피엔스(homo-sapiens)'라 칭하는 것에 빗댄 표현이다. 당시 보고서는 평균 수명이 80세를 넘는 국가가 2000년에는 6개국에 불과했지만, 2020년에는 31개국으로 급증할 것으로 전망했다.

호모 헌드레드 시대가 도래하면서 사회 전체의 각종 시스템 변화가 불가피해졌다. 특히 한국 사회는 전 세계에서 유례를 찾기 어려울 정도로 빠른 고령화로 100세 이상 국민연금 수급자가 늘고 있어 사회 문제로 대두하고 있다. 2월 25일 국민연금공단에 따르면 2021년 10월 현재 국민연금 전체 수급자는 569만4617명으로, 특히 100세 이상 국민연금 수급자가 122명으로 나타났다. 우리나라의 기대수명도 꾸준히 증가하고 있어 100세 이상의 초고령 인구의 인구학적 특성, 주거 환경, 건강 상태 등 생활 전반을 파악해 정책 지원에 나설 필요가 있다는 지적이다.

슈퍼 스파이크
super spike

▲ 골드만삭스 로고

슈퍼 스파이크(대폭등)란 **원자재 가격이 4~5년간 급등하는 단계를 의미하는 말로, 글로벌 투자은행인 골드만삭스가 2005년 말 글로벌투자보고서에서 원자재 가격 추이를 분석하면서 처음 사용한 용어다.** 원자재 수요가 급격히 증가하는 데 반해, 공급이 이를 따라가지 못해 발생하는 현상이다. 최근 우크라이나를 침공한 러시아에 대한 국제사회의 무역 제재가 본격화되면서 에너지·원자재·곡물 가격 급등에 대한 우려가 커지고 있다.

특히 2014년 러시아의 크림반도 침공·병합으로 천연가스 가격이 오른 당시 상황보다 여파가 더 클 수 있다는 관측도 나온다. 세계적인 투자은행인 골드만삭스는 이번 위기로 "전 세계 상품 가격의 슈퍼 스파이크가 발생할 모든 조건이 갖춰졌다"고 경고했다. 러시아는 세계 3위의 산유국으로 서방의 제재로 러시아의 원유 공급이 불안정해지면 유가가 급등할 수밖에 없으며 유가뿐만 아니라 모든 원자재 가격이 상승할 것이라는 전망이 나온다. 원자재 가격 급등은 이미 인플레이션에 시달리고 있는 세계 경제에 큰 충격을 줄 것이라는 우려가 나온다.

이어령

李御寧, 1933~2022

▲ 고(故) 이어령 초대 문화부 장관

이어령은 **노태우 정부 시절 신설된 초대 문화부 장관을 지낸 인물로, 문학평론가, 언론인, 교수 등으로 활동하며 한국을 대표하는 인문 석학이자 '우리 시대 최고 지성'으로 불린 인물**이다. 지난 2월 26일 암 투병 끝에 별세했다. 향년 89세. 고인은 20대 초반인 1956년 문단 원로들의 권위 의식을 질타한 '우상의 파괴'를 1956년 한국일보 지면을 통해 발표하며 평단에 데뷔했다. 이는 문학의 저항적 기능을 수행해야 함을 역설함으로써 문단에 커다란 반향을 일으켰다.

20대 젊은 나이에 파격적으로 한국일보 논설위원이 된 이래, 1972년부터 월간 '문학사상'의 주간을 맡을 때까지 조선일보, 한국일보, 중앙일보, 경향신문 등 여러 신문의 논설위원을 역임하며 시대의 논객으로 활약했다. 88서울올림픽 때는 개·폐회식을 성공적으로 이끌어 문화 기획자로서의 면모를 과시하기도 했다. 한국을 대표하는 지성으로서 60여 년 동안 약 130여 종의 저서를 펴냈으며 지난해 10월 한국 문학 발전에 기여한 공로로 금관 문화훈장을 받았다.

김진숙

金鎭宿, 1960~

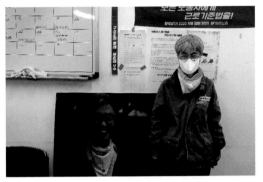

▲ 김진숙 (김진숙 트위터 캡처)

김진숙은 **민주노동조합총연맹 부산지역본부 지도위원이자 노동운동가이며, 옛 한진중공업의 전신인 대한조선공사의 해고 노동자로, 37년간 복직투쟁을 벌인 국내 최장기 해고자 중 한 사람**이다. 김 위원은 21살이던 1981년 대한조선공사에 용접공으로 입사해 1986년 노동조합 활동을 이유로 대공분실로 끌려가는 고초를 겪었으며, 강제적인 부서이동에 반발해 무단결근을 했다는 이유로 징계 해고됐다. 이후 김 위원은 부당해고를 주장하며 지난 37년간 복직투쟁을 이어왔고, 해고 없는 사회를 바라는 노동운동가로, 연설가로 현장을 지켜왔다.

지난 2월 25일 해고된 지 37년 만에 김진숙 지도위원의 명예 복직식이 열렸다. 김 위원은 이날 복직과 함께 퇴직했다. 김 지도위원은 만 60세 정년까지 사태 해결을 바랐지만 지난 2020년 만 60세 정년이 되면서 12월 말까지인 복직시한을 넘기고 말았다.

오승룡

吳昇龍, 1934~2022

▲ 고(故) 오승룡 (자료 : KBS)

오승룡은 1950 ~60년대 라디오 전성시대를 이끈 1세대 성우이다. 지난 2월 21일 지병으로 별세했다. 향년 87세. 1935년 충남 보령에서 태어난 오승룡은 1954년 옛 서울중 앙방송국(현 KBS) 극단원 1기로 뽑히며 연기자 겸 성우의 길을 걸었다. 특히 1961년부터 1971년까지 10년간 방송된 MBC 라디오 시사 풍자극 '오발탄'에 출연하며 널리 이름을 알렸다. '오발탄'은 국내 방송 첫 사회 고발 풍자 프로그램으로 꼽힌다.

'오발탄'의 인기로 당시 동아방송 '앵무새' 등 비슷한 5분짜리 프로그램이 봇물을 이뤘지만 유신 정권이 독재체제를 굳히던 1971년 '오발탄'은 막을 내렸다. 이후 고인은 서울교통방송(TBS) 라디오 '오승룡의 서울이야기' 등을 진행하며 라디오 진행자로 꾸준히 활약했다. 수상 이력으로 KBS 연기대상 성우부문, 대한민국 방송대상 라디오 연기대상 등을 받았다. 또한 대한민국 방송인 명예의 전당에 헌정됐으며, 보관문화훈장을 수훈하기도 했다.

FDPR

Foreign Direct Product Rule

FDPR(해외직접생산품규칙)은 **미국 밖의 외국기업이 만든 제품일지라도 미국이 통제 대상으로 정한 미국산 소프트웨어나 기술을 사용했을 경우 미 정부가 수출을 금지할 수 있도록 한 제재조항**이다. 중국 통신 장비 제조업체 화웨이는 이 제재로 대만 TSMC 등으로부터 반도체 칩을 납품받지 못해 지난해 매출이 30% 급감한 바 있다. 지난 2월 24일(현지시간) 러시아의 우크라이나 침공과 관련해 미국이 반도체 등 하이테크 제품의 러시아 수출을 통제하는 FDPR 지침을 발표했다. 반도체·정보통신·센서·레이저·해양·항공우주 등 7개 분야 57개 기술에 대해 FDPR이 적용됐다.

이때 미국과 유사한 수준의 대러 제재를 취하기로 한 유럽연합(EU) 27개국과 호주, 캐나다, 일본, 영국 등 32개국은 FDPR 적용이 면제됐으나 한국은 적용 예외 대상에 들지 못했다. 이에 외교가 안팎에서는 대러 제재와 관련해 우리 정부의 미온적 대처를 지적하는 목소리가 나왔다. 한편 3월 4일 산업통상자원부는 러시아 제재를 위한 FDPR 수출통제 적용 제외국에 한국도 포함됐다고 밝혔다. 정부는 시스템의 차이를 조율하는 실무적 시간 때문에 늦어진 것이라고 해명했다.

메디컬 트윈
medical twin

메디컬 트윈이란 **디지털 트윈을 의료 기술에 적용한 개념이다.** 디지털 트윈(digital twin)은 가상공간에 실물과 똑같은 물체(쌍둥이)를 만들어 여러 시험을 통해 검증하는 기술을 통칭한다. 메디컬 트윈은 개인 맞춤형 정밀 의료, 신약 및 의료기기 개발, 임상시험 효율화, 의료 서비스 질 제고 등에 활용될 것으로 기대된다. 한편 정부가 메타버스 시대에 새로운 의료 패러다임 대비에 나서는 일환으로 메디컬 트윈 기술 확보를 추진한다. 보건복지부는 4월 메디컬 트윈 기술 개발 사업 공고를 내고 7월부터 연구에 착수할 계획이다.

메디컬 트윈이 상용화하면 개인 건강 데이터를 기반으로 디지털 공간에 가상 환자를 만들어 치료 효과를 예측해 최적의 약물을 파악하는 일이 가능해진다. 또 신약후보 물질 발굴 시 시뮬레이션을 통해 유효성과 안전성을 검증해 임상시험 기간을 단축하고 부작용을 최소화할 수 있을 것으로 기대된다. 외과 분야에서는 실제 장기를 디지털 트윈으로 구현해 수술 시뮬레이션에 활용할 수 있다. 대형병원이 환자의 동선을 최적 배치하는 데에도 응용할 수 있다.

BCP
Business Continuity Planning

BCP(기능연속성계획)란 **위기 상황에서도 신속하고 체계적인 대응을 통해 기관의 핵심적인 업무가 지속될 수 있도록 미리 준비하는 위기대응체계이다.** 전파력과 재감염율이 델타 변이에 비해 높은 오미크론 변이가 국내 우세종이 되며 국내 확진자 및 접촉자 폭증이 예상되자 코로나19 확진자와 격리자 급증 시에도 사회 필수 기능이 유지될 수 있도록 하기 위해 지난 1월 27일 고용노동부가 '사업장 BCP 작성 가이드라인'을 만들어 안내한 바 있다.

BCP의 주요 내용에는 비상조직체계 구성 및 역할분담, 사업장 핵심업무 정의 및 연속성계획 수립, 가용자원 현황 파악, 인력운영 방안 마련, 소통 체계 구축, 사업장 내 확산 방지조치, 사후조치 등이 담긴다. 한편 코로나19 의료인 감염이 늘면서 병원들이 진료 기능 유지를 위해 부심하고 있다. 병원별로 수립한 BCP에 따라 위기 대응 단계를 상향하고 확진된 의료인 격리 기간을 5일로 줄인 병원도 늘고 있다. 정부는 의료진 확진으로 인한 업무 마비가 발생하지 않도록 각 병원급 의료 기관에 BCP에 따라 업무를 수행해달라고 요청하고 있다.

벡델 테스트
Bechdel test

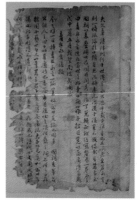

벡델 테스트란 **남성 중심 영화가 얼마나 많은지 계량하기 위해 만들어진 영화 성평등 테스트다.** 1985년 미국의 여성 만화가 엘리슨 벡델이 고안했다. 벡델 테스트는 여성 캐릭터가 보조 캐릭터로 머물지 않고 얼마나 독립적이며 자주적인 캐릭터로 묘사되는지를 판단하고 있다. 영화에 이름을 가진 여자가 두 명 이상 나올 것, 이들이 서로 대화할 것, 대화 내용에 남자와 관련된 것이 아닌 다른 내용이 있을 것 등 세 가지 기준을 만족하면 벡델 테스트를 충족할 수 있다.

한편, 영화진흥위원회는 지난해 구조적 차별 개선을 위해 지원사업 심사 항목에 '성평등 지수'를 도입했다. 여성이 시나리오 공모전, 한국 영화 기획개발 지원, 시나리오 영화화 연구지원, 독립예술 영화제작 지원 사업 등에 감독이나 프로듀서, 작가로 참여하면 가산점이 주어진다. 여성이 주연을 맡은 여성 서사에는 1~3점에서 최대 5점까지 가산점을 받을 수 있다. 이에 **남성 지원자에게 불이익을 주는 역차별 제도**라는 민원이 제기됐다. 영화계에서는 성평등 지수 제도는 남성 창작자도 가점을 받을 수 있는 제도지만 오해를 사고 있다며 구조적 성불평등을 개선하기 위해 성평등 지수 제도는 필요하다는 목소리가 나온다.

청구영언
靑丘永言

▲ 「청구영언」 (자료 : 문화재청)

청구영언은 조선 시조작가 김척택이 **조선 후기까지 구비 전승된 총 580수의 노랫말을 엮어 만든 우리나라 최초의 가집**(歌集·시조집)**으로, '해동가요', '가곡원류'와 더불어 조선 3대 가집으로 불린다.** 2010년 유네스코 세계인류무형유산으로 등재된 가곡의 원천 자료이기도 하다. 한편 지난 2월 28일 문화재청은 청구영언과 '서울 조계사 목조여래좌상' 등 문화재 5건을 국가지정문화재 보물로 예고했다. 청구영언은 조선인이 선호했던 곡을 중심으로 작가가 분명한 작품을 작가별로, 작자 미상의 작품은 주제별로 분류한 체계적 구성을 갖췄다. 작가는 신분에 따라 구분하고 시대순으로 수록해 전승 내역을 최대한 밝히고 있다.

이 같은 청구영언의 구성은 이후 가곡집 편찬의 기준이 돼 후대에 끼친 영향이 크다. 약 200종에 이르기까지 지속적으로 발간됐을 정도다. 문화재청은 내용의 중요성뿐만 아니라 조선 후기까지 다양한 계층에의 언어와 유려한 한글서체 등 국어국문학사·음악사·한글서예사·무형유산 등 여러 분야에서 의미가 커 보물로 지정해 가치를 더욱 알릴 필요가 있다고 밝혔다.

네온
Ne

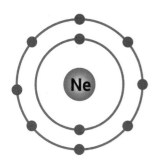

네온은 **공기 중에 0.00182%만 존재하는 불연성, 불활성 희귀가스**(rare gas)다. 공기 중엔 질소 분자와 산소 분자가 대부분(약 99%)이고, 아르곤, 이산화탄소, 네온, 헬륨, 메탄, 크립톤, 수소 분자, 제논은 극미량이 존재하는데, 이 가운데 **불활성 가스인 네온**(Ne)**과 제논**(Xe), **크립톤**(Kr), **헬륨**(He) **등은 반도체에 핵심적으로 들어가는 희귀가스다.** 대략 전 세계 네온의 70%가 우크라이나에서 생산되고, 크립톤의 80%가량은 우크라이나와 러시아에서 생산되는 등 희귀가스의 러시아와 우크라이나에 대한 의존도가 높다.

이에 러시아의 우크라이나 침공이 네온가스 수급 차질을 빚어 전 세계 반도체 산업에 큰 악영향을 미칠 것이라는 우려가 나온다. 한편, 올 하반기부터 국산 네온가스를 생산해 반도체 소자업체에 본격 공급할 수 있게 될 것으로 보인다. 포스코와 국내 특수가스 전문 소재기업인 TEMC가 지난 1월 네온가스의 국산화 설비·기술개발에 성공했기 때문이다. TEMC는 반도체 제조공정에 필요한 희귀가스인 네온·크립톤·제논을 전문적으로 정제·가공해 반도체 소자업체에 공급하는 기업이다.

리카르디안 계약
ricardian contract

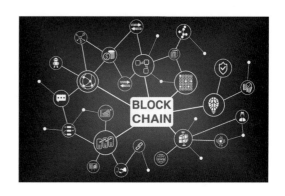

리카르디안 계약이란 **둘 이상의 당사자들 간의 법적 정의를 명시하고 암호로 된 서명을 한 디지털 문서다.** 기존의 '스마트 계약'의 기술 장벽을 낮추고, 쉽게 이해할 수 있도록 가시화하고 접근성을 높여 비전문가도 사용할 수 있도록 하는 것을 목표로 하는 전자 계약이다. 블록체인상의 프로그램 코드인 스마트 계약이 수많은 법 조항을 상세하게 표현하기엔 한계가 있고 법적 효력을 가질 수 있느냐에 대한 논란이 있어 현실 세계와 코드의 틈을 해결하기 위해 개발됐다.

컴퓨터가 이해하기 쉽도록 프로그램 소스 코드 형태로 돼 있는 스마트 계약과 달리 리카르디안 계약은 프로그래밍 언어를 모르는 일반인들도 쉽게 내용을 읽고 이해할 수 있도록 텍스트 방식으로 작성됐다. 블록체인 업계에서는 블록체인의 대중화를 위해 꼭 필요한 기반 기술이라고 강조한다. **최초로 리카르디안 계약을 사용한 블록체인 플랫폼은 이오스**(EOS) **코인**으로 이오스 헌법 2.0 버전에는 분쟁 해결의 방법, 중재 포럼의 역할 등이 포함돼 있다.

김정주
金正宙, 1968~2022

▲ 고(故) 김정주 넥슨 창업자 (자료 : 넥슨)

김정주는 **게임회사 넥슨을 창업한 국내 게임 1세대 창업자**로, 인수합병(M&A)에도 남다른 능력을 보이며 넥슨을 국내 대표적인 게임사로 끌어올린 인물로 평가받는다. 김 창업자는 돌연 3월 1일 미국 하와이에서 세상을 떠났다. 향년 54세. 고인은 이전부터 우울증 치료를 받아왔으며, 최근 악화한 것으로 전해졌다. 업계에서는 2016년 '진경준 게이트'에 연루된 넥슨 공짜주식 사건으로 도덕성 논란이 일었던 것을 고인을 힘들게 했던 원인으로 꼽기도 했다.

고인은 서울대학교 컴퓨터공학과를 졸업한 이후 카이스트 대학원에서 전산학과 석사를 취득하고 6개월 만에 박사과정을 그만뒀다. 이후 1994년 넥슨의 대표 게임인 '바람의 나라' 개발에 착수했으며 같은 해 넥슨을 창업했다. 불과 몇 년 만에 넥슨을 국내 대형 게임 업체로 키워냈다. 넥슨은 '카트라이더', '메이플스토리', '던전앤파이터', '서든 어택' 등 한국과 세계 게임 역사에 길이 남을 게임을 발표했다. **넥슨은 2000년대 초부터 엔씨소프트, 넷마블과 함께 국내 3대 게임사 '3N' 중 하나**로 꼽히고 있다.

백운호
白雲豪, 1931~2022

▲ 백운호 애국지사 공적카드 (자료 : 국가보훈처)

백운호는 **소년 시절 항일운동단체를 결성해 독립운동을 벌였던 애국지사로, 공훈을 인정받아 2019년 대통령표창을 수여한 인물이다.** 지난 3월 5일 별세했다. 향년 91세. 국가보훈처에 따르면 1931년생인 고인은 경기 이천군 장호원의 제1심상소학교에 재학 중이던 1939년 8월 10여 명의 친구들과 항일독립운동에 뜻을 모아 비밀결사단 '황취소년단(독수리소년단)'을 결성했다. 10대 초중반의 단원들은 직접 닭을 기르고 보리·콩 등을 경작한 수입으로 독립운동 경비를 조달했다.

이들은 1942년 2월 장호원 읍내 곳곳에 독립을 촉구하는 벽보를 붙이고 항일격문을 작성해 각지에 발송하는 등의 독립운동 활동을 벌여왔다. 백 지사는 그해 3월 단원들과 함께 장호원경찰주재소에 체포됐다. 이어 '공안을 해칠 우려가 있는 자'라는 이유로 이천경찰서로 이송되었다가 같은 해 10월께 약식재판을 받고 석방됐다. 백 지사는 국립대전현충원 독립유공자 묘역에 안장될 예정이다. 한편 백 지사의 별세로 국가보훈처에 등록된 생존 애국지사는 14명(국내 11명·국외 3명)으로 줄었다.

김병기
金秉騏, 1916~2022

▲ 고(故) 김병기 화백

김병기는 **국내 추상미술 1세대 화가이자 국내 '최고령 현역 화가'로 활동해온 인물**이다. 지난 3월 1일 별세했다. 향년 106세. 고인은 103세였던 지난 2019년 개인전을 열어 화가로서 건재함을 과시했고 105세인 지난해에도 대한민국예술원 미술전에 신작을 공개해 화제가 된 바 있다. 1916년 평양에서 태어난 김 화백은 1948년 월남했으며, 한국을 대표하는 근현대 미술가 이중섭과 평양보통학교 단짝으로도 유명했다.

고인은 934년 일본 아방가르드양화연구소에서 이중섭·김환기·유영국 등과 수학했다. 그곳에서 추상미술과 초현실주의 미술을 접한 후 추상성에 대한 연구를 시작했다. 1939년에 한국으로 돌아와 '추상화가 1세대'로서의 전위적인 행보를 이어왔다. 이후 1954년 서울대 미대 교수, 1957년 서울예술고등학교 제1대 미술과장, 1964년 한국미술협회 이사장에 취임하는 등 한국 미술계를 이끌었다. 1965년부터 미국에서 활동하다 70세가 넘는 나이로 국내 화단에 복귀했다. 2017년 101세에 국내 최고 권위, 대한민국 예술원 회원으로 선출됐다. 지난해 은관 문화훈장을 받았다.

원통형 배터리
cylindrical cell

원통형 배터리는 말 그대로 가장 전통적인 방식인 원통 모양 배터리를 말한다. 흔히 볼 수 있는 AA건전지 형태로 1991년 소니가 자사 캠코더 경쟁력을 향상시킬 목적으로 세계 최초로 원통형 리튬이온배터리를 상용화했다. 이후 이 형태의 배터리는 노트북 등 소비자 가전에 대중적으로 사용됐다. 전자 기기의 슬림화와 함께 파우치형, 각형 배터리가 대세로 떠오르면서 2010년 이후 성장세가 꺾다가 미국 전기차 업체 테슬라가 자사 전기차에 원통형 배터리를 채택하면서 다시 주목받고 있다.

한편, 한국자동차연구원이 3월 7일 발간한 '산업동향' 보고서에 따르면 **테슬라가 올해 양산하는 중대형 원통형 배터리가 배터리·완성차업계의 게임체인저가 될 잠재력**이 있는 것으로 나타났다. 보고서는 테슬라의 중대형 원통형배터리(4680 배터리)는 2022년 현재 양산을 앞두고 있으며, 대량 양산에 성공할 경우 전기차 배터리의 생산성과 원가 경쟁력을 유의미하게 개선할 수 있을 것이라고 관측했다. 테슬라가 발표한 4680 배터리는 기존 배터리(21700)보다 큰 지름 46mm, 높이 80mm의 중대형 원통형배터리다.

코끼리 곡선
elephant curve

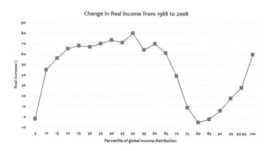

Change in Real Income from 1988 to 2008

▲ 코끼리 곡선 (브랑코 밀라노비치 논문 캡처)

코끼리 곡선이란 **세계화가 급진전한 1988년부터 2011년까지 20여 년간 세계소득 증가율을 소득분위별로 그린 그래프**로, 국제적 소득불균형 문제를 다룬다. 2012년 뉴욕시립대 대학원의 브랑코 밀라노비치 객원 석좌교수가 만들었다. 코끼리 곡선의 가로축은 세계에서 가장 가난한 사람들을 표시한 맨 왼쪽부터 가장 부유한 사람들이 자리잡은 맨 오른쪽까지 세계 소득분포를 나타낸다. 소득 증가율이 가장 높게 나타난 지점은 소득분포의 중간값 근처에 있는 40~60분위로 코끼리 머리처럼 높다.

반면 증가율이 가장 낮은 지점인 75~90분위는 아래로 늘어뜨려진 코처럼 낮다. 40~60분위는 중국, 태국 등 아시아 신흥국가 국민이다. 40~60분위 다음으로 높은 99~100분위는 세계 각국의 최고 부유층으로, 절반이 미국인이다. 가장 낮은 75~90 지점의 사람들은 40~60 지점 사람들보다는 부유하지만 20년간 실질소득이 전혀 증가하지 않았다. 이들은 대부분 고소득국가인 OECD 회원국 국민들이다.

근감소증
sarcopenia

근감소증이란 **영양 부족, 운동량 감소, 노화 등으로 인해 정상적인 근육의 양과 근력 및 근 기능이 감소하는 질환이다.** 보통 30대부터 근육이 감소하기 시작해 60대 이상은 30%, 80대 정도가 되면 근육의 절반까지 감소하게 된다. 근감소증은 당뇨병, 고지혈증, 비만 등과 같은 합병증을 유발하며 신체 전반의 기능을 떨어뜨리고 뼈를 약화시키는 것과도 관련이 있다. 특히 고령층일수록 근감소증에 척추 노화까지 맞물려 허리디스크 발생할 확률이 매우 높다.

우리나라에서는 지난해 처음으로 질병으로 분류된 근감소증 환자가 국내 65세 이상 노인의 약 13%에 이른다는 국내 첫 연구 결과가 나왔다. 이 내용은 국제학술지 '예방의학 및 공중보건 저널'에 최근 실렸다. 국내의 근감소증 유병률을 메타분석으로 체계적으로 평가한 연구는 이번이 처음이다. 노인 근감소증의 예방과 치료를 위해서는 금연·금주를 하거나 흡연량과 음주량을 줄이고, 매주 최소 2~4회의 유산소 운동과 근력을 기르는 운동을 병행하고, 단백질을 적절하게 섭취해야 한다고 연구팀은 조언했다.

빈지워치
binge watch

빈지워치란 폭음, 폭식을 뜻하는 영어(binge)와 본다는 뜻의 워치(watch)가 결합한 말로 **휴일에 TV 프로그램이나 영화 등 여러 개의 콘텐츠를 빠른 시간에 몰아서 보는 것**을 일컫는다. 콘텐츠 생산과 공급, 유통 방식 등의 변화로 한 번에 몰아보는 콘텐츠 소비 행태가 확산하면서 이 같은 말이 생겨났다. 스마트폰·IPTV 서비스 등이 발달하고 '넷플릭스'와 같은 동영상 스트리밍 업체가 등장하면서 활발해졌다. 2017년 미국을 대표하는 영어사전 메리엄웹스터에 새로운 영어 단어로 등재되기도 했다.

코로나19로 집 안에 머무는 시간이 늘어나면서 빈지 워치 현상이 두드러지고 있다. OTT(온라인 동영상서비스)업체들이 시즌제 드라마 등을 한꺼번에 공개하는 추세도 빈지 워치를 늘리는 요인이다. 특히 동영상 스트리밍 업체 넷플릭스가 시즌제 콘텐츠를 한 번에 공개하며 빈지 워치를 선도한 것으로 평가된다. '밖에 나갈 수 없어서 종일 드라마만 봤다'거나 '재택근무로 여유로워진 시간에 OTT 이용 시간이 더 늘었다'고 호소하는 사람들이 많다.

인터벨룸
interbellum

인터벨룸이란 **사이라는 뜻의 '인터(inter)'와 전쟁이란 뜻의 '벨룸(bellum)'의 합성어로 '전쟁과 전쟁 사이(between wars)'를 뜻하는 라틴어다.** 제1차 세계대전이 끝나고 제2차 세계대전 발발까지의 기간을 말한다. 해당 기간에 정치적으로나 경제적으로 많은 변화가 일어났는데, 제국 열강 내부에서는 제국주의가 비판받고 식민지에서 많은 독립운동이 일어났으며, 러시아를 시작으로 공산주의가 떠오르기 시작했다. 또한 경제대공황이 와서 자본주의 국가들의 경제활동이 마비되기도 했다.

최근 러시아의 우크라이나 침공이 서방국가 대 러시아의 대리전 양상으로 넘어갈 경우 세계대전으로 비화할 가능성까지 제기되고 있다. 러시아와 우크라이나 양측 모두 병력 동원에 적극적으로 나서고 있다. 각국 전직 군인이나 민간인들도 의용군이라는 이름으로 전장에 뛰어드는 양상이다. 이에 맞서 러시아도 용병을 모집하고 있다. 서방 국가들은 서방과 러시아의 대리전 양상 속이 제3차 세계대전의 도화선이 될 가능성을 우려하며 신경을 곤두세우고 있다. 러시아의 우크라이나 침공이 인터벨룸의 끝으로 새로운 전쟁의 서막이 될 것인지 전 세계의 우려가 쏠리고 있다.

RPA 시스템
Robotic Process Automation system

RPA 시스템의 RPA란 '로봇 프로세스 자동화(Robotic Process Automation)'의 줄임말로, **사람이 반복적으로 처리해야 하는 단순 업무를 사람을 대신해 로봇 소프트웨어를 통해 자동화하는 것**을 말한다. GE, 도요타 등 글로벌 기업들은 RPA 시스템을 활용하고 있다. 국내에서도 4차 산업혁명 시대를 맞아 금융권, 대기업, 공공기관에서 기술을 활용한 자동화 업무 도입을 확대하고 있다. 주 52시간 근무제 도입으로 직원들의 업무 효율성을 높이기 위해 번거롭고 시간이 오래 소요되는 업무는 RPA 시스템으로 해결하고 있는 것이다.

일반적으로 서비스 데스크, 헬프 데스크 및 콜센터 등에서 자동화 기능이 사용되어 업무 시간을 단축시키고 있다. 그뿐만 아니라 RPA 기술의 발달로 이제는 단순하고 반복적인 업무를 넘어서 금융권에서는 대출 심사, 금융거래 확인 등의 업무에도 영향력을 미치고 있다. RPA 시스템은 인적 오류를 감소시켜 생산성을 높이고, 직원들이 단순 반복 업무에서 벗어나 창의적인 일에 몰두할 수 있는 환경을 조성한다. RPA를 비롯해 다양한 업무 시스템의 과감한 혁신을 통해 여러 기업들이 점차 스마트워크 기업으로 변모하는 추세이다.

로맨스 스캠
romance scam

로맨스 스캠이란 **신분을 위장해 SNS 등을 통해 이성에게 접근한 뒤 친분을 쌓아 돈을 뜯어내는 사기 기법**이다. 로맨스(romance)와 신용 사기를 뜻하는 스캠(scam)의 합성어다. 지난해 미국에서 로맨스 스캠 피해액이 5억4700만달러(한화 약 6550억원)에 달하는 것으로 집계됐다. 미국 연방거래위원회(FTC)에 따르면 지난 2021년에 신고된 로맨스 스캠은 2022년도와 비교해 80%나 급증한 것으로 집계됐다.

FTC는 보통 로맨스 스캠 피해는 70대 이상 노인 계층에서 가장 빈번하지만, 지난해는 18세와 29세 사이 청년층에서 피해가 확산했다고 밝혔다. 지난해 미국에서 로맨스 스캠 사건이 역대 최다를 기록한 이유로 코로나19 사태의 영향이 꼽힌다. 재택근무가 늘어나는 등 사람들과의 교류가 적어지면서 외로움을 느끼는 사람들이 증가했고, 로맨스 스캠에 취약해졌다는 설명이다. 또한 FTC는 최근에는 암호화폐 투자 조언을 빌미로 접근하는 로맨스 스캠 수법도 늘었다고 밝히며 인터넷으로 알게 된 사람의 경우 프로필 사진을 검색해볼 것을 권고했다.

외환시장 선도은행
FX Leading Bank

외환시장 선도은행은 달러-원 현물환 시장 내 양방향 거래 활성화에 기여해 기획재정부가 이를 지정하고 인센티브를 제공하는 은행을 말한다. **선도은행 대상은 재무건전성과 신용도가 양호하고, 외국환거래법령상 의무를 준수하며, 달러-원 현물환 및 외환스왑시장에서 일정 수준 이상의 거래 규모를 차지하는 은행**이 자격을 갖는다. 이 중에서 양방향 거래실적이 우수한 6개 은행을 1년 단위로 선정한다.

외환시장 선도은행에 대한 인센티브 방안 중 하나로 거론됐던 외환건전성부담금 감면은 은행들의 내년 거래실적을 바탕으로 2023년 선정되는 선도은행부터 적용될 예정이다. 외환건전성부담금이 전년도 거래실적을 바탕으로 산정되는 만큼 제도 도입 발표 이전의 거래실적으로 내년 부담금을 감면하는 것이 공정하지 않다는 판단 때문이다. 다만, 일각에서는 인센티브 방안으로 제시된 외환건전성부담금 감면이 실제 운용하는 입장에서는 체감할 수 없는 경우가 더 많아 거래 활성화 유인이 될 수 있을지는 의문이라는 소리도 나오고 있다.

트래블 룰
travel rule

트래블 룰은 국제자금세탁방지기구(FATF)가 자금세탁 방지를 위해 가상자산 전송 시 송수신자 정보를 모두 수집해야 하는 의무를 가상자산사업자(VASP)에 부과한 규제다. 국내 특정금융정보법(특금법) 시행령에서는 가상자산 거래소가 다른 거래소에 가상자산을 이전할 때 가상자산을 보내는 고객과 받는 고객의 이름과 가상자산 주소를 제공하도록 규정했다. 100만원 이하의 가상자산이 전송될 경우나 개인에게 전송할 경우에는 이 규정이 적용되지 않는다.

국내 가상자산사업자들은 올해 3월 25일까지 트래블 룰 준수를 위한 시스템을 필수적으로 갖춰야 한다. 국내에서는 4대 거래소를 중심으로 트래블 룰 솔루션 구축에 나섰다. 업비트는 두나무 자회사 람다256을 주축으로 자체 트래블 룰 솔루션인 베리파이바스프를 개발했다. 빗썸·코인원·코빗은 합작법인 코드를 설립해 트래블 룰 솔루션을 선보였다. 전문가들은 트래블 룰이 제도권에 안착할 경우, 가상자산사업자 내 코인이나 자금 이동 부분과 관련한 자금세탁 리스크는 현격히 줄어들 것으로 예상하고 있다.

SNS 톡! 톡!

해야 할 건 많고, (이거 한다고 뭐가 나아질까) 미래는 여전히 불안하고 거울 속 내 표정은 (정말 노답이다) 무표정할 때! 턱 막힌 숨을 조금이나마 열어 드릴게요. "톡톡! 너 이 얘기 들어봤니?" SNS 속 이야기로 쉬어가요.

#이_정도는_알아야 #트렌드남녀

돌아온 '포켓몬빵' 열풍...'띠부띠부실'에 2030 열광 · · ·

▲ 다시 돌아온 포켓몬빵 (자료 : SPC삼립)

SPC삼립이 16년 만에 '포켓몬빵'을 재출시해 대박을 쳤다. SNS에는 포켓몬빵을 구입하고, 포켓몬빵 안에 들어있는 '띠부띠부실'을 인증하는 사진들이 줄지어 올라왔다. 폭발적인 인기로 품귀 현상이 일어 포켓몬빵을 구매하지 못한 사람들이 한탄하는 게시글 또한 SNS에 연이어 올라왔다.

@ 띠부띠부실
떼었다 붙였다 하는 포켓몬스터 캐릭터 스티커다. 과거 포켓몬빵의 띠부띠부씰은 151종이었지만, 재출시하면서는 159종으로 8종이 늘었다.

#나도_띠부띠부실_악착같이_모았었는데^^ #추억일세

어린 딸에게 SNS로 안부 전한 우크라 군인 · · ·

▲ 딸에게 SNS로 안부를 전한 우크라 군인 (틱톡 캡처)

러시아의 침공으로 전쟁 중인 한 우크라이나 군인이 딸에게 안부를 전하고, 또 딸을 안심시키기 위해 SNS에 유쾌하게 춤을 추는 영상을 올려 사람들의 마음을 뭉클하게 만들었다. 우크라이나 군인 알렉산더는 자신의 틱톡 계정에 전쟁터에서 신나는 음악에 맞춰 춤을 추는 영상을 연이어 게시했다. 혼자서 춤을 출 때도 있고, 동료 군인들과 함께할 때도 있는 그의 모습에 사람들은 응원의 메시지를 힘차게 보냈다.

@ 틱톡(TikTok)
중국의 바이트댄스사가 서비스하는 글로벌 SNS로, 짧은 동영상을 제작해 공유하는 숏폼 모바일 비디오 플랫폼이다.

#전쟁은_그만 #세계는_평화를_원해요

머스크, 트위터로 푸틴에게 결투 신청

Choose your fighter:

▲ 푸틴에게 결투를 신청한 머스크 (트위터 캡처)

일론 머스크가 우크라이나를 침공한 블라디미르 푸틴 러시아 대통령에게 "한판 붙자"며 트위터로 결투를 신청했다. 머스크는 3월 14일(현지시간) 트위터에 "푸틴에게 일대일 결투를 신청한다"고 썼다. 머스크는 이어 "내기로 거는 것은 우크라이나"라면서 러시아 크렘린궁 계정을 태그했다. 한편, 머스크는 러시아의 우크라이나 침공 이후 우크라이나 일부 지역에 스페이스X의 우주인터넷 시스템인 스타링크에 접속할 수 있도록 지원해왔다.

@ 일론 머스크(Elon Musk, 1971~)
테슬라, 스페이스X의 최고경영자(CEO)로 혁신적인 사업가라는 평가와 괴짜라는 평가가 엇갈리는 인물이다.

#은근_SNS_관종_머스크 #이번에는_꽤나_용감했다

90년대 톱스타 심은하, 21년 만에 연예계 복귀?

▲ 심은하가 출연한 영화 '8월의 크리스마스' (자료 : 우노필름·싸이더스픽처스)

90년대를 대표하는 톱스타 중 한 명인 배우 심은하가 21년 만에 연예계 컴백을 결정한 것으로 알려지며 한때 화제가 됐다. 심은하는 최근 종합 콘텐츠 기업 바이포엠스튜디오에서 제작하는 차기 드라마에 출연하기로 최종 결정한 것으로 보도됐으나, 이는 사실이 아닌 것으로 밝혀졌다. 그간 드라마, 영화계의 숱한 러브콜이 있었지만 응하지 않은 심은하의 깜짝 컴백 소식에 많은 누리꾼들이 과거 심은하가 출연한 드라마, 영화 작품에 관한 이야기를 하며 관심을 보였으나 오보라는 소식에 실망감을 보였다.

@ 심은하(沈銀河, 1972~)
독보적인 연기와 외모로 1990년대 초절정의 인기를 누렸던 배우다. 최고의 인기를 누리던 가운데 2001년 돌연 은퇴를 선언해 대중을 놀라게 했다.

#녹슬지_않은_연기력_보여줄지 #기대되었는데ㅜㅜ

페이스북에서 이벤트도 참여하세요.

• 페이스북
facebook.com/
eduwill.net

• 에듀윌 도서몰
book.eduwill.net

• 시사상식 App
에듀윌 시사상식

구글 플레이스토어 or 애플 앱스토어에서 에듀윌 시사상식을 검색하세요.

*Cover Story와 분야별 **최신상식**에 나온 중요 키워드를 떠올려보세요.

01 대통령 당선인을 보좌하여 대통령직의 인수와 관련한 업무를 담당하기 위하여 설치하는 기구는? p.11

02 경기 침체에도 불구하고 물가가 오히려 오르는 현상은? p.16

03 지역구 당선 의석수와 무관하게 전체 의석을 정당 득표율에 따라 배분하는 제도는? p.21

04 지구 최대 현안인 기후변화 대응과 지속가능발전목표 달성을 가속화하기 위해 2017년에 출범한 글로벌 이니셔티브로, 2021년 5월 서울에서 열린 것은? p.25

05 2014년 박원순 서울시장 당시 2030 서울도시기본계획에 따라 제한한 서울 아파트 층수는? p.36

06 영세 소상공인을 보호하기 위한 목적으로 기존 중소기업 적합업종 지정이 만료되는 업종과 품목에 대기업과 중견기업이 진출하는 것을 제한하는 제도는? p.47

07 수도권 외곽에서 서울 도심의 주요 거점을 연결하는 수도권 광역급행철도로, 2007년 경기도가 국토부(당시 국토해양부)에 제안해 추진된 것은? p.58

08 국제 금융거래 정보를 안전한 환경에서 교환할 수 있도록 은행과 기타 금융기관 사이를 네트워크로 연결하는 단체는? p.67

09 1917년 탄생한 저널리즘·예술 분야 시상식으로, 미국 최고 권위를 자랑하여 '기자들의 노벨상'이라고 불리는 것은? p.71

10 중국 최고의 국가 권력기관인 전국인민대표대회(전인대)와 중국 최고 정책자문기구인 중국인민정치협상회의(정협)를 함께 부르는 말은? p.72

11 대한민국 독자 기술로 만든 최초의 국산 초음속 전투기 명칭은? p.81

12 이탈리아에서 매년 3월 말에 열리는 세계에서 가장 큰 어린이 책 도서전인 '볼로냐 도서전'에서 주는 상으로, 2022년 그림책 작가 이수지와 최덕규가 스페셜멘션을 수상한 상 이름은? p.85

13 세계 3대 전자제품 박람회로 꼽히는 전시회로, 스페인 바르셀로나에서 열리는 세계 최대 모바일 기기 박람회는? p.92

14 국제패럴림픽위원회(IPC)에서 패럴림픽을 상징하기 위해 지정한 엠블럼 명칭은? p.103

정답	**01** 대통령직 인수위원회	**02** 스태그플레이션	**03** 연동형 비례대표제	**04** P4G	**05** 35층
	06 생계형 적합업종	**07** GTX	**08** SWIFT	**09** 퓰리처상	**10** 양회	**11.** KF-21 보라매
	12 볼로냐 라가치상	**13** MWC	**14** 아지토스		

대부분의 사람은 마음먹은 만큼 행복하다.

– 에이브러햄 링컨(Abraham Lincoln)

"힘든 토익(TOEIC) 공부 이제 그만"
쉬운 토익 공식 에듀윌 토익 그랜드 오픈

기존 토익 학원은 취업, 졸업, 승진 등 각자 상황에 따라 목표점수는 다르지만 지나치게 많은 양으로 승부하는 소위 '빡세게' 공부하는 방식을 고수하고 있다. 40년이 지난 지금까지 어렵고 힘들게 공부하는 구식 학습법이 토익 시장을 지배하고 있는 셈이다.

eduwill

빡센 토익과 이별하는
쉬운 토익 공식
에듀윌 토익

GRAND OPEN
2022.03.14

맞춤형 강의를 제공하는 '1분 토익 레벨 테스트', 1 : 1 성적 분석을 통해 취약점을 파악하는 '무료 배치고사', 시험에 자주 출제되는 '기출 보카 시험지', 막판 시험대비 '무료 실전 모의고사', '매일 LC/RC 풀기', '토익 점수 계산기' 등 다양한 무료 학습 콘텐츠를 마련했다.

이에 대한 해법으로 종합교육기업 에듀윌(대표 이중현)은 3월 14일, '쉬운 토익 공식'이라는 슬로건으로 '에듀윌 토익'을 그랜드 오픈한다고 밝혔다.

에듀윌 토익은 'All New Normal' 이라는 새로운 학습법을 통해 최소한의 공부로 원하는 목표를 이룰 수 있는 양질의 콘텐츠를 제공한다.

최소한의 공부로 최고점을 더 해줄 고득점 마스터 셸린, 최영준, 구원 등 에듀윌 토익 스타강사진과 양치기는 줄이고 필요한 고퀄리티 학습만 하는 에듀윌 토익 핵심 압축 교재 라인업 등 쉽게 목표점수에 도달할 수 있는 효율적인 학습법을 제시한다.

또한, 공식으로 모든 취약 문제를 1초 만에 풀 수 있는 '에듀윌 토익 AI 어플'과 파트별 공부법 및

에듀윌 토익 관계자는 "효율적이고 필요한 공부만 해서 쉽게 원하는 점수를 달성할 수 있도록 준비했다"라며, "기존 어학시장의 비효율을 타파하고 쉬운 공부법으로 토익인강 선택의 기준이 되겠다"고 밝혔다.

이 밖에도 에듀윌 토익은 그랜드 오픈 이벤트를 마련했다. 에듀윌 토익에 회원 가입한 수험생이라면 누구나 입문~실전 전 레벨 교재 전 강좌를 100% 무료로 제공받을 수 있으며, 카카오톡에 공유만 해도 스타벅스 아메리카노를 무료로 증정하는 소문내기 이벤트를 진행 중이다.

에듀윌 토익 그랜드 오픈 이벤트 신청과 더 자세한 사항은 에듀윌 토익 홈페이지에서 확인할 수 있으며, 해당 사이트에서 토익 시험 문제도 찾아볼 수 있다.

취업상식
실전TEST

취업문이 열리는 실전 문제 풀이

최근 출판된 에듀윌 자격증·공무원·취업
교재에 수록된 문제를 제공합니다.

01 정권을 잡는 경우를 예상해 각료 후보로 미리 조직한 예비 내각을 일컫는 말은?

① 스핀닥터
② 키친 캐비닛
③ 섀도 캐비닛
④ 대통령 인수위원회

해설 섀도 캐비닛(shadow cabinet)이란 '그림자 내각'이란 뜻으로 정당에서 정권을 잡는 경우를 예상해 각료 후보로 미래 조직한 예비 내각을 말한다. 미국이나 영국처럼 양당 정치가 발달한 국가에서는 야당이 정권 획득에 대비해 총리나 대통령 이하 예정된 각료를 정해 정책을 수립하며 집권한 뒤에도 섀도 캐비닛 구성원을 중심으로 내각을 꾸려 정책 연속성을 보장한다.

🗁 윤석열, 제20대 대통령 당선…역대 최소 득표 차

▲ 윤석열 대통령 당선인 (자료 : 국민의힘)

3월 9일 실시된 제20대 대통령 선거에서 기호 2번 윤석열 국민의힘 후보가 당선했다. 윤 후보는 3월 10일 오전 개표가 100% 완료된 가운데 48.56%(1639만여 표)를 얻어 당선이 확정됐다. 2위로 낙선한 기호 1번 이재명 더불어민주당 후보는 47.83%(1614만여 표)를 얻어 두 후보 간 표 차이는 0.73%(24만7000여 표)에 불과했다. 1%p 안 되는 역대 대선 최소 득표율 차다.

이번 대선 투표율은 77.1%로 지난 19대 대선(77.2%)보다 0.1%p 낮았다. 사전투표 투표율은 36.93%로 역대 최고치를 기록했지만 정작 본투표가 상대적으로 저조해 투표율 80%의 벽을 넘지는 못했다. 윤 당선인은 3월 10일 당선 확정 후 서울 여의도 국회 도서관에 마련된 국민의힘 대선 개표 상황실에 도착해 "위대한 국민의 승리라고 생각한다"고 당선 소감을 밝혔다.

정답 ③

02 러시아 침공에 맞서 항전의 구심점으로 떠오른 우크라이나의 대통령은?

① 블라디미르 푸틴
② 알렉산드르 루카셴코
③ 빅토르 야누코비치
④ 블로디미르 젤렌스키

해설 블로디미르 젤렌스키 우크라이나 대통령은 유명 코미디언 출신으로 TV 드라마 '국민의 종'에서 주인공인 대통령 역을 맡아 '국민배우'로 부상했으며 부패하고 무능한 기성 정치인들에 대한 유권자들의 불만 속에 2019년 실제 대통령으로 당선됐다. 측근 인사 논란과 정치 경험 부족으로 '광대'라는 비난을 받기도 했지만 러시아의 우크라이나 침공 후 미국의 피신 제의도 거부하고 수도 키이우를 지키며 맞서 대러시아 투쟁의 상징으로 떠올랐다.

🗁 우크라 대통령 "러, 민간인 대피로에 지뢰 깔아"

▲ 젤렌스키 우크라이나 대통령

블로디미르 젤렌스키 우크라이나 대통령이 러시아가 우크라이나와 합의해 설정된 인도주의 통로를 통한 민간인 피난을 좌절시켰다고 3월 7일(현지시간) 주장했다. 젤렌스키 대통령은 이날 텔레그램에 게시한 동영상에서 "인도주의 통로에 대한 합의가 있었지만 러시아가 그 자리에서 탱크, 다연장 로켓포, 지뢰를 작동했다"고 말했다.

젤렌스키 대통령은 또한 러시아군이 전투지역에서 대피하는 민간이 탑승할 예정이던 버스 여러 대를 파괴하기도 했다고 강조했다. 러시아는 이날 우크라이나 민간인이 포위된 도시에서 빠져나갈 수 있도록 인도주의 통로를 만들었다고 밝혔다. 그러나 우크라이나는 러시아가 제시한 통로 6개 중 4개의 목적지가 러시아와, 러시아의 침공을 돕는 벨라루스라는 점을 들어 러시아의 제안을 거부했다.

정답 ④

03 국가위기경보시스템의 4단계 경보 시스템을 낮은 단계부터 높은 단계로 바르게 나열한 것은?

① 관심–주의–경계–심각
② 관심–경계–주의–심각
③ 주의–관심–경계–심각
④ 주의–경계–관심–심각

해설 국가위기경보시스템은 안보위기 및 자연재해, 전염병 등 국가적 위험에 대비한 조기경보시스템으로, 위기상황에 따라 '관심–주의–경계–심각' 등으로 발령된다.

🗁 울진 산불 확산...원전 사수 총력전

3월 4일 경북 울진에서 발생한 산불이 강풍을 타고 번져 큰 피해를 낳았다. 특히 산불이 한울원전 경계선 안까지 번져 큰 우려를 낳았지만, 소방당국의 필사적인 방어로 원전 주변은 안전 상태로 지킬 수 있었다. 하지만 삼척으로 이어진 산불이 호산리 LNG 생산기지를 위협하면서 소방당국은 또 한 번 총력 방어진을 구축했다.

산림청에 따르면 3월 4일 발생한 불은 오전 11시 17분께 경북 울진군 북면 두천리 야산에서 시작됐다. 도로변에서 발생한 불이 순식간에 인근 산 정상 부근으로까지 번졌다. 당국은 오후 1시 50분 전국 소방동원령 1호를 발령한데 이어 오후 2시 10분에 산불재난 국가위기경보 '심각'(최고 단계)을 발령했다. 중앙재난안전대책본부는 3월 11일 오전, 울진·삼척·동해·강릉 등 울진·강원산불로 피해를 본 면적이 서울 면적의 39.6%(2만3993ha)에 달한다고 발표했다.

정답 ①

04 기업이 사용 전력의 100%를 재생에너지로 전환하겠다고 약속하는 국제 캠페인은?

① ESG
② RE100
③ Fit for 55
④ 2050 LEDS

해설 RE100(Renewable Energy 100%)에 대한 설명이다. RE100은 2014년 영국 런던의 다국적 비영리기구 '더 클라이밋 그룹'에서 발족됐다. RE100은 국제사회가 협약에 따라 강제한 것이 아닌, 기업들이 자발적으로 참여하는 일종의 캠페인이라는 점에서 의미가 깊다.

🗁 인천국제공항, 아시아 공항 최초로 'RE100' 가입

▲ 인천국제공항

지난 2월 27일 인천국제공항공사는 아시아 공항 가운데 최초로 인천국제공항이 RE100에 가입했다고 밝혔다. RE100은 기업이 사용 전력의 100%를 재생에너지로 전환하겠다고 약속하는 국제 캠페인으로, 구글·애플·마이크로소프트 등 글로벌 기업들을 포함해 세계 350여 개 기업이 참여하고 있다.

인천국제공항공사는 "2040년까지 공항 운영에 필요한 전력을 100% 재생에너지로 전환하겠다"며 RE100 권고기준인 2050년보다 10년을 앞당긴 목표를 밝혔다. 인천국제공항의 재생에너지 전환 계획에 따르면 2030년까지는 인천국제공항은 전력 사용량의 60%를, 2040년까지는 100%를 태양광, 지열 등 재생에너지로 공급할 방침이다.

정답 ②

05 탈원전 정책으로 2021년 건설 계획이 폐기된 원자력발전소는?

① 고리 원자력 발전소
② 월성 원자력 발전소
③ 천지 원자력 발전소
④ 한빛 원자력 발전소

해설 천지 원자력 발전소는 2014년도에 계획하고 준공 중이었지만, 정부의 탈원전 정책으로 2021년 건설 계획이 폐기됐다.

🗁 문 대통령 "원전, 향후 60년 주력 전원"

문재인 대통령은 2월 25일 "원전이 지속 운영되는 향후 60여 년 동안 원전을 주력 기저전원으로 충분히 활용해야 한다"고 말했다. 대선을 앞둔 시점에 야권을 중심으로 문재인 정부의 '탈원전 기조'에 대한 공세가 이어지는 상황에서 탈원전 태도를 바꾼 듯한 문 대통령의 이번 발언의 배경이 주목을 받았다. 문 대통령은 "우리나라의 경우 원전 밀집도가 세계 최고인 데다 특정 지역에 밀집돼 있어 사고가 나면 그 피해를 감당하기 어렵기 때문에 에너지 믹스 전환은 불가피하다"고 진단했다.

문 대통령은 건설이 지연되고 있는 신한울 1·2호기와 신고리 5·6호기를 언급하며 "가능하면 이른 시간 내에 단계적으로 정상가동을 할 수 있도록 점검해 달라"고 주문했다. 문 대통령은 원전기술에 대해서도 "세계적인 선도 기술을 확보하는 것이 중요하다"며 "원전의 안전성을 높이기 위한 기술, 원전해체 기술, SMR(소형모듈원자로) 연구, 핵융합 연구에 속도를 내고 사용후핵연료 처리 방침도 조기에 검토해 결론을 내달라"고 지시했다. **정답 ③**

06 한국거래소에서 매매할 수 있는 종목으로 지정하는 것을 무엇이라고 하는가?

① 상장
② 기채
③ 증자
④ 기업공개

해설 상장(上場)에 대한 설명이다.
② 기채 : 자금수요자가 채권 발행으로 자금을 조달하는 추상적 시장
③ 증자 : 주식을 발행해 회사의 자본금을 증가시키는 것
④ 기업공개 : 기업의 주식 및 경영 내용의 공개

🗁 맘스터치 자진 상폐 추진..."가맹점주 이익 극대화"

▲ 맘스터치 매장 (맘스터치 홈페이지 캡처)

치킨·버거 프랜차이즈 맘스터치가 자진 상장폐지를 추진한다. 2016년 합병 방식으로 코스닥 상장 후 6년 만이다. 2월 20일 맘스터치 최대주주 한국에프앤비홀딩스는 맘스터치의 상장폐지를 위해 공개매수를 결정했다고 공시했다. 회사 측은 "공개매수자는 보유하지 않은 대상 회사 잔여 주식 전부를 취득하고 관련 법령 등을 충족하는 경우 자발적 상장폐지를 신청하고자 한다"고 말했다.

맘스터치는 상장사다 보니 이슈가 자주 발생하는 등 외부 요인에 인해 가맹점주들이 피해를 봤고 프랜차이즈 본연의 사업에 더 집중해 가맹점주 이익을 극대화하기 위한 조치라고 주장했다. 맘스터치는 작년 가맹점에 프로모션 동의여부와 원재료 가격 인상의 일방성 등 문제를 제기하면서 시작된 맘스터치가맹점주협의회 구성 과정을 주도한 맘스터치 상도역점주에게 가맹계약 해지를 통보한 것 등으로 가맹사업거래법 위반혐의를 받아 공정거래위원회로부터 조사를 받고 있다. **정답 ①**

07 아프리카돼지열병에 관한 설명으로 옳지 않은 것은?

① 돼지 치사율이 100%에 이른다.
② 사람과 동물 모두 감염될 수 있다.
③ 사용가능한 백신이나 치료제가 아직 없다.
④ 바이러스 생존력이 매우 높아 냉동 상태로도 생존할 수 있다.

해설 인수공통감염병이 아니므로 ASF에 감염된 돼지고기를 먹어도 사람이 감염될 우려는 없다.

📂 **아프리카돼지열병 빠르게 남하...지자체 초비상**

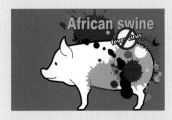

야생 멧돼지를 매개로 한 아프리카돼지열병(ASF, 'African Swine Fever')이 빠른 속도로 남하하고 있다. 지난 2월 8일 경북 상주시에서 ASF에 감염된 멧돼지 5마리가 나온 이후로 울진에서도 바이러스가 검출됐다. 현재까지 경북지역 양돈농가 감염 사례는 보고되지 않았지만, 2월 16일부터 나흘 연속 ASF 감염 멧돼지가 발견되면서 추가 확산 우려가 큰 상황이다.

당장 ASF 바이러스를 마주한 지자체들은 비상이 걸렸다. ASF는 현재까지 예방 백신이 개발되지 않아 치사율이 100%에 육박하기 때문이다. 바이러스 생존력도 매우 높아 냉장 또는 냉동 상태로도 수개월에서 수년간 생존할 수 있는 것으로 알려졌다. 농림축산식품부는 2월 28일 보은, 상주, 울진과 인접 시군에 'ASF 위험주의보'를 발령했다. 한편, 국내에서 처음으로 ASF 바이러스가 발견된 시기는 2019년 9월 17일이다.

정답 ②

08 코로나19의 완전 퇴치는 힘들다는 것을 인정하고, 확진자 수 억제보다 치명률을 낮추는 새로운 방역체계로의 전환을 뜻하는 용어는?

① 엔데믹
② 큐코노미
③ 위드 코로나
④ 코로나 디바이드

해설 위드 코로나(With-Corona)에 대한 설명이다.
① 엔데믹 : 종식되지 않고 주기적으로 발생하거나 풍토병으로 고착화된 감염병
② 큐코노미 : 대면 소비를 꺼리는 불안심리가 확산되면서 정부가 돈을 풀어도 소비로 이어지지 않는 현상
④ 코로나 디바이드 : 코로나19 사태로 사회의 양극화가 심해지는 현상

📂 **영국 모든 법적 코로나 방역규정 폐지**

영국이 확진자 자가격리와 무료검사를 없애는 등 코로나19 유행이 시작된 지 2년 만에 완전한 '위드 코로나'로 이행했다. 보리스 존슨 영국 총리는 2월 24일(현지시간)부터 자가격리를 포함해서 법적 방역규정을 모두 폐지한다고 2월 21일 의회에서 밝혔다. 4월 1일부터는 코로나19 무료신속검사도 중단한다. 단, 유증상 고령층 등은 계속 무료 신속검사를 받을 수 있다.

존슨 총리는 지난 2년간 노력으로 인해 정부 규제에서 개인 책임으로 넘어갈 수 있는 단계가 됐다고 말했다. 그는 코로나19 바이러스가 갑자기 사라지지는 않을 것이므로 코로나19와의 전쟁이 끝난 뒤에야 방역규제를 없애려고 하면 영국인들의 자유가 너무 오랜 기간 제한되며 이는 옳은 방식이 아니라고 주장했다. 그는 새로운 변이가 또 나타날 것에 대비해 감시 시스템을 유지할 것이며 백신은 충분히 확보해놨다고 말했다.

정답 ③

09 방역패스에 대한 설명으로 옳지 않은 것은?

① 단계적 일상회복 방안 중 하나로 시행됐다.
② 코로나19 백신 접종을 완료하거나 코로나19 음성을 확인했다는 일종의 증명서다.
③ 방역패스 시행이 중단될 경우 다중이용시설 입장 시 QR코드 인증이 필요 없다.
④ 2022년 3월 1일 이후 유흥시설을 제외한 모든 시설에서 방역패스가 해제됐다.

해설 2022년 3월 1일부터 방역패스가 전면 해제됐다. 기존에 방역패스가 적용됐다가 해제된 시설은 ▲유흥시설(유흥주점·단란주점·클럽·나이트·헌팅포차·감성주점·콜라텍·무도장) ▲노래(코인)연습장 ▲실내체육시설 ▲목욕장업 ▲경륜·경정·경마, 카지노 ▲식당·카페 ▲멀티방 ▲PC방 ▲스포츠경기장(실내) ▲파티룸 ▲마사지업소·안마소 등 11종의 다중이용시설이다. ▲의료기관 ▲요양시설·병원 ▲중증장애인·치매시설 ▲경로당·노인복지관 등 감염취약시설에서 입원·입소자 면회 때 적용하던 방역패스도 중단됐다.

📁 3월 1일부터 방역패스 전면 해제

3월 1일부터 전국에서 방역패스(접종증명·음성확인제) 시행이 전면 중단됐다. 중앙재난안전대책본부에 따르면 정부는 이날 0시부터 식당·카페 등 11종의 시설, 감염취약시설, 50인 이상의 모임·집회·행사 등에 대한 방역패스 적용을 전면적으로 중단했다. 방역패스가 중단됨에 따라 다중이용시설 등 입장 시에 QR코드를 인증하거나 음성확인서를 제시할 필요가 없어졌다.

방역패스 중단은 작년 11월 도입 이후 4개월 만의 일이다. 정부는 확진자 폭증에 따른 관리 여력 효율화, 중증화율이 낮은 오미크론 변이 특성 등을 고려해 방역 조치를 계속해서 풀고 있다. 다만, 이번 조치는 잠정적인 것으로 향후 새로운 변이 발생, 백신 접종 상황 등에 따라 방역패스를 재개할 수도 있다.

정답 ④

10 2021년에 진행된 정상외교 중 서울에서 진행된 것은?

① 유엔 총회
② G7 정상회의
③ P4G 정상회의
④ COP26 정상회의

해설 개도국의 기후변화 대응을 돕는 상생공동체인 P4G 정상회의는 지구 최대 현안인 기후변화 대응과 지속가능발전목표(SDGs) 달성을 가속화하기 위해 2017년에 출범한 글로벌 이니셔티브. 2021년 5월 30일 서울에서 열렸다. P4G 회원국은 대륙별 중견국가 12개국(덴마크·네덜란드·에티오피아·케냐·남아프리카공화국·한국·방글라데시·베트남·인도네시아·콜롬비아·멕시코·칠레)이다.

📁 文 정부 정상외교, 5년간 141차례

▲ 2021년 9월 유엔 총회에 참석하기 위해 미국 하와이 호놀룰루에 도착한 문재인 대통령 (자료 : 청와대)

정부가 2월 22일 '문재인 정부 정상외교 후속조치 추진 성과'에 대해 보고하면서 문재인 대통령 취임 후 정상외교 성과와 관련해 "지난 5년간 글로벌 선도국가로서의 위상이 높아졌다"고 자평했다. 보고에 따르면 문 대통령은 취임 후 56개국 방문, 56개국 외빈 방한, 화상 정상회담·회의 29회 등 총 141회의 정상외교를 소화했다.

외교부는 "G7(주요 7개국) 정상회의에 2년 연속 초청받고, 역대 대통령 중 처음으로 5년 연속 유엔총회에 참석했다"며 "국제사회의 책임 있는 국가로서 역할을 강화했다"고 밝혔다. 외교의 대표적인 사례로는 지난 1월 아랍에미리트(UAE) 방문 당시 체결된 탄도탄 요격미사일 체계 '천궁-II' 수출 계약이 꼽혔다. 이와 함께 기후변화, 보건·백신협력 등 글로벌 현안 대응을 주도한 것 역시 정상외교의 성과로 소개했다.

정답 ③

11 '2030 서울도시기본계획'에 명시된 주거용 건축물의 층고 제한은?

① 50층 이하
② 45층 이하
③ 40층 이하
④ 35층 이하

해설 박원순 전 서울시장 시절 수립된 '2030 서울도시기본계획'에 따라 무분별한 돌출 경관을 방지하는 목적으로 주거용 건축물의 높이는 서울 전역에서 일률적으로 '35층 이하'로 제한됐다. 오세훈 서울시장은 주거용 건축물에 일률적으로 적용해온 35층 규제를 없애기로 했다.

📁 **서울 아파트 층고제한 폐지...스카이라인 확 바뀐다**

서울시가 주거용 건축물에 일률적으로 적용해온 층고 규제를 없애기로 했다. 오세훈 서울시장은 지난 3월 3일 이 같은 내용을 담은 '2040 서울도시기본계획'을 발표했다.

도시기본계획은 국토계획법에 따른 최상위 법정계획으로, 각종 도시계획의 지침이 된다. 이번에 발표된 서울도시기본계획은 오 시장 취임 후 처음 수립해 발표된 장기 종합계획이다.

이번 계획에 따르면 종전 '2030 서울도시기본계획'에 명시된 높이 기준이 삭제된다. 2014년 박원순 전 서울시장 시절 수립된 '2030 계획'은 무분별한 돌출 경관을 방지한다는 목적으로 주거용 건축물의 높이를 서울 전역에서 일률적으로 '35층 이하'로 제한하는 내용을 뒀다. 서울시는 이런 높이 규제가 획일적인 스카이라인을 이끌었다고 보고 2040 계획에서 이를 폐지하기로 했다.

정답 ④

12 한국의 사드 배치에 대한 보복 조치로 적용된 중국 내 한국 대중문화 금지 조치를 일컫는 말은?

① 판호
② 한한령
③ 중국 동북공정
④ 중국 문화공정

해설 한한령(限韓令)은 지난 2016년 7월 한국의 사드(THAAD·고고도 미사일방어체계) 배치가 확정된 후부터 이에 대한 보복 조치로 적용된 중국 내 한류 금지령이다. 중국 정부는 공식적으로 한한령을 인정하지 않았지만, 한류 열풍이 최고조였던 시기에 우리나라의 대중문화 분야는 한한령의 직격탄을 맞았다.

📁 **심의 통과한 '밥 잘 사주는 예쁜 누나' 중국서 방영**

▲ 드라마 '밥 잘 사주는 예쁜 누나' (자료: JTBC)

JTBC 드라마 '밥 잘 사주는 예쁜 누나'가 3월 3일부터 중국에서 방영되기 시작했다. '밥 잘 사주는 예쁜 누나'는 중국 3대 OTT(온라인동영상서비스) 서비스 중 하나인 아이치이에서 3월 3일 오후 8시부터 방영을 시작했다. 손예진, 정해인이 출연한 이 드라마는 지난 2018년 JTBC에서 방영돼 시청률 7.3%를 기록하며 인기를 끌었다.

'밥 잘 사주는 예쁜 누나'의 중국 방영은 한한령이 본격화한 2017년 이후 처음으로 광전총국(방송 규제 당국) 심의를 통과한 사례로, 중국의 한한령 해제에 대한 기대감이 나오고 있다. 한편, 지난 1월에 이영애 주연의 드라마 '사임당 빛의 일기'가 중국에서 방영된 바 있지만, 이는 한한령 직전인 2016년 11월에 심의를 마쳤다가 올해 1월 방영한 것이었다.

정답 ②

13 2026 동계패럴림픽 개최 예정지는?

① 러시아 소치
② 대한민국 평창
③ 이탈리아 토리노
④ 이탈리아 밀라노, 코르티나담페초

해설 2026 동계올림픽과 동계패럴림픽 개최 예정지는 이탈리아 밀라노, 코르티나담페초다. 패럴림픽은 올림픽이 개최된 곳에서 올림픽을 마친 뒤 연이어 개최된다.

📂 2022 베이징 동계패럴림픽 '생명의 피어남' 주제로 개막

제13회 베이징 동계패럴림픽이 올림픽 폐막식 이후인 3월 4일 개막했다. 6개 종목 78개 경기에서 경쟁하는 이번 패럴림픽에 한국 선수는 총 32명이 참가했다. 이날 '생명의 피어남'을 주제로 열린 개회식에서 우리나라 선수단은 휠체어컬링 백혜진 선수를 기수로 해 35번째로 입장했다.

한편, 이번 동계패럴림픽에는 러시아와 벨라루스 선수단의 참가가 불발됐다. 국제패럴림픽위원회(IPC)는 3월 3일 오전 긴급회의를 열고 러시아와 벨라루스 선수단의 패럴림픽 참가를 불허하기로 했다고 밝혔다. 우크라이나를 침공한 러시아와 이에 동조한 벨라루스에 제재를 가해야 한다는 다른 국가들의 주장을 받아들인 결정이다.

정답 ④

14 아시아 배우 최초로 아카데미 시상식에서 연기상을 받은 배우는?

① 윤여정
② 장쯔이
③ 산드라 오
④ 미요시 유메키

해설 아시아 배우가 아카데미 시상식에서 연기상을 받은 건 1957년 일본 배우 미요시 유메키가 최초다. 미요시 유메키는 '사요나라'에서 말론 브란도와 호흡을 맞춰 여우조연상을 받았다. 이후 64년만인 2021년에 윤여정은 아시아 배우 두 번째이자 한국 배우 최초로 아카데미 시상식에서 여우조연상을 받았다.

📂 윤여정, 올해는 시상자로 아카데미 시상식 간다

지난해 영화 '미나리'의 순자 역할로 한국 배우 최초로 미국 아카데미 시상식에서 여우조연상을 받은 윤여정이 올해는 시상자로서 무대 위에 선다. 아카데미상을 주관하는 미국 영화예술과학아카데미(AMPAS)는 윤여정이 오는 3월 27일(현지시간) 열리는 제94회 시상식에 시상자로 참석한다고 SNS를 통해 밝혔다.

▲ 아카데미가 발표한 시상자 명단에 윤여정이 포함됐다. (아카데미 인스타그램 캡처)

윤여정이 시상자로 나서는 것은 전년도 수상자를 시상자로 초청하는 아카데미 시상식의 관례에 따른 것으로 보인다. 윤여정이 어떤 부문을 시상할지는 알려지지 않았지만, 그간의 아카데미 관례를 고려했을 때 윤여정은 올해 남우조연상을 시상할 것으로 보인다. 한편, 이번에 발표된 아카데미 시상식 시상자 명단에는 윤여정을 비롯해 케빈 코스트너, 조 크라비츠, 레이디 가가, 크리스 록 등 세계적인 스타들이 포함됐다.

정답 ④

15 드라마 '오징어게임'으로 한국인 최초로 골든글로브 남우조연상을 수상한 인물은?

① 이정재
② 허성태
③ 박해수
④ 오영수

해설 드라마 '오징어게임'에서 오일남 역을 맡은 배우 오영수는 한국인 최초로 2022년 골든글로브 시상식에서 남우조연상을 수상했다.

🗀 '오징어게임' 미배우조합상 3관왕…이정재·정호연 남녀주연상

▲ 미국배우조합상을 받은 이정재와 정호연 (SAG 인스타그램 캡처)

넷플릭스의 한국 드라마 '오징어게임'이 미국배우조합(SAG)상 3관왕에 올랐다. 2월 27일(현지시간) 미국 로스앤젤레스(LA) 카운티 샌타모니카 바커행어 이벤트홀에서 열린 SAG 시상식에서 이정재는 '오징어게임'으로 남우주연상, 정호연은 여우주연상을 각각 받았다. 한국 배우가 TV 드라마 연기로 SAG 남녀주연상을 받은 것은 처음이다. 또 비영어권 배우가 드라마로 미국 배우조합이 주는 개인 연기상을 받은 것도 최초다.

'오징어 게임'은 시상식에 앞서 발표한 TV 드라마 스턴트 부문 앙상블상에도 선정됐다. 다만 최고 영예인 TV 드라마 시리즈 앙상블 최고 연기상 수상은 불발됐다. 앙상블상은 '석세션'에 돌아갔다. 앞서 영화 '기생충'은 SAG 시상식에서 배우 전체에게 주는 앙상블상을, '미나리'의 윤여정은 여우조연상을 받은 바 있다.

정답 ④

---

16 이탈리아에서 열리는 아동도서전에서 수여하며 올해 이수진·최덕규 작가가 받기도 한 상은?

① 뉴베리상
② 볼로냐 라가치상
③ 한스 크리스티안 안데르센상
④ 아스트리드 린드그렌상

해설 볼로냐 라가치상은 이탈리아 볼로냐국제아동도서전에서 한 해 동안 전 세계에서 출간된 어린이 도서 가운데 각 분야의 최고 아동서를 대상으로 수여하는 상으로 1966년에 제정됐다.

🗀 그림책 작가 이수지·최덕규 볼로냐 라가치상 수상

한국 그림책 작가 2명이 세계적으로 권위 있는 어린이도서 상인 볼로냐 라가치상을 수상했다. 2월 23일 이탈리아에서 열린 볼로냐 아동도서전에서 이수지 작가의 그림책 『여름이 온다』가 올해 볼로냐 라가치상 픽션 부문을, 최덕규 작가도 『커다란 손』으로 논픽션 부문 스페셜 멘션을 수상했다. 이 작가는 지난해에도 중국 작가 차오원쉬엔의 글에 그림을 그린 『우로마』(책읽는곰)로 이 부문에서 지난해에 이어 2년 연속 수상했다.

픽션 부문의 『여름이 온다』는 물놀이와 비발디의 '사계' 중 '여름'을 접목한 그림책이다. 비발디의 '사계'는 이 작가의 아이들이 좋아했던 곡으로, 함께 음악을 들으며 느꼈던 그 감흥을 여름날의 물놀이와 함께 표현했다. 논픽션 부문의 『커다란 손』은 아버지의 돌봄으로 자란 아들이 어른이 되어 늙어가는 아버지를 돌보는 이야기를 담았다. 볼로냐 라가치상은 세계적인 어린이책 도서전인 볼로냐 도서전에서 어린이책과 그림책에 시상하는 상이다. 픽션, 논픽션, 코믹스, 시 분야 등으로 나뉘어져 있으며, 픽션과 논픽션 부문에서는 '위너' 한 작품과 '스페셜 멘션' 세 작품이 선정된다.

정답 ②

01 다음 중 예금자보호법이 적용되지 않는 금융상품은?

① 저축예금
② 주택청약예금
③ 어음관리계좌
④ 환매조건부채권

해설 은행 금융상품 중 예금자보호법이 적용되지 않는 금융상품으로는 ▲환매조건부채권(RP) ▲양도성예금증서(CD) ▲금융투자상품[수익증권·뮤추얼펀드·머니마켓펀드(MMF) 등] ▲특정금전신탁 등 실적배당형 신탁 ▲은행 발행채권 ▲주택청약저축 ▲주택청약종합저축 등이 있다.

정답 ④

02 EU 가입국 가운데 유로화를 쓰지 않는 나라는?

① 헝가리
② 핀란드
③ 그리스
④ 슬로바키아

해설 헝가리, 스웨덴, 크로아티아, 덴마크 등은 유럽연합(EU)에 속해 있지만 대내외적 이해관계에 따라 유로화를 쓰지 않고 있다.

정답 ①

03 『21세기 자본』의 저자는?

① 리처드 탈러
② 토마 피케티
③ 대니엘 카너먼
④ 그레이엄 앨리슨

해설 프랑스 경제학자 토마 피케티(Thomas Piketty, 1971~)는 자산수익률이 경제성장률보다 커지면서 소득불평등이 갈수록 심화될 수밖에 없다고 자본주의 체제를 분석한 2013년 저서 『21세기 자본(Capital in the 21st Century)』을 통해 세계적으로 주목받았다.

정답 ②

04 유권자에게 추진 일정과 예산 확보의 근거 등을 구체적으로 제시한 공약은?

① 페이고
② 옴부즈만
③ 매니페스토
④ 마니 풀리테

해설 매니페스토(manifesto)에 대한 설명이다. 매니페스토는 라틴어로 '증거'라는 뜻의 마니페스투스(manifestus)에서 유래된 말이다. 매니페스토는 일반적인 공약과 달리 구체적인 실천 방안, 우선 순위, 예산방침까지 제시한다. 즉 기간·목표·공정·재원의 구체적인 수치 목표를 제시한 선거공약을 일컫는다.

정답 ③

05 미국의 대통령·상원의원·하원의원의 임기를 합한 값은?

① 11년
② 12년
③ 13년
④ 14년

해설 미국에서 대통령 임기는 4년(중임제), 상원의원 6년, 하원의원 2년이다. 따라서 4년+6년+2년=12년이다.

정답 ②

06 매년 1월 스위스에서 전 세계 오피니언 리더들이 모여 미래를 논하는 회의는?

① 제네바 회의
② 다보스 포럼
③ 퍼그워시 회의
④ G20 정상회의

해설 다보스 포럼(Davos Forum)에 대한 설명이다. 다보스 포럼의 정식 명칭은 세계경제포럼(WEF, World Economic Forum)이지만 스위스 휴양 도시 다보스에서 열림에 따라 다보스 포럼이라는 명칭으로 더 잘 알려져 있다.

정답 ②

07 우리나라 최초의 민영 신문은?

① 황성신문
② 한성순보
③ 매일신문
④ 독립신문

해설 1896년 4월 7일 발간된 독립신문은 우리나라 최초의 민영(民營 : 민간인이 경영하는) 신문이자 한글 신문이다.
① 황성신문 : 우리나라 최초의 영자신문
② 한성순보 : 우리나라 최초의 근대적 신문
③ 매일신문 : 우리나라 최초의 순한글 일간신문
정답 ④

08 실업률이 낮을수록 물가상승률이 높고 반대로 실업률이 높을수록 물가상승률이 낮음을 나타낸 지표는?

① 지니계수
② 로렌츠 곡선
③ 필립스 곡선
④ 10분위 분배율

해설 필립스 곡선(Phillips curve)은 인플레이션율과 실업률 간에 역(逆)의 상관관계가 있음을 나타내는 지표다.
①지니계수, ②로렌츠 곡선, ④10분위 분배율은 모두 소득분배의 불평등 정도를 측정하는 통계지표다.
정답 ③

09 영국의 민주주의 발달과 관련된 사건을 시대적 순서에 맞게 배열한 것은?

① 마그나 카르타 – 권리청원 – 청교도 혁명 – 권리장전 – 차티스트운동
② 마그나 카르타 – 청교도 혁명 – 권리청원 – 차티스트운동 – 권리장전
③ 청교도 혁명 – 마그나 카르타 – 권리장전 – 차티스트운동 – 권리청원
④ 권리청원 – 마그나 카르타 – 권리장전 – 청교도 혁명 – 차티스트운동

해설 마그나 카르타(1215년) – 권리청원(1628년) – 청교도 혁명(1642~1660년) – 권리장전(1689년) – 차티스트운동(1838~1848년)
정답 ①

10 구텐베르크가 금속 활판 인쇄술을 사용한 때와 가장 가까운 시기에 벌어진 우리나라의 역사적 사건은?

① 한글 창제
② 조선 개국
③ 조선경국전 저술
④ 직지심체요절 간행

11 다음 중 유네스코 세계문화유산이 아닌 것은?

① 중국 대운하
② 일본 군함도
③ 싱가포르 보타닉가든
④ 대한민국 팔만대장경

12 수용자의 집단적 요청과 제보를 중심으로 기사가 생산되는 저널리즘 형태는?

① 블랙 저널리즘
② 하이프 저널리즘
③ 그래프 저널리즘
④ 크라우드소싱 저널리즘

부산항보안공사 2022년 2월 12일

01 다음 중 맥킨지 7S 모델에 포함되지 않는 것은?

① 제품
② 전략
③ 구성원
④ 스타일
⑤ 조직구조

해설 맥킨지 7S 모델은 글로벌 컨설팅 업체인 맥킨지 앤드 컴퍼니가 개발한 조직진단 도구로서 ▲공유가치(Shared value) ▲전략(Strategy) ▲조직구조(Structure) ▲시스템(System) ▲구성원(Staff) ▲스킬(Skill) ▲스타일(Style) 등 영문자 S로 시작하는 7개 요소로 구성된다. 이들 7개 요소의 특성과 각 요소 간 상호 연관성을 분석함으로써 현재 조직 상태를 진단할 수 있다.

❖ **맥킨지 7S 모델**

공유가치 (Shared value)	모든 조직구성원들이 공유하는 기업의 핵심 이념이나 가치관, 목적
전략(Strategy)	조직의 장기적 계획 및 목표를 달성하기 위한 수단이나 방법
조직구조(Structure)	전략을 실행해 가기 위한 틀, 조직도
시스템(System)	조직의 관리체계나 운영절차, 제도
구성원(Staff)	조직 내 인력 구성
스킬(Skill)	전략을 실행하는 데 필요한 영업력, 마케팅 등 구체적 요소
스타일(Style)	조직을 이끌어가는 관리자의 경영 방식이나 리더십 스타일

02 다음 중 일반적으로 수요의 가격 탄력성이 가장 작은 재화는?

① 쌀
② 의류
③ 신발
④ 화장품
⑤ 비행기 항공권

해설 가격 변화에 수요가 얼마나 민감하게 변하는가를 수요의 가격 탄력성이라고 한다. 수요의 가격 탄력성은 가격의 변동 폭보다 수요가 적게 변하면 비탄력적이라고 하고 가격 변동 폭보다 크게 변하면 탄력적이라고 한다. 탄력성 지수는 1을 기준으로 어떤 재화의 탄력성이 1보다 작으면 비탄력적, 1보다 크면 탄력적이라고 한다.

쌀과 같은 생필품은 가격이 변동돼도 수요에 큰 변화가 없다. 쌀값이 올랐다고 밥을 먹지 않고 살 수는 없기 때문이다. 이러한 생필품의 가격 탄력성은 보통 1보다 작다. 즉 가격이 1만큼 변해도 수요량 변화는 1보다 작다는 것이며 이러한 재화를 비탄력적인 재화라고 한다.

03 〈보기〉의 빈칸에 들어갈 말은?

| 보기 |

독일의 사회학자 F. 퇴니에스가 주장한 것으로, 그에 의하면 (   )(이)란 선택의지에 입각한 사람들의 수단적·일면적 결합체를 의미한다. 이는 기업, 국가, 단체 등과 같이 선택에 의해 만들어진 사회로, 경제적이고 정치적인 이익을 중요시한다.

① 생활세계
② 게젤샤프트
③ 게마인샤프트
④ 제1차 집단
⑤ 제2차 집단

해설 게젤샤프트(gesellschaft·이익사회)에 대한 설명이다. 게젤샤프트는 근대 사회에서 게마인샤프트(gemeinschaft·공동사회) 시대 다음으로 성립하며, 이익 사회의 특성상 사람들 사이의 긴장 관계와 개인의 원자화 및 사회적 소외를 초래한다.
게마인샤프트는 게젤샤프트에 대치되는 개념으로 혈연·지연·애정 등의 본질 의지를 바탕으로 하는 공동 사회다. 게마인샤프트는 전통이나 관습, 종교 등이 강력히 지배하고 정서적 일체감을 공유하고 있는 폐쇄적인 사회에서 성립한다.

04 유동성 함정을 가장 올바르게 설명한 것은?

① 중진국이 경제 성장 동력을 갖추기 어려워 정체된 상태
② 기업의 규모 확대와 함께 기업의 평균 비용이 증가하는 상태
③ 금리가 낮아지고 통화량이 증가해도 소비·투자 심리가 살아나지 않는 현상
④ 한 국가의 통화를 국제통화로 사용 시 그 국가의 국제수지에 따라 발생하는 모순
⑤ 자산의 소유자들이 비유동성 자산을 현금이나 은행 예금으로 바꾸려고 하는 성향

해설 금리가 어느 정도까지 내려가면 사람들은 곧 금리가 오를 것으로 예상하여 채권을 매입하지 않고 현금을 보유하려는 성향이 높아진다. 따라서 중앙은행이 아무리 통화량을 늘려도 사람들이 현금을 보유하고 있기 때문에 여러 가지 경제적인 파급 효과가 일어나지 않게 되는데 이를 유동성 함정이라고 한다.

05 프랜시스 베이컨의 4대 우상론에 포함되지 않는 것은?

① 동굴의 우상
② 종교의 우상
③ 극장의 우상
④ 시장의 우상
⑤ 종족의 우상

해설 프랜시스 베이컨(Francis Bacon, 1561~1626)은 인간의 선입견으로 생기는 허위를 4대 우상이라고 하며 ▲종족의 우상(집단의 공통된 성질에서 생기는 문제) ▲동굴의 우상(환경, 습관, 교육, 취미 등의 영향으로 인한 문제) ▲시장의 우상(사람들 간의 교제 및 언어가 사고를 제한하는 문제) ▲극장의 우상(역사, 종교, 전통 등을 믿으며 생기는 문제)을 지적했다.

06 마이클 포터의 5세력 모형에서 설명하는 세력이 아닌 것은?

① 고객
② 판매 촉진자
③ 전통적 경쟁자
④ 대체 제품과 서비스
⑤ 새로운 시장 진입자

해설 마이클 포터의 5세력 모형(five forces model)은 기업에 대한 5가지 경쟁세력을 나타낸 모형으로서 ▲전통적 경쟁자 ▲새로운 시장 진입자 ▲대체 제품과 서비스 ▲고객 ▲공급자 등 5개 경쟁 세력이 기업의 운명을 좌우한다고 보았다.

07 한계소비성향에 대한 설명으로 옳지 않은 것은?

① 한계소비성향이 클수록 1에 가까워진다.
② 한계소비성향과 한계저축성향을 합하면 1이 된다.
③ 소득 변화에 따라 소비가 얼마나 변동하는가를 나타낸다.
④ 고소득층은 저소득층보다 한계소비성향이 낮은 경향이 있다.
⑤ 한계소비성향이 낮을수록 재정정책의 효과가 커진다.

해설 한계소비성향이 높을수록 소득이 증가함에 따라 소비가 더 큰 폭으로 증가하므로 경제의 소비 증대 효과가 크다. 따라서 한계소비성향이 높을수록 재정정책(경기를 안정시키거나 부양하기 위해 정부의 세입과 세출 크기를 조정하는 경제정책)의 효과도 커진다.

08 어음 인수 후 금액을 받을 때까지의 기간, 즉 지불 기간이 정해져 있는 어음은?

① 상업어음
② 유전스빌
③ 표지어음
④ 진성어음
⑤ 트레이드빌

해설 유전스빌(usance bill)에 대한 설명이다. 유전스빌은 기한부 어음이라고도 하며 무역 대금 결제에서 많이 이용되고 있다. 유전스빌을 통해 수입업자는 정해진 어음 지급 기간까지 수입 화물을 처분해 그 매각 대금으로 어음을 결제할 수 있고 수출업자는 대금 회수가 원활하게 이뤄진다.

❖ 진성어음·표지어음

> 진성어음은 기업들이 상거래 시 대금의 결제를 위해서 발행하는 어음이다. 표지어음은 금융기관에서 기업의 진성어음을 바탕으로 고객들에게 새로 발행하는 어음이다. 표지어음은 금융기관이 보유하고 있는 각종 어음을 근거로 액면을 분할 또는 통합하거나 기간을 조정해서 고객들에게 적절한 이자를 주고 파는 것으로서 금융기관에 어음 할인 자금을 신속하게 회수할 수 있다는 이점이 있다.

정답 01 ① 02 ① 03 ② 04 ③ 05 ② 06 ② 07 ⑤ 08 ②

09 다음 쟁의 행위 가운데 가장 성격이 다른 것은?

① 파업
② 태업
③ 직장폐쇄
④ 준법투쟁
⑤ 사보타주

해설 직장폐쇄는 사용자 측의 노동쟁의 수단이고 ①파업 ②태업 ④준법투쟁 ⑤사보타주는 노동자 측의 쟁의 행위 수단이다. 직장폐쇄는 노사쟁의가 일어났을 때 사용자가 자신의 주장을 관철하기 위해서 공장이나 작업장을 폐쇄하는 것을 말한다. 사용자는 직장폐쇄를 통해 사업장에서 근로자들을 축출하고 업무 수행을 박탈함으로써 합법적으로 임금 지급을 하지 않을 수 있다.

10 〈보기〉에서 밑줄 친 이 나라에 대한 설명으로 옳은 것은?

| 보기 |

이 나라에서는 금이 많이 산출되어 사람들이 귀금속으로 치장하기를 즐겼다고 전해진다. 이 나라는 왕 아래에 가축의 이름을 딴 마가, 우가, 저가, 구가와 대사자, 사자 등의 관리가 있었다. 이들은 저마다 다른 행정 구획인 사출도를 다스리고 있었고 왕의 직접 통치하는 중앙과 합쳐 5부를 이루었다.

① 소도라는 신성 지역이 있었다.
② 민며느리제라는 혼인 풍속이 있었다.
③ 12월에 영고라는 제천 행사를 열었다.
④ 다른 씨족을 침범하면 책화라는 벌칙을 내렸다.
⑤ 특산물로 단궁과 과하마, 반어피 등이 유명했다.

해설 〈보기〉는 초기 국가인 부여에 대한 설명이다. 부여의 풍속에는 12월에 열리는 영고라는 제천행사가 있었다. 이는 하늘에 제사를 지내고 노래와 춤을 즐겼으며 죄수를 풀어 주기도 하는 수렵 사회의 전통을 보여 주는 것이다.

밀양시설관리공단 2022년 2월 19일

01 〈보기〉에서 설명하는 신문으로 옳은 것은?

| 보기 |

• 우리나라 최초의 민간 신문이다.
• 1986년 서재필 등이 창간했다.
• 한글판과 영문판으로 발행했다.

① 한성순보
② 황성신문
③ 제국신문
④ 독립신문
⑤ 대한매일신보

해설 〈보기〉는 독립신문(1896~1899)에 대한 설명이다. 독립신문은 정부의 지원으로 서재필이 창간한 우리나라 최초의 민간 신문으로 독립협회에서 한글판과 영문판을 발행했으며 정부 시책을 국민에게 전달하고 근대적 민권 의식을 고취하고자 했다.
① 한성순보(1883~1884) : 최초의 근대적 신문으로 박문국이 발행했다. 순한문체이며 정부 기관지적 성격을 지녔다. 열흘에 한 번씩 발행하다가 갑신정변 당시 박문국 파괴로 발행이 중단됐다.
② 황성신문(1898~1910) : 남궁억이 발행했고 국한문을 혼용했다. 양반 출신 유림층이 주된 독자였으며 을사늑약 직후 장지연이 '시일야방성대곡'을 게재했다.
③ 제국신문(1898~1910) : 이종일이 발행했고 순한글로 발행했다. 서민층과 부녀자가 주된 독자로 한글과 신교육의 중요성을 강조했다.
⑤ 대한매일신보(1904~1910) : 영국인 베델과 양기탁이 운영했고 순한글·국한문·영문판을 발행했다. 일본의 황무지 개간권 요구 반대 운동 및 국채보상 운동을 지원했다. 을사늑약의 부당성을 주장하기도 했으며 신채호, 박은식 등이 항일 의식 고취를 위해 애국 논설을 게재했다.

02 코로나19 백신 접종 완료자에 대한 방역패스(백신패스)의 유효 기간은 얼마인가?

① 14일　　　　　　② 6개월
③ 12개월　　　　　④ 18개월
⑤ 무제한

해설 중앙재난안전대책본부에 따르면 접종 완료자 기준은 화이자 백신, 모더나 백신, 아스트라제네카 백신, 노바백스 백신 및 교차접종 2차 접종 후 14일이 지나고 180일(6개월)이 지나지 않은 자(청소년 예외)이다. 얀센 백신은 1차 접종 후 14일이 지나고 180일이 지나지 않은 자이다.
2022년 1월 3일부터 코로나19 방역패스 유효기간이 적용되면서 180일이 경과하면 유효한 접종으로 인정받을 수 없다. 추가 접종을 하면 접종 당일부터 방역패스의 효력이 인정된다. 추가 접종이 권고되지 않는 12~17세 청소년에게는 접종 증명 유효 기간이 적용되지 않는다. 한편, 2022년 3월 1일부터 방역패스가 잠정 중단됐다. 그러나 향후 새로운 변이 및 접종 상황에 따라 방역패스는 재개 또는 조정될 수 있다.

03 2022 베이징 동계올림픽 마스코트 빙둔둔(氷墩墩)에서 둔둔이 의미하는 것은?

① 판다　　　　　　② 정직함
③ 친절함　　　　　④ 어린이
⑤ 우정

해설 2022 베이징 동계올림픽의 마스코트인 빙둔둔은 얼음 옷을 입고 있는 판다 캐릭터이며 둔둔(墩墩)은 중국에서 흔히 쓰이는 아이들의 애칭으로 건강하고 활발하며 귀엽고 두터운 인정이라는 뜻을 담고 있다. 이는 빙둔둔이 열심히 일하고 정직하며 친절한 중국인을 상징한다는 의미이다.
베이징 동계패럴림픽의 마스코트는 붉은색 전통 초롱을 형상화한 쉐룽룽(雪容融)이다. 쉐는 눈을 의미하며 순백과 아름다움을 상징하고 룽룽은 포용과 관용, 융합과 온화함을 의미한다.

04 환경부가 '자원의 절약과 재활용촉진에 관한 법률' 개정에 따라 2022년 6월부터 일회용 컵 보증금제를 시행하기로 했다. 이에 따라 카페나 패스트푸드점 등에서 일회용 컵에 음료를 담아 갈 때 내야 하는 보증금은 얼마인가?

① 100원　　　　　② 300원
③ 500원　　　　　② 700원
⑤ 1000원

해설 2022년 6월부터 스타벅스, 맥도날드, 이디야커피, 빽다방 등 105개 브랜드에서 일회용 컵에 음료를 담아가면 1개당 보증금 300원을 내야 한다. 이 보증금은 일회용 컵을 반납한 후 돌려받을 수 있다. 일회용 컵 보증금제는 재활용 가능한 플라스틱 컵 등이 버려지는 문제를 해결하기 위해 도입됐다.

05 지구온난화에 가장 큰 영향을 미치는 온실가스는?

① 메탄
② 아산화질소
③ 이산화탄소
④ 과불화탄소
⑤ 수소불화탄소

해설 온실가스(GHG, Green House Gas)는 지구온난화의 원인이 되는 대기 중 가스형태의 물질로, 지표면에서 반사되는 복사에너지를 흡수해 지구온도를 높이는 온실효과를 일으킨다. 교토의정서에서 규제 대상으로 규정한 6대 온실가스는 ▲이산화탄소(CO_2) ▲메탄(CH_4) ▲아산화질소(N_2O) ▲수소불화탄소(HFCs) ▲과불화탄소(PFCs) ▲육불화황(SF6)이며 이 가운데 이산화탄소의 양이 가장 많아 온난화에 가장 큰 영향을 미친다.

06 〈보기〉는 어떤 전염병에 대한 설명인가?

> ── 보기 ──
>
> 관목 숲에 사는 들쥐나 들새, 집쥐 등에 기생하는 진드기에 물려 전염되는 병으로 함께 가을철 3대 전염병의 하나로 손꼽힌다. 증상은 10일 정도의 잠복기를 거쳐 고열과 오한, 두통, 피부 발진·궤양 등이 나타나며 심한 경우 폐렴이나 신부전증 같은 합병증을 동반할 수 있다. 또 물린 자리에 1cm 정도 크기의 피부궤양이 생기며 일부 환자는 균이 중추신경계로 침범해 의식을 잃거나 고령자가 사망에 이르기도 한다.

① 발진열
② 발진티푸스
③ 렙토스피라
④ 유행성출혈열
⑤ 쓰쓰가무시병

해설 〈보기〉는 쓰쓰가무시병에 대한 설명이다. 쓰쓰가무시병은 유행성출혈열, 렙토스피라 등과 함께 가을철 3대 전염병의 하나로 손꼽힌다.

07 근로기준법이 일부 적용되지 않는 사업장 기준 인원은?

① 1인 기업 사업장
② 3인 이하 사업장
③ 4인 미만 사업장
④ 10인 이하 사업장
⑤ 20인 미만 사업장

해설 근로기준법은 상시 5명 이상의 근로자를 사용하는 사업 또는 사업장에 적용된다. 상시 4명 이하 근로자를 사용하는 사업 또는 사업장에 대해서는 대통령령으로 정하는 바에 따라 근로기준법의 일부 규정만 적용할 수 있다.

예를 들어 근로기준법에 규정된 ▲해고 제한(23조1항) ▲근로시간(50조) ▲연장근로 제한(53조) ▲대체휴일(55조2항) ▲연장·야간·휴일근로 수당(56조) ▲연차유급휴가(60조) ▲직장 내 괴롭힘의 금지(76조의2) 등은 모두 5인 미만 사업장에는 적용되지 않는다. 이처럼 5인 이하 사업장에서 근로하는 노동자들의 근로 조건 보호가 어려운 상황이다. 이에 5인 미만 사업장에 근로기준법 적용을 확대하자는 논의가 있으나 국회에서 난항을 겪으며 개정이 이뤄지지 않고 있다.

08 미국 SF 작가 닐 스티븐슨의 소설 『스노 크래시』에 처음 등장한 개념으로, 3차원 가상세계에서 아바타를 통해 다양한 활동을 할 수 있는 공간을 뜻하는 용어는?

① 유니버스 　　　② 메타버스
③ 가상현실 　　　④ 증강현실
⑤ 복합현실

해설 메타버스(metaverse)란 가상을 뜻하는 메타(Meta)와 우주를 뜻하는 유니버스(Universe)의 합성어로, 현실세계와 같은 사회·경제·문화 활동이 이뤄지는 3차원의 가상세계를 가리킨다. 1992년 미국 SF 작가 닐 스티븐슨의 소설 『스노 크래시』에 처음 등장한 개념으로, 5G의 상용화와 코로나19 팬데믹으로 비대면 추세가 확산하면서 주목받기 시작했다.
② 유니버스 : 여러 작품을 묶은 하나의 세계관
③ 가상현실(VR) : 컴퓨터로 만들어 놓은 가상의 세계에서 사람이 실제와 같은 체험을 할 수 있도록 하는 기술
④ 증강현실(AR) : 실제 세계에 3차원 가상물체를 겹쳐 보여주는 기술
⑤ 복합현실(MR) : 현실과 가상의 정보를 융합해 진화된 가상 세계를 만드는 기술

충북대학교병원 2022년 2월 19일

01 다음 중 서쪽에서 불어오는 바람은?

① 샛바람
② 마파람
③ 된바람
④ 하늬바람
⑤ 높새바람

해설 하늬바람은 맑은 날 서쪽에서 부는 서늘하고 건조한 바람이다.

❖ 풍향과 바람 이름

풍향	바람 이름
동풍	샛바람, 봄바람
서풍	하늬바람, 갈바람, 가을바람
남풍	마파람, 앞바람, 여름바람
북풍	된바람, 겨울바람
북동풍	높새바람

02 다음 중 고려 시대에 환자 진료와 빈민 구휼을 담당한 의료 구제 기관은?

① 의창
② 상평창
③ 혜민서
④ 위생국
⑤ 동·서 대비원

해설 동·서 대비원은 고려 시대 환자 진료 및 빈민 구휼을 담당한 의료 구제 기관으로서 개경의 동쪽과 서쪽에 설치했다.
① 의창 : 고려 시대 평시에 곡물을 저장했다가 흉년에 빈민을 구제한 기관
② 상평창 : 고려 시대 곡식과 베의 값이 내렸을 때 사들였다가 흉년이 들면 싸게 내다 팔아 물가 안정을 도모했던 기관
③ 혜민서 : 조선 시대 의약과 일반 서민의 치료를 맡아본 관청
④ 위생국 : 조선 후기 최초로 두었던 근대적 위생 행정 기구

03 다음 〈보기〉의 속담의 빈칸에 들어갈 말은?

보기
입춘 추위는 (   ) 해도 한다.

① 뭐라
② 꿔다
③ 말라
④ 너무
⑤ 에누리

해설 '입춘 추위는 꿔다 해도 한다'라는 속담은 새해 첫 절기이자 봄의 시작인 입춘(立春) 무렵에 늦추위가 빠짐없이 꼭 온다는 뜻이다.

04 한인애국단을 창단했으며 대한민국 임시정부 주석을 지낸 인물은?

① 이동휘
② 김구
③ 이동녕
④ 조만식
⑤ 이승만

해설 독립운동가 백범(白凡) 김구(金九, 1876~1949) 선생은 1931년 항일비밀결사인 한인애국단을 조직했으며 1940~1947년 대한민국 임시정부 주석을 역임했다.

05 생산가능인구의 나이 기준은?

① 15~64세
② 15~65세
③ 18~60세
④ 18~63세
⑤ 18~65세

해설 생산가능인구는 생산가능 연령인 15~64세 인구로서 비경제활동인구와 경제활동인구로 구분된다. 경제활동인구는 다시 실업자와 취업자로 나뉜다. 현역 군인 및 공익근무요원, 전투경찰, 형이 확정된 교도소 수감자, 외국인 등은 생산가능인구에서 제외한다.

06 다음 중 겉과 속이 다른 경우를 일컫는 사자성어는?

① 羊頭狗肉　　　② 朝三暮四
③ 集思廣益　　　④ 朝變夕改
⑤ 氷炭之間

해설 양두구육(羊頭狗肉)은 양의 머리를 걸어 놓고 개고기를 판다는 뜻으로써 겉과 속이 다른 속임수를 말한다.
② 조삼모사 : 간사한 꾀로 남을 속여 농락하는 것
③ 집사광익 : 여러 사람의 지혜를 모으면 더 큰 효과와 이익을 얻을 수 있음
④ 조변석개 : 아침에 바꾸고 저녁에 고침, 정책이나 계획이 수시로 바뀌는 모습
⑤ 빙탄지간 : 얼음과 숯불처럼 서로 화합될 수 없는 사이 또는 서로 성질이 반대인 사물

07 면허정지를 당하는 벌점 기준 하한은?

① 30점　　　　　② 40점
③ 50점　　　　　④ 70점
⑤ 100점

해설 사고나 법규 위반으로 한 번에 40점 이상 벌점을 받으면 바로 면허정지가 되며 누적된 벌점(처분벌점)과 새로 받은 벌점의 합이 40점을 넘어도 면허정지다. 40점 이상일 경우 1점당 1일 기준으로 면허가 정지된다. 40점이면 40일간, 60점이면 60일간 면허가 정지되는 것이다.
벌점이 40점 미만인 경우에서 1년이 지나면 벌점이 소멸된다. 무사고·도주차량 신고, 특별교통안전교육 이수 등을 하면 벌점이 소멸, 감경, 상계될 수도 있다.
운전면허 벌점의 누산점수가 1년간 121점 이상, 2년간 201점 이상, 3년간 271점 이상이면 운전면허가 취소된다.

08 다음 중 2022 베이징 동계올림픽의 슬로건은?

① 하나의 삶
② 하나의 세계, 하나의 꿈
③ 함께하는 미래로
④ 영원한 친구
⑤ 하나된 열정, 평화와 번영으로

해설 2022 베이징 동계올림픽의 슬로건은 '함께하는 미래로(Together for a Shared Future)'이다. ⑤'하나된 열정, 평화와 번영으로(Passion, Peace & Prosperity)'는 2018 평창 동계올림픽의 슬로건이었다.

09 〈보기〉는 어떤 인물에 대한 설명인가?

| 보기 |

그는 중국 최초의 중앙 집권적 통일제국을 세운 군주이다. 분서갱유와 대규모 토목공사 등으로 폭군이라는 평가를 받았다. 불로불사의 꿈을 꾸기도 했다고 전해지며 그의 무덤 부장품인 병마용이 오늘날까지 추가로 발굴되고 있다.

① 탕왕　　　　　② 걸왕
③ 진시황　　　　④ 이세민
⑤ 당태종

해설 진시황(秦始皇, B.C. 259 ～ B.C. 210)에 대한 설명이다.

❖ 병마용 (兵馬俑)

병마용은 중국 최초의 황제 진시황제의 무덤 부장품으로, 진시황의 사후 세계를 지킬 목적으로 만든 도제(陶製 : 흙을 구워서 만든 도자기 따위의 물건) 병마(兵馬 : 병사와 군마)를 일컫는 것이다. 병마용은 고급 군관, 중급 군관, 하급 군관, 일반 무사 등으로 분류된다. 병마용은 진시황의 강력한 권력을 상징할 뿐만 아니라, 실제 진나라 병사들처럼 정렬해 있어 당시의 군사 편제를 연구하는 사료로도 가치가 높다.

10 〈보기〉는 어떤 사상가의 주장에 대한 설명인가?

보기

그는 천하에 이익되는 것을 북돋우고 천하의 해가 되는 것을 없애는 것을 정치의 원칙으로 삼아야 한다고 주장했다. 이를 위해 유능하다면 농민이나 수공업자도 관리로 채용하는 상현(尙賢), 백성의 이익에 배치되는 재화와 노동력의 소비를 금지하는 절용(節用), 지배자가 자신의 이익만을 추구하는 약탈이나 백성 살상의 전쟁에 반대하는 비공(非攻), 타인을 사랑하며 자신과 타인의 이익을 서로 높이는 겸애(兼愛)를 주장했다.

① 맹자
② 묵자
③ 공자
④ 노자
⑤ 한비자

해설 〈보기〉는 묵자(墨子)에 대한 설명이다. 묵자는 제자백가의 하나인 묵가의 시조로 철기의 사용으로 생산력이 발전한 전국시대에서 농민, 수공업자, 상인 등 신흥계급의 입장에 서서 씨족 귀족의 정치와 지배에 맞선 사상을 전파했다.

11 다음 밑줄 친 부분 중 맞춤법이 잘못된 것은?

① 그는 앞으로 지낼 <u>전셋집</u>을 알아보고 있었다.
② 촬영이 끝나고 모두 모여 <u>뒤풀이</u>를 진행했다.
③ 영희는 시장에서 사 온 달걀의 <u>개수</u>를 세었다.
④ 그녀는 우연히 내가 사는 아파트 <u>윗층</u>에 거주하고 있었다.
⑤ <u>기와집</u> 물려준 자손은 제사를 두 번 지내야 한다.

해설 표준어규정에서는 순우리말이 들어간 합성어에는 사이시옷을 적지만 된소리나 거센소리 앞에서는 사이시옷을 쓰지 않도록 규정하고 있다. '위층'은 '위'와 '층'의 합성어로, 'ㅊ'이 거센소리이므로 사이시옷을 쓰지 않는다. 이밖에 한자어 결합에는 사이시옷을 적지 않지만 예외적으로 곳간(庫間), 셋방(貰房), 숫자(數字), 찻간(車間), 툇간(退間), 횟수(回數)만 사이시옷을 적는다.

정답 06 ① 07 ② 08 ③ 09 ③ 10 ② 11 ④

01 (가) 나라에 대한 설명으로 옳은 것은?

이것은 지린 성 라오허선 유적에서 출토된 (가) 의 황금 귀고리이다. 이 나라에서는 금이 많이 산출되고 사람들이 금과 은으로 치장하기를 즐겼다고 한다. 삼국지동이전에 따르면 (가) 은/는 장성 북쪽에 있었던 나라로, 여러 가(加)들이 별도로 주관하는 사출도가 있었다.

① 12월에 영고라는 제천 행사를 열었다.
② 혼인 풍속으로 민며느리제가 있었다.
③ 소도라고 불린 신성 지역이 존재하였다.
④ 단궁, 과하마, 반어피 등의 특산물이 유명하였다.
⑤ 사회 질서를 유지하기 위하여 범금 8조를 두었다.

해설 자료에서 지린성 라오허선 유적에서 (가)의 유물이 출토되었는데, 이 국가에 여러 가(加)들이 별도로 주관하는 사출도가 있었다고 하였으므로 부여임을 알 수 있다.
만주 쑹화강 유역에서 발전하였던 부여는 왕 아래 마가, 우가, 저가, 구가 등의 대가들이 다스렸고, 이들이 다스린 지역을 사출도라고 하였다.
① 부여는 매년 12월에 영고라는 이름의 제천 행사를 개최하였다.

오답 피하기
② 민며느리제는 옥저의 혼인 풍습이다.
③ 삼한에서는 소도라고 불린 신성 지역을 천군이라는 제사장이 다스렸다.
④ 단궁, 과하마, 반어피 등은 동예의 대표적인 특산물이다.
⑤ 범금 8조를 두었던 나라는 고조선이다.

02 밑줄 그은 '왕'의 재위 기간에 있었던 사실로 옳은 것은?

거칠부가 왕의 명령을 받들어 국사를 편찬했다고 하네.

나라 안의 문사(文士)들이 많이 참여했다고 하더군. 거칠부는 그 공으로 파진찬에 올랐다고 하네.

① 중앙군으로 9서당이 편성되었다.
② 대가야를 병합하여 영토가 확장되었다.
③ 지방관 감찰을 위하여 외사정이 파견되었다.
④ 최고 지배자의 칭호가 마립간으로 변경되었다.
⑤ 시장을 관리하기 위하여 동시전이 설치되었다.

해설 자료에서 제시한 거칠부는 신라의 재상으로 진흥왕 때 나라의 역사를 정리한 『국사』를 편찬하였다. 또한 '파진찬'은 신라의 17관등 중 네 번째 관등이다. 따라서 밑줄 그은 '왕'이 진흥왕임을 알 수 있다.
② 진흥왕은 재위 시절 활발한 대외 팽창 활동을 벌였다. 백제와 연합하여 고구려를 공격하고, 한강 유역을 차지하였으며, 동해안을 따라 함경도 지방까지 진출하였다. 또한 남쪽으로 고령의 대가야를 정복하여 낙동강 유역을 차지하였다.

오답 피하기
① 9서당의 중앙군은 신라의 삼국 통일 이후 신문왕이 고구려·백제·말갈 등을 합하여 구성하였다.
③ 지방관 감찰을 위한 외사정은 7세기 문무왕 때 설치하였다.
④ 최고 지배자의 칭호가 마립간으로 바뀐 것은 내물왕(내물 마립간) 때이다.
⑤ 시장을 관리하기 위해 동시전이 설치된 것은 6세기 지증왕 때의 사실이다.

03 (가)에 들어갈 문화유산으로 옳은 것은?

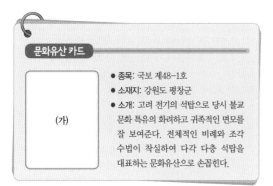

문화유산 카드

(가)

● 종목: 국보 제48-1호
● 소재지: 강원도 평창군
● 소개: 고려 전기의 석탑으로 당시 불교 문화 특유의 화려하고 귀족적인 면모를 잘 보여준다. 전체적인 비례와 조각 수법이 착실하여 다각 다층 석탑을 대표하는 문화유산으로 손꼽힌다.

①

②

③

④

⑤

해설 자료에서 강원도 평창군에 소재해 있고, 고려 전기의 석탑으로 다각 다층석탑을 대표하는 문화유산으로 손꼽힌다는 점으로 보아 강원도 평창의 월정사 8각 9층 석탑(국보 제48 – 1호)임을 알 수 있다.

오답 피하기

② 고려 후기의 탑인 개성 경천사지 10층 석탑(국보 제86호)이다. 현재는 국립 중앙 박물관에 전시되어 있다.
③ 통일 신라의 탑인 경주 불국사 다보탑(국보 제20호)이다.
④ 백제의 탑인 부여 정림사지 5층 석탑(국보 제9호)이다.
⑤ 통일 신라의 탑인 안동 법흥사지 7층 전탑(국보 제16호)이다.

04 (가)에 들어갈 내용으로 옳지 않은 것은?

고려 시대에 민생 안정을 위해 시행된 다양한 사회 시책에 대해 말해 볼까요?

봄에 곡식을 빌려주고 가을에 갚게 한 의창을 두었어요.

(가)

① 물가 조절을 위해 상평창을 설치하였어요.
② 병자에게 의약품을 제공하는 혜민국이 있었어요.
③ 기근에 대비하기 위해 구황촬요를 간행하여 보급하였어요.
④ 환자 치료와 빈민 구제를 위해 개경에 동·서 대비원을 두었어요.
⑤ 기금을 모아 그 이자로 빈민을 구제하는 제위보를 운영하였어요.

해설 자료에서 교사의 질문이 고려 시대에 민생 안정을 위해 시행된 다양한 시책을 물어 보았으므로 (가)에는 고려 시대의 민생 안정책이 들어가야 한다.
③ 조선 명종 때 『구황촬요』를 간행하여 잡곡, 도토리, 나무껍질 등을 가공하여 먹는 방법을 제시하였다.

오답 피하기

① 물가 조절을 위한 상평창은 고려 시대와 조선 시대의 물가 조절 기관이다.
② 혜민국은 고려 시대 서민의 질병 치료를 위해 설치한 의료 기관이다.
④ 동·서 대비원은 고려 시대와 조선 시대에 병자나 굶주린 사람 등을 치료하고 음식과 의복을 제공하던 기관이다.
⑤ 제위보는 고려 광종 때 설치한 빈민 구호 및 질병 치료 기관이다.

정답　**01** ①　　**02** ②　　**03** ①　　**04** ③

05 다음 상황 이후에 전개된 사실로 옳은 것은?

며칠 전 역적의 입을 통해 김제남과 함께 영창 대군을 옹립하기로 모의한 사실이 밝혀졌습니다. 영창 대군이 비록 아무 것도 모르는 어린아이라 할지라도 용서받을 수 없는 죄가 있사오니, 법대로 처리하게 하소서.

① 서인이 반정을 일으켜 정권을 장악하였다.
② 외척 간의 갈등으로 을사사화가 일어났다.
③ 조의제문이 발단이 되어 김일손 등이 처형되었다.
④ 정여립 모반 사건을 계기로 기축옥사가 발생하였다.
⑤ 이조 전랑 임명을 둘러싸고 김효원과 심의겸이 대립하였다.

해설 자료에서 김제남과 함께 영창 대군을 옹립하려 하였다는 사실을 통해 광해군 때의 상황임을 알 수 있다. 광해군은 자신의 왕위를 지키기 위해 계모인 인목 대비를 유폐하였고, 이복 동생인 영창 대군과 친형 임해군을 죽였다.
① 서인은 광해군이 인목 대비를 유폐하고, 영창 대군을 살해한 일과 후금에 대한 중립 외교 등을 빌미로 반정을 일으켜 광해군을 폐위하고 인조를 즉위시켰다.

[오답 피하기]
② 대윤과 소윤 간의 갈등이 빌미가 된 을사사화(1545)는 명종 때 일어났다.
③ 조의제문은 연산군 때 무오사화(1498)의 배경이 되었다.
④ 정여립 모반 사건을 계기로 한 기축옥사(1589)는 선조 때 일어났다.
⑤ 김효원과 심의겸의 대립은 동·서 붕당의 성립을 가져왔다. 이것은 선조 때의 사실이다.

06 (가), (나) 사이의 시기에 볼 수 있는 모습으로 적절하지 않은 것은?

(가) 본 덕원부는 해안의 요충지에 위치해 있고 아울러 개항지입니다. 이곳을 빈틈없이 미리 대비하는 방도는 인재를 선발하여 쓰는 데 있고, 그 핵심은 가르치고 기르는 데 있습니다. 그래서 원산사(元山社)에 학교를 설치하였습니다.

(나) 경인 철도 회사에서 어제 개업 예식을 거행하는데 …… 화륜거 구르는 소리는 우레 같아 천지가 진동하고 기관차 굴뚝 연기는 반공에 솟아오르더라. 수레를 각기 방 한 칸씩 되게 만들어 여러 수레를 철구로 연결하여 수미상접하게 이었는데, 수레 속은 상·중·하 3등으로 수장하여 그 안에 배포한 것과 그 밖에 치장한 것은 이루 형언할 수 없더라.

① 전신선을 가설하는 인부
② 이화 학당에서 공부하는 학생
③ 제중원에서 치료를 받고 있는 환자
④ 한성 전기 회사 창립을 협의하는 관리
⑤ 대한매일신보의 기사를 읽고 있는 교사

해설 (가) 자료에서 원산사에 학교를 설치하였다는 내용을 통해 1883년에 설립된 원산 학사에 대한 설명임을 알 수 있다. (나) 자료에서는 경인 철도 회사에서 어제 개업 예식을 거행했다는 것으로 보아 우리나라 최초의 철도인 경인선 개통(1899)과 관련된 내용임을 알 수 있다.
⑤ 대한매일신보는 1904년에 창간되었다. 따라서 (가)와 (나) 사이의 시기에 일어난 사건에 해당하지 않는다.

[오답 피하기]
① 전신선은 1885년에 가설되었다.
② 이화 학당은 1886년에 스크랜튼 여사가 설립한 최초의 여성 교육 기관이다.
③ 제중원은 1885년에 정부의 지원으로 알렌이 세운 최초의 서양식 병원이다(광혜원에서 제중원으로 명칭 변경).
④ 한성 전기 회사는 1898년에 창립되었다.

07 (가) 민족 운동에 대한 설명으로 옳은 것은?

> ___(가)___ 에 대한 반대 측 의견을 종합하건대 크게 두 가지 논점이 있는 것 같다. 하나는 일본인 측이나 또는 관청의 일부분에서 일종의 일본 제품 배척 운동으로 간주하고 불온한 사상이라고 공격하는 것이다. 또 하나는 소위 사회주의자 중 일부 논객이 주장하는 것인데, ___(가)___ 은/는 유산 계급의 이익을 위한 것이며 무산 계급에는 아무 관련이 없으니 유산 계급만의 운동으로 남겨 버리자는 것이다.
>
> – 동아일보 –

① 조선 노동 총동맹의 주도로 추진되었다.
② 진주에서 시작되어 전국으로 확산되었다.
③ 국민의 성금을 모아 국채를 갚고자 하였다.
④ 조선 사람 조선 것이라는 구호를 내세웠다.
⑤ 농민 단체를 결성하여 소작 쟁의를 전개하였다.

해설 자료에서 (가) 운동에 대한 반대 의견으로 일본 측이 일본 제품 배척 운동으로 간주하여 공격한다는 것, 사회주의자들이 유산 계급의 이익을 위한 것이라 비판한다는 것 등을 통해 (가)가 1920년대 평양에서부터 시작된 물산 장려 운동임을 알 수 있다.
④ 물산 장려 운동은 토산품 애용을 통해 민족 기업 및 상업 자본을 육성하자는 시도였으며, '조선 사람 조선 것'이라는 구호를 내세웠다.

오답 피하기
① 조선 노동 총동맹은 1920년대 노동 운동과 관련된 단체이다.
② 진주에서 시작되어 전국으로 확산된 것은 형평 운동이다.
③ 성금을 모아 국채를 갚고자 했던 것은 국채 보상 운동(1907)이다.
⑤ 소작 쟁의의 가장 대표적인 사례는 암태도 소작 쟁의(1923)이며, 조선 농민 총동맹 등이 활동하였다.

08 다음 조치를 시행한 정부 시기의 사실로 옳은 것은?

> **국민 생활의 안정을 위한 대통령 긴급 조치**
>
> 제1조 (목적) 이 긴급 조치는 …… 격동하는 세계 경제의 충격에 따른 국민 경제의 위기를 국민의 총화적 참여에 의하여 극복함을 목적으로 한다.
>
> ⋮
>
> 제4조 (석유류세 세율의 특례) 휘발유에 대하여는 석유류세법에 의한 석유류세의 세율을 100분의 300으로 한다.
>
> ⋮
>
> 제11조 (취득세 세율의 특례) ① 고급 주택, 별장, 골프장, 고급 승용차, 비업무용 고급 선박 또는 고급 오락장을 취득하거나 법인이 비업무용 토지를 취득하는 경우에는 지방세법에 의한 취득세의 세율을 취득가액 또는 연부금액의 100분의 15로 한다.
>
> ⋮

① 미국과의 자유 무역 협정(FTA)이 체결되었다.
② YH 무역 노동자들이 폐업에 항의하며 농성하였다.
③ 경자유전의 원칙에 따른 농지 개혁법이 제정되었다.
④ 남북 간 경제 교류 활성화를 위한 개성 공단이 건설되었다.
⑤ 금융 거래의 투명성을 확보하고자 금융 실명제가 실시되었다.

해설 자료에서 '긴급 조치'라는 단어가 제시된 것으로 보아 박정희 정부 시기에 시행한 조치임을 알 수 있다. 박정희 정부는 1972년 10월 유신 헌법을 제정하여, 국민의 기본권을 제한할 수 있는 '긴급 조치권'을 대통령에게 부여하였다.
② YH 무역 노동자들이 폐업에 항의하면서 농성한 YH 무역 사건은 박정희 정부 말기인 1979년에 일어났다.

오답 피하기
① 미국과의 자유 무역 협정(FTA)이 체결된 것은 노무현 정부 때의 일이다. 협정의 발효는 이명박 정부 때 이루어졌다.
③ 농지 개혁법(1949)이 제정된 것은 이승만 정부 때이다.
④ 개성 공단의 운영에 합의한 것은 김대중 정부 때이고, 개성 공단이 실질적으로 운영된 것은 노무현 정부 때이다.
⑤ 금융 실명제(1993)가 실시된 것은 김영삼 정부 때이다.

정답 05 ① 06 ⑤ 07 ④ 08 ②

01 밑줄 친 방송 언어에 대한 설명으로 잘못된 것은?

① 본격적인 공사가 언제 시작되고, 언제 개통될지 모른다고 합니다. → '도로가'나 '터널이' 정도의 주어를 보충해 주어야 한다.

② 20일부터 내린 눈으로 강원도 영동 산간 지방은 기막히는 설경을 이루고 있습니다. → '기막힌 설경'으로 수정하는 것이 더 적절하다.

③ 재일 동포들은 일본 사회의 구성원으로 모든 의무를 다하고 있으면서도 차별과 합당한 대우를 받고 있지 못합니다. → ' 합당한 대우를 받지 못하고 차별을 받고 있습니다'가 더 자연스럽다.

④ 대학은 모든 시대와 나라에서 형성된 심오한 진리 탐구와 과학 정신을 배양하고 형성하는 곳입니다. → '심오한 진리를 탐구하고'로 수정해야 한다.

⑤ 귀성길 고속 도로 여러 구간에서 지체가 반복되고 있습니다. 특히 죽전, 신갈 부근은 더 답답합니다. → '답답함이 심합니다'가 더욱 세련된 표현이다.

해설 방송 언어
'답답함이 심합니다'는 불필요하게 복문을 만들어 부자연스러운 흐름을 보이므로 원문을 그대로 두는 것이 더 적절하다.

정답 ⑤

02 표준어 규정 중 "'웃–' 및 '윗–'은 명사 '위'에 맞추어 '윗–'으로 통일하여 표기"하는 사례에 해당하지 않는 것은?

① 윗목　　② 윗층　　③ 윗눈썹
④ 윗도리　　⑤ 윗잇몸

해설 표준어
표준어 규정 제2장 제2절 제12항에 관한 문항이다. 그런데 '제12항'의 예외 규정인 '다만 1'에 따르면 된소리나 거센소리 앞에서는 '위–'로 적게 되어 있다. 따라서 '윗층'이 아니라 '위층'이 올바른 표기이다.

정답 ②

03 로마자 표기가 잘못된 것은?

① 낙동강(Nakdonggang)
② 속리산(Songnisan)
③ 만둣국(Mandutkuk)
④ 북평리(Bukpyeong–ri)
⑤ 삼국유사(Samgungnyusa)

해설 외래어
'Mandu–guk' 또는 'Mandutguk'으로 적어야 한다. 로마자 표기법 제3장 제1항에 따라 음운 변화가 일어날 때에는 그 결과에 따라 적지만, 된소리되기는 표기에 반영하지 않는다. 또한 'ㄱ, ㄷ, ㅂ'은 모음 앞에서는 'g, d, b'로, 자음 앞이나 어말에서는 'k, t, p'로 적는다.

정답 ③

04 중복 표현이 없는 올바른 문장은?

① 그녀가 먼저 시범을 보였다.
② 돌이켜 회고해 보니 인생이 참 짧다.
③ 이번 사고로 회사는 큰 손해를 보았다.
④ 내 생각은 앞에서 짧게 약술한 바와 같다.
⑤ 부부끼리 서로 상의하는 모습이 보기 좋다.

해설 문장 표현
① '시범'에 이미 '보이다'라는 의미가 들어 있으므로 중복 표현이다.
② '회고'는 '지나간 일을 돌이켜 생각함.'이라는 뜻이므로 '돌이켜 회고하다.'라는 표현은 중복된 표현이다.
④ '약술'은 '간략하게 논술하다.'라는 의미이므로 중복 표현이다.
⑤ '상의'는 '서로 의논하다.'라는 뜻이므로 '서로 상의하다.'는 중복 표현이다.

정답 ③

05 문장 부호 사용이 잘못된 것은?

① 그것 참 훌륭한(?) 태도야.

② 9월 15일~9월 25일

③ 커피(coffee)는 기호 식품이다.

④ 문방사우: 붓, 먹, 벼루, 종이

⑤ 육군 □□부대 □□명이 작전에 참가하였다.

해설 문장 부호

비밀을 유지해야 하거나 밝힐 수 없는 사항임을 나타낼 때는 숨김표
(○, ×)를 사용한다. 빠짐표(□)는 옛 비문이나 문헌 등에서 글자가
분명하지 않을 때 그 글자의 수효만큼 쓰거나, 글자가 들어가야 할
자리를 나타낼 때 쓴다.

정답 ⑤

06 밑줄 친 말의 띄어쓰기가 옳지 않은 것은?

① 부모 자식 간에도 말은 필요하다.

② 사고의 원인은 사회 구조적인 데 있다.

③ 우리가 사권 지 벌써 삼여 년이 흘렀다.

④ 수일 내로 도착하지 않으면 낭패를 본다.

⑤ 행사 기간중에는 창고를 개방하기로 했다.

해설 띄어쓰기

'중'은 의존 명사이므로 띄어 써야 한다.

정답 ⑤

자주 출제되는 고유어		자주 출제되는 외래어 표기법	
꼼바르다	마음이 좁고 지나치게 인색하다	Hokkaido	홋카이도
데생기다	생김새나 됨됨이가 완전하게 이루어지지 못하여 못나게 생기다	ambulance	앰뷸런스
쏠쏠하다	품질이나 수준, 정도 따위가 웬만하여 괜찮거나 기대 이상이다	market	마켓
재자재자	자꾸 가볍게 지저귀는 소리. 또는 그 모양	short track	쇼트 트랙
짬짜미	남모르게 자기들끼리만 짜고 하는 약속이나 수작	fantasy	판타지

01 다음 글의 내용과 일치하지 않는 것은?

The term burnout refers to a "wearing out" from the pressures of work. Burnout is a chronic condition that results as daily work stressors take their toll on employees. ① The most widely adopted conceptualization of burnout has been developed by Maslach and her colleagues in their studies of human service workers. Maslach sees burnout as consisting of three inter-related dimensions. The first dimension — emotional exhaustion — is really the core of the burnout phenomenon. ② Workers suffer from emotional exhaustion when they feel fatigued, frustrated, used up, or unable to face another day on the job. The second dimension of burnout is a lack of personal accomplishment. ③ This aspect of the burnout phenomenon refers to workers who see themselves as failures, incapable of effectively accomplishing job requirements. ④ Emotional labor workers enter their occupation highly motivated although they are physically exhausted. The third dimension of burnout is depersonalization. This dimension is relevant only to workers who must communicate interpersonally with others (e.g. clients, patients, students) as part of the job.

유형 독해

어휘 refer to ~을 일컫다, 가리키다 / chronic 만성적인 / stressor 스트레스 요인 / take one's toll 피해를 주다 / conceptualization 개념화 / consist of ~로 구성되다 / dimension 차원, 관점 / exhaustion 피로, 지침 / phenomenon 현상 / fatigued 피로한 / frustrated 낙담한, 좌절한 / used up 몹시 지친 / accomplishment 성과, 성취 / occupation 직업 / motivated 의욕을 가진, 동기가 부여된 / depersonalization 비인격화

해설 번아웃의 정의를 제시한 후, 이를 세 가지 차원의 측면에서 살펴보는 Maslach의 이론을 설명하고 있는 글이다. ③ 이전 문장에서 번아웃의 두 번째 차원으로 개인적 성취의 부재를 제시하고 있는데, 이에 대한 부연 설명으로 감정 노동자들이 신체적으로 지쳐있음에도 의욕적으로 직업에 입문한다는 ④의 내용은 앞서 제시된 개인 성취의 부재와는 대치된다.

해석 번아웃이라는 용어는 업무의 압박 때문에 "지치는 것"을 일컫는다. 번아웃은 일상의 업무 스트레스 요인이 직원들에게 피해를 주기 때문에 생기는 만성적 질환이다. 가장 널리 받아들여지는 번아웃에 대한 개념화는 Maslach와 그녀의 동료들에 의해 서비스직에 종사하는 사람들에 대한 연구에서 발전되었다. Maslach는 번아웃을 세 가지 상호 관련된 차원으로 구성되어 있는 것으로 생각한다. 감정적 피로라는 첫 번째 차원은 번아웃 현상의 진정한 핵심이다. 근로자들은 그들이 피로하거나, 낙담하거나, 지치거나 또는 직장에서 다음 날을 맞이할 수 없음을 느낄 때 감정적 피로를 경험한다. 번아웃의 두 번째 차원은 개인적 성취의 부재이다. 번아웃 현상의 이 양상은 자기 자신을 실패자이고 효율적으로 작업 요건을 충족시킬 수 없다고 보는 근로자들을 가리킨다. ④ 감정 노동자들은 그들이 신체적으로 지쳐 있음에도 불구하고 매우 의욕적으로 직업에 입문한다. 번아웃의 세 번째 차원은 비인격화이다. 이 차원은 업무의 일부로 타인(예를 들어 고객, 환자, 학생)과 상호적으로 의사소통을 해야 하는 근로자들하고만 관련이 있다.

정답 ④

02 밑줄 친 부분에 들어갈 말로 가장 적절한 것을 고르시오.

Social media, magazines and shop windows bombard people daily with things to buy, and British consumers are buying more clothes and shoes than ever before. Online shopping means it is easy for customers to buy without thinking, while major brands offer such cheap clothes that they can be treated like disposable items — worn two or three times and then thrown away. In Britain, the average person spends more than £1,000 on new clothes a year, which is around four percent of their income.

That might not sound like much, but that figure hides two far more worrying trends for society and for the environment. First, a lot of that consumer spending is via credit cards. British people currently owe approximately £670 per adult to credit card companies. That's 66 percent of the average wardrobe budget. Also, not only are people spending money they don't have, they're using it to buy things _____. Britain throws away 300,000 tons of clothing a year, most of which goes into landfill sites.

① they don't need

② that are daily necessities

③ that will be soon recycled

④ they can hand down to others

유형 독해

어휘 bombard 퍼붓다[쏟아 붓다] / disposable 사용 후 버릴 수 있는, 일회용의 / figure 수치 / via (특정한 사람·시스템 등을) 통하여 / approximately 약, 대략 / wardrobe 의류 / landfill 쓰레기 매립지 / necessity 필수품 / recycle 재활용하다 / hand down to ~로 전하다, 물려주다

해설 온라인 쇼핑을 통한 영국인들의 소비 행태에 대한 글이다. 빈칸에는 이러한 소비 행태로 인해 대두되는 문제점을 설명하는 말이 들어가야 한다. 본문 중반에서 사회와 환경에서의 두 가지 우려되는 추세를 언급하며, 첫 번째로 사회적 우려인 '신용카드 남용'을 제시했다. 따라서 빈칸에는 환경적 우려를 낳을 수 있는 행위가 제시되어야 한다. 마지막 문장에서 영국은 연간 30만 톤의 옷을 버린다고 했으므로, 이와 연관된 they don't need(그들이 필요하지 않은)가 빈칸에 적절하다.

해석 소셜 미디어, 잡지, 그리고 진열장은 매일 사람들에게 살 것들을 퍼붓고 영국 소비자들은 그 어느 때보다 더 많은 옷과 신발을 사고 있다. 온라인 쇼핑은 소비자들이 생각하지 않고 사는 것이 쉬운 동시에, 주요 브랜드들은 두세 번 입고 버려지는 일회용품처럼 취급될 수 있는 매우 저렴한 옷들을 제공한다는 것을 의미한다. 영국에서, 보통 사람이 1년에 1000파운드 이상을 새 옷 구매에 지출하는데, 이것은 그들 수입의 약 4%이다. 그것은 많은 것처럼 들리지 않을지도 모르지만, 그 수치는 사회와 환경에 있어서 두 가지 훨씬 더 걱정스러운 추세를 숨기고 있다. 첫째, 그 소비자 지출의 다수가 신용카드를 통한 것이다. 영국인들은 현재 성인 1인 당 약 670파운드를 신용카드 회사에 빚지고 있다. 그것은 평균적인 의류 예산의 66%이다. 사람들은 그들이 소지하지 않은 돈을 사용할 뿐만 아니라, 또한 그들은 그것을 ① 그들이 필요하지 않은 것들을 사기 위해 사용하고 있다. 영국은 연간 30만 톤의 옷을 버리는데, 그것들 중 대부분은 쓰레기 매립지로 보내진다.

정답 ①

조 / 건 / 추 / 리

01 A~E 5명에게 텀블러 12개를 상품으로 나누어 주었다. 다음에 주어진 [조건]을 바탕으로 항상 옳은 것을 고르면?(단, 0개를 받은 사람은 없다.)

> • B와 D가 받은 개수만 같고, 나머지는 모두 받은 개수가 다르다.
> • 텀블러를 가장 많이 받은 사람은 4개를 받았다.
> • C는 D보다 더 많은 텀블러를 받았다.
> • E는 A보다 더 많은 텀블러를 받았다.

① A는 텀블러를 3개 받았다.
② B는 텀블러를 2개 받았다.
③ C는 텀블러를 3개 받았다.
④ D는 텀블러를 1개 받았다.
⑤ E는 텀블러를 4개 받았다.

해설 A~E가 받은 텀블러의 개수를 각각 a~e라고 하자. 텀블러는 총 12개이므로 $a+b+c+d+e=12$가 성립한다. 또한 $b=d$이며, 나머지는 모두 개수가 다르고 가장 많이 받은 사람이 4개이므로 a, b, c, e는 각자 1~4 중 하나이다. $1+2+3+4=10$이므로 $d=2$이고, $b=d$이므로 $b=2$이다. 따라서 정답은 ②이다.
① a는 항상 1이다.
③ c는 4일 수도 있다.
④ d는 항상 2이다.
⑤ e는 3일 수도 있다.

정답 ②

02 **A, B, C, D 4명이 각자 옷을 1벌씩 사려고 한다. 다음에 주어진 [조건]을 바탕으로 항상 옳은 것을 고르면?**

> • A~D는 티셔츠, 바지, 코트, 와이셔츠 중 각자 다른 1가지 옷을 골랐다.
> • 티셔츠, 바지, 코트, 와이셔츠는 각각 검은색 또는 흰색이다.
> • D는 흰색 코트를 골랐다.
> • A와 C는 같은 색의 옷을 골랐다.
> • 와이셔츠를 고른 사람은 티셔츠를 고른 사람과 다른 색의 옷을 골랐다.
> • 바지와 코트는 같은 색이다.

① 검은색 옷은 2가지이다.
② 가능한 경우의 수는 6가지이다.
③ A가 바지를 골랐다면 B는 티셔츠를 골랐다.
④ B가 와이셔츠를 골랐다면 C는 티셔츠를 골랐다.
⑤ C가 티셔츠를 골랐다면 B는 와이셔츠를 골랐다.

해설 확정적인 [조건]부터 적용하면 다음과 같다.

구분	A	B	C	D
색				흰색
옷				코트

바지와 코트는 같은 색이므로 바지는 흰색이다. 와이셔츠를 고른 사람은 티셔츠를 고른 사람과 다른 색의 옷을 골랐으므로 와이셔츠와 티셔츠는 각각 흰색 또는 검은색이다. 이에 따라 흰색 옷은 3개, 검은색 옷은 1개이다. A와 C는 같은 색의 옷을 골랐으므로 A와 C는 흰색, B는 검은색 옷을 골랐다. 이에 따라 B는 와이셔츠 또는 티셔츠를 골랐으며, B가 와이셔츠를 골랐으면 A와 C는 각각 티셔츠 또는 바지를 골랐다. B가 티셔츠를 골랐으면 A와 C는 각각 와이셔츠 또는 바지를 골랐다.

구분	A	B	C	D
색	흰색	검은색	흰색	흰색
경우1	티셔츠	와이셔츠	바지	코트
경우2	바지	와이셔츠	티셔츠	
경우3	와이셔츠	티셔츠	바지	
경우4	바지	티셔츠	와이셔츠	

따라서 정답은 ⑤이다.
① 검은색 옷은 B가 고른 1가지이다.
② 가능한 경우의 수는 4가지이다.
③ A가 바지를 골랐어도 B는 와이셔츠를 고를 수도 있다.
④ B가 와이셔츠를 골랐어도 C는 바지를 고를 수도 있다.

정답 ⑤

의 / 사 / 소 / 통 / 능 / 력

[01~02] 다음 글을 읽고 질문에 답하시오.

샐러던트는 직장인을 의미하는 샐러리맨(salaried man)과 학생을 의미하는 스튜던트(student)의 합성어로, 공부하는 직장인을 일컫는 신조어이다. 직장인의 공부 목적은 직무 역량 강화와 자기계발로 나뉜다. 과거에는 영어·중국어 등 외국어 스펙이 승진이나 이직의 기준이었다면, 최근에는 회사 내에서도 실무와 직접 연관이 있는 경제·경영학 관련 자격증이나 시험 점수가 더 중시되는 추세다. 한국표준협회의 20~30대 대상 자료에 의하면 실제로 공부하는 직장인은 매년 가파르게 증가하는 추세다.

이에 따르면 지난해 서적이나 이러닝(인터넷 동영상 강의)을 통해 경제·경영 분야를 공부 한 직장인은 4만 526명으로 2016년에 비해 무려 300% 가까이 늘어났다. 특히 최근 대세가 된 이러닝은 경제·경영 분야 수강자가 5,346명에서 3만 4,609명으로 1년 만에 6배 넘게 증가하였다.

20~30대 직장인들의 공부 분야는 '영어'가 24.4%로 가장 많았고, '실무 관련'이 21.6%, '방송통신대학 등 학력 관련' 공부가 16.5%를 차지하였다. 다음으로 '컴퓨터 활용 관련' 13.7%, '일어' 10.3%, '재테크 관련' 7.6%, '중국어' 3.8% 순이었다. 중장년층에서는 자격증 취득이 가장 높게 나타났다. 한 취업 포털의 조사에 따르면 공부 방법으로는 독학이 43.4%로 가장 높고, 인터넷 강의가 29.9%, 대학원이나 사이버대학 등 '진학'을 한다는 직장인은 10.7%였다. 이어 학원 수강 7.9%, 스터디그룹 활동 3.1%, 개인 과외가 2.7% 순이다. 공부하는 이유로는 '자기계발을 위해'라는 의견이 28.5%로 가장 많았다. '이직을 위해'(24.1%)가 바로 뒤를 이었고, '업무상 필요해서'(17.7%), '미래에 대한 불안감 때문에'(13.6%), '인맥을 넓히기 위해'(6.7%), '승진을 위해'(4.9%), '유학/창업을 위해'(3.8%)라는 이유가 뒤를 이었다. 그렇다면 직장인이 공부에 할애하는 시간은 평균 어느 정도일까? 평균 2.6회로 '주 1~2회'(51.9%)라는 직장인이 가장 많았다. 재미있는 현상은 키덜트 문화가 직장인 공부로 확장되기도 했다는 점이다. 피아노 등 직장인 예능 특화 프로그램도 다양하게 소비되고 있다.

공부 장소도 다양해졌다. 주부 교실 등으로 국한되었던 문화 센터에서도 다양한 분야의 강의가 오픈되어 있다. 남성 직장인들이 선호하는 강의는 첫 번째가 요리 교실이고 그다음이 육아 교육이다.

효과적인 공부 방법으로는 2가지가 있다. 먼저 일주일의 총 공부 시간을 정해 놓고 공부하는 것이다. 총 시간에 맞춰 공부하다 보면, 처음에 정한 공부량을 채울 수 있다. 다른 방법은 자투리 시간을 활용하는 것이다. 먼저 자신의 자투리 시간을 정확하게 파악한 뒤, 해당 시간에 해야 할 것의 우선순위를 정한다. 우선순위는 짧은 시간 투자해서 공부할 수 있는 순서를 정하는 것을 추천하며, 새로운 것을 접하는 것보다는 외우거나 배웠던 것을 복습하는 것이 가장 좋다.

01 주어진 글의 내용과 일치하지 않는 것을 고르면?

① 직장인은 연령에 따라 관심을 두고 하는 공부 분야가 다르다.
② 직장인의 공부 목적은 직무 역량 강화와 자기계발이다.
③ 직장인의 과반수가 독학으로 공부한다.
④ 중장년층은 자격증 취득을 우선시한다.
⑤ 직장인은 다양한 장소에서 다양한 방법으로 공부한다.

해설 제시문에 수치에 관한 내용이나 표 또는 그래프가 등장할 때가 있다. 수치에 관련된 내용은 특히 일치 문항을 풀때 주의 깊게 봐야 한다. 왜냐하면, 교묘하게 숫자를 바꾸거나 제시문에 등장하는 숫자를 활용하여 제시문의 내용과는 관련은 있지만, 제시문에 등장하지 않은 내용으로 선택지를 구성하기 때문이다.

정답 ③

02 주어진 글에서 필자가 정보 전달을 위해 사용한 방법으로 적절하지 않은 것을 고르면?

① 권위자의 주장을 근거로 제시하여 주제를 강화하고 있다.
② 구체적인 수치를 제시하여 글의 신뢰성을 확보하고 있다.
③ 새로운 사회적 현상을 특정 개념을 통해 소개하고 있다.
④ 다양한 분석 요소를 통해 주요 화제를 설명하고 있다.
⑤ 묻고 답하는 형식을 통해 글의 흐름에 변화를 주고 있다.

해설 • 권위자의 주장: 사람 이름이 분명히 제시문에 나온다.
• 구체적인 수치: 제시문에서 숫자부터 찾는다.
• 특정 개념: 문단의 앞쪽에 정의가 있는지 확인한다.
• 분석 요소: 문단마다 다른 이야기가 전개되는지 확인한다.
• 문답형: '실제로 ～가?'에 대한 답변은 '～하다.' 등 쉽게 찾을 수 있는 문장으로 구성되어 있다.

정답 ①

고 / 난 / 도

01 다음 [표]는 2019년 아세안 3개국의 7개 지역별 외국투자 기업의 지출 항목별 단가 및 보조금 지급 기준에 관한 자료이다. 주어진 [표]와 [정보]에 근거하여 7개 지역에 진출한 우리나라 갑 기업의 월간 순지출액 총합을 고르면?

[표1] 지역별 외국투자 기업의 지출 항목별 단가 (단위: 달러)

국가	지역	급여 (1인당 월지급액)	전력 사용료 (100kWh당 요금)	운송비 (1회당 운임)
인도네시아	자카르타	310	7	2,300
	바탐	240	7	3,500
베트남	하노이	220	19	3,400
	호치민	240	10	2,300
	다낭	200	19	4,000
필리핀	마닐라	230	12	2,300
	세부	220	21	3,500

[표2] 국가별 외국투자 기업의 지출 항목별 보조금 지급 기준

국가	급여	전력 사용료	운송비
인도네시아	1인당 월 50달러	보조금 없음	1회당 50% 보조
베트남	1인당 월 30달러	100kWh당 5달러	보조금 없음
필리핀	보조금 없음	100kWh당 10달러	1회당 50% 보조

[정보]
- 지역별 외국투자 기업의 월간 순지출액은 각 지역에서 매달 발생하는 월간 총지출액에서 해당 국가의 월간 총보조금을 뺀 금액이다.
- 지출과 보조금 항목은 급여, 전력 사용료, 운송비로만 구성된다.
- 갑 기업은 7개 지역에서 각각 10명의 직원에게 급여를 지급하고, 월간 전력 사용량은 각각 1만 kWh 이며, 월간 4회 운송을 각각 시행한다.

① 82,700달러   ② 82,800달러   ③ 82,900달러
④ 83,000달러   ⑤ 83,100달러

정답 풀이

첫 번째 [정보]의 내용을 통해 월간 순지출액은 (월간 총지출액)−(월간 총보조금)으로 계산해야 함을 알 수 있다. 그리고 마지막 [정보]의 내용을 통해 갑 기업은 7개 지역에 진출하여 각각 10명의 직원에게 급여를 지급하고, 1만 kWh의 전력을 사용하며, 4회의 운송을 시행함을 알 수 있다. 이를 바탕으로 지역별 월간 총지출액을 다음과 같이 구할 수 있다.

[표] 지역별 월간 총지출액

(단위: 달러)

지역	10인 급여	10,000kWh 전력 사용료	4회 운송비	월간 총지출액
자카르타	3,100	700	9,200	13,000
바탐	2,400	700	14,000	17,100
하노이	2,200	1,900	13,600	17,700
호치민	2,400	1,000	9,200	12,600
다낭	2,000	1,900	16,000	19,900
마닐라	2,300	1,200	9,200	12,700
세부	2,200	2,100	14,000	18,300

여기서 [표2]의 보조금 지급 기준을 고려하면, 지역별 월간 순지출액을 다음과 같이 구할 수 있다.

[표] 지역별 월간 순지출액

(단위: 달러)

지역	월간 총지출액	급여 보조금	전력 보조금	운송비 보조금	월간 순지출액
자카르타	13,000	500	0	4,600	7,900
바탐	17,100	500	0	7,000	9,600
하노이	17,700	300	500	0	16,900
호치민	12,600	300	500	0	11,800
다낭	19,900	300	500	0	19,100
마닐라	12,700	0	1,000	4,600	7,100
세부	18,300	0	1,000	7,000	10,300

따라서 7개 지역에 진출한 갑 기업의 월간 순지출액 총합은

7,900+9,600+16,900+11,800+19,100+7,100+10,300=82,700(달러)이다.

정답 ①

이 문제는 2021년 5급 공채 PSAT 기출 변형 문제로 표와 조건이 주어진 복합 자료를 바탕으로 계산 과정을 통해 정답을 선택하는 NCS 자료해석 유형입니다. 이런 유형은 자주 출제되진 않지만, 선택지·보기의 정오를 판단하여 정답을 선택하는 일반적인 유형과 비교해 다소 난이도가 높기 때문에 고난도 NCS 유형을 대비하기 위해서는 해당 유형을 학습할 필요가 있습니다. 결괏값을 구하는 문제이므로 정오 판단 유형처럼 소거법을 이용하여 문제를 해결할 수는 없지만, 선택지에 주어진 숫자의 구조를 통해 복잡한 계산 과정을 전부 하지 않아도 해결할 수 있는 방법이 여러 가지 있습니다. 근사치를 구하여 비교적 가까운 값에 해당하는 선택지를 찾는 경우와 자릿수별 숫자의 차이를 확인하여 해당 자릿수만을 계산하는 등의 방법이 있으며, 문제를 본격적으로 풀기 전 적용할 수 있는 방법이 무엇인지 먼저 파악한 후 해결하도록 합니다.

이 문제를 보면, (월간 순지출액)=(월간 총지출액)−(월간 총보조금)이므로 다음과 같이 보조금을 고려한 단위당 급여, 전력 사용료를 먼저 도출할 수 있습니다. 참고로 운송비의 경우, (%) 단위로 보조금이 지급되므로, 보조금을 고려한 4회 운송비를 계산하기 위해선 인도네시아와 필리핀은 1회당 운임에 2를 곱하고, 베트남은 4를 곱하여 계산하는 것이 더 빠릅니다. 이를 바탕으로 보조금을 고려한 급여, 전력 사용료, 운송비를 구하면 다음과 같습니다.

지역	보조금 고려				1회 운송비	보조금을 고려한 4회 운송비
	1인 급여	10인 급여	100kWh 요금	10,000kWh 요금		
자카르타	260	2,600	7	700	2,300	4,600
바탐	190	1,900	7	700	3,500	7,000
하노이	190	1,900	14	1,400	3,400	13,600
호치민	210	2,100	5	500	2,300	9,200
다낭	170	1,700	14	1,400	4,000	16,000
마닐라	230	2,300	2	200	2,300	4,600
세부	220	2,200	11	1,100	3,500	7,000

주어진 선택지 ①~⑤의 수치를 보면, ①~⑤의 백의 자리가 각각 7, 8, 9, 0, 1로 서로 다르므로, 천의 자리 이상은 굳이 계산할 필요가 없고 백의 자리만을 계산하여 정답을 찾을 수 있습니다. 예를 들어 10인 급여에서 백의 자리 9와 1, 7과 3은 서로 더하면 천의 자리로 넘어가므로 상쇄되고, 남은 6, 9, 2만 더하면 10인 급여 합계의 백의 자리는 7임을 알 수 있습니다. 마찬가지의 원리로 계산하면, 전력 사용료 합계의 백의 자리는 0, 운송비 합계의 백의 자리도 0임을 알 수 있습니다. 따라서 월간 순지출액 총합의 백의 자리는 7+0+0=7이며, 선택지 ①~⑤ 중 백의 자리가 7인 수치에 해당하는 것은 82,700달러인 ①이므로 정답을 ①로 선택할 수 있습니다.

김성근
에듀윌 취업연구소 연구원

PART

04

상 식 을
넘은 상식

사고의 틀이 넓어지는 깊은 상식

대선마다 반복되는 개헌론

"대통령 5년 단임제 한계" – "제도 아닌 정치의식의 문제"

● 이슈의 배경

제20대 대선에서도 어김없이 개헌(헌법 개정)론이 등장했다. 이재명 더불어민주당 후보 측이 개헌론의 불씨를 댕겼다. 송영길 민주당 대표는 지난 2월 개헌과 선거제도 개혁을 동시에 추진하겠다며 '국민통합을 위한 정치개혁안'을 제시했다. 대통령 4년 중임제·대선 결선 투표제 도입을 위한 개헌과 다당제 보장을 위한 국회의원 연동형 비례제·권역별 비례대표제를 도입하는 선거제도 개혁이 주요 내용이다.

이 후보는 "개헌에 도움이 된다면 필요한 만큼 임기 단축을 수용하겠다"고 약속하며 "윤석열 국민의힘 대선 후보를 제외한 협력 가능한 모든 정치 세력이 정치개혁이라는 공통 공약 합의를 하고 함께 정부를 만들어야 한다"는 입장을 밝혔

다. 연정(연합정부)까지 염두에 둔 여권의 개헌론에 국민의힘은 진정성 없는 선거용 고육지책이라고 폄하했다. 윤석열 당선인은 국민의힘 대선 후보 당시 "선거 앞두고 개헌을 운운하는 사람들은 전부 사기꾼이니 믿지 말라"고 원색적으로 비난하면서도 분권형 개헌은 필요하다는 견해를 밝힌 바 있다.

현행 제9차 개정 헌법은 군사 독재 체제를 종식하는 민주화 투쟁의 결과로 1987년 여야가 합의해 얻어진 것이다. 1987년 4월 13일 전두환 당시 대통령은 군사 독재 정권을 유지하기 위해 대통령 간선제를 유지하겠다는 4·14 호헌(護憲) 조치를 발표했다. 분노한 국민들은 그해 6월 민주화 항쟁을 일으켜 군사 정권의 항복 선언인 6·29선언을 이끌어 냈고 국민투표를 거쳐 10월 29일 민주화 헌법을 쟁취했다.

그 핵심 내용은 직접선거로 대통령을 선출하고 장기 집권을 막기 위하여 임기를 5년 단임으로 한 것이다. 이후 35년이 흘렀다. 역대 최장수 헌법으로서 현행 헌법이 제도적 민주주의를 확립하는 데 지대한 공헌을 했다는 점에서는 이론의 여지가 없다. 독재 청산과 민주화라는 시대정신이 구현한 이른바 '87년 체제'가 정착되면서 장기 집권은 원천 봉쇄됐고 국민에 의한 평화적 정권교체가 정착됐다.

하지만 대통령 1인에게 과도하게 권력이 집중되는 통치구조 때문에 여야는 항상 대립했고 국정은 늘 불안한 상태였다. 정권 교체 이후에는 여지 없이 정치보복이 이어졌다. 현행 헌법의 선거 제도가 승자독식 구조를 공고화해 정치적 갈등과 대립을 키웠다는 지적을 받았다.

여야 정치권과 학계는 87년 체제의 수명이 다했다는 것을 원론적으로 인정한다. 그러나 특정 정치 세력의 정국 타개책으로 등장하는 개헌론의 진정성을 인정할 수 없으며 극한 이념 갈등을 유발할 것이 분명한 개헌에 매달릴 이유가 없다는 반론도 적지 않다. 역대 대선 때마다 어김없이 등장했지만 결실을 보지 못한 개헌론의 명운도 현재로서 크게 다르지 않으리란 관측이 우세하다.

● 이슈의 논점

개헌 찬성론 : "대통령 5년 단임제 한계"

현행 헌법은 전두환 독재 정권이 급속히 무너지는 배경에서 불과 3개월이라는 짧은 기간에 개정안이 통과되는 바람에 충분한 검토를 거치지 못

했다. 민주주의를 쟁취한 것은 국민이었지만 개헌 협상은 노태우·김영삼·김대중·김종필 등 소수 정치인들의 이해관계에 따라 이뤄졌다.

급조된 헌법은 태생적으로 흠결을 지니고 있을 뿐만 아니라 통일성과 체계성이 곳곳에서 결여됐다. 가령 헌법 제29조 제2항에서 군인·군무원·경찰공무원 등의 국가배상청구권을 제한한 규정은 유신헌법의 잔재로 비판받으며 독소조항으로 지적됐으나 제대로 개정되지 못한 채 지금까지 남아 있는 것이다.

현행 헌법의 가장 큰 문제점은 통치구조다. 대통령 1인에게 지나치게 집중된 권력과 대선 때마다 이념·진영 갈등을 낳는 5년 단임 대통령제가 한국 정치와 사회 발전을 가로막았다. 거대 양당에 유리한 현행 헌법의 선거 제도 역시 승자독식 구조를 공고화해 정치적 갈등과 대립을 키웠다.

현행 헌법은 대통령에게 예산편성권, 법률안 제출권, 국가긴급권, 공무원 임면권, 공기업 임원 인사권 등 제왕적 권한을 보장한다. 절대 권력은 절대적으로 부패한다. 역대 어느 정권도 대통령과 이들의 친인척과 측근을 둘러싼 이른바 '권력형 비리'에서 자유롭지 못했다. 이는 지도자의 역량과 국민의 정치의식 수준이 낮은 까닭도 있겠지만 5년 단임제로 인한 한계를 지적하지 않을 수 없다.

전임 대통령은 예외 없이 집권 후 1년간 시행착오를 거치고 후반 2년간은 레임덕으로 국정 동력을 상실해 실제로 의지를 갖고 일할 수 있는 기간은 2년에 불과했다. 국가의 백년대계를 세우기에 5년은 턱없이 부족하다. 대통령이 단기간에 보여

주기식 치적 쌓기에 몰두하니 정책의 일관성도 지켜지지 않는다. 의원내각제의 국회 해산이나 중임제 대통령제의 재선과 같은 재신임 절차가 없어 대통령의 제왕적 리더십을 견제할 수 없다.

지금처럼 대통령 한 사람이 국가 안팎의 모든 문제를 돌보는 것은 물리적으로 불가능할 뿐만 아니라 국가 주요 정책을 효율적으로 집행하기도 어렵다. 단임제의 특성상 임기 말이 가까워질수록 정부가 국회의 협조를 얻어내기 어렵다. 재신임을 받을 필요가 없는 대통령이 권위주의적 리더십을 보이는 문제도 있다.

현행 헌법이 규정한 소선거구 단순다수제 중심 선거 제도는 승자독식 구도를 뿌리내렸다. 1위 후보만이 모든 것을 가져가는 체제 탓에 기성 정당에서는 공천권을 둘러싼 계파 투쟁이 일어났고 다양한 민의를 전달할 소수 정당들의 국회 진출 기회는 차단됐다. 정치가 민생과 경제를 보살피기보다는 선거에서 이기기 위한 사생결단 투쟁의 장으로 변질되며 갈등과 대립이 일상화됐고 국민들의 정치 불신이 깊어졌다.

선거구제 개편과 같은 대안이 제기됐지만 현행 헌법 체제에서는 한계가 있다. 지난 21대 국회의원 총선에서 정치적 다양성을 존중한다는 취지로 정치권은 준연동형 비례대표제를 도입했지만 거대 여야가 위성정당을 만들어 오히려 양당제를 공고화하는 웃지 못 할 일이 벌어졌다. 87년 체제를 극복하는 개헌을 통해 정치 제도를 근본적으로 개혁하지 않는다면 우리는 사회의 반목과 갈등을 풀어낼 수 없는 삼류 정치 국가로 남게 될 것이다.

선거구제 (選擧區制)

현재 우리나라는 1개 선거구당 1명의 당선자를 선출하는 소선거구제(다수대표제)를 채택하고 있다. 다수대표제란 가장 다수의 표를 얻은 1명만을 당선자로 정한다는 뜻이다. 소선거구제는 투표가 간단하고 선거구가 작아서 유권자가 입후보자를 검증하기 쉽고 선거 비용이 절약되는 장점이 있다. 그러나 사표(死票)가 많아져 민의를 충분히 반영할 수 없고 거대 정당에만 유리하다. 표가 여러 후보로 분산될 경우 과반에 미치지 못하는 득표로도 당선될 수 있어 대표성에 문제도 있다. 이 때문에 프랑스처럼 소선거구제에 결선 투표를 반영하는 나라도 있다.

대선거구제(소수대표제)는 한 선거구에서 2인 이상의 당선자를 선출하는 선거 제도이다. 소수대표제는 상대적으로 적은 표를 얻은 후보도 당선자가 될 수 있다는 뜻이다. 2인 이상 5인 이하를 선출하는 제도를 중선거구제로 분류하기도 하나 이것도 넓은 의미에서 대선거구제에 속한다. 대선거구제는 사표를 줄이고 지연·혈연 등 비합리적 요소에 의한 당선 가능성을 줄일 수 있는 장점이 있지만 소수당의 난립으로 정국의 불안정을 초래하기 쉽고 선거 비용이 많이 든다는 단점이 있다.

개헌 반대론 : "제도 아닌 정치의식의 문제"

개헌론을 목청 높이는 이들은 한국 정치의 후진성이 헌법 때문이라며 대통령 5년 단임제를 이원집정부제나 대통령 4년 중임제로 고쳐야 한다고 주장한다. 그러나 지금처럼 거대 양당이 제로섬 게임을 벌이는 정치 풍토 속에서는 어떤 식으로 개헌된다고 정치 개혁이 되지 않는다. 어떤 사람이 옷을 갈아입었다고 해서 그 사람의 성격이 변하지 않는 것과 마찬가지다.

제도는 시대정신의 부산물이다. 제도를 고친다고 해서 성숙한 시대정신이 딸려오는 것은 아니다. 당대 가장 민주적이고 선진적인 헌법으로 평가받은 독일의 바이마르 헌법은 나치당과 히틀러를 잉태하며 인류 역사에 깊은 그늘을 남겼다. 나치당은 선거를 통해 권력을 합법적으로 쟁취했지만 절대 권력으로 흐르며 전쟁과 학살로 자멸했다.

헌법 학자들은 대통령의 절대 권력을 분산시켜야 한다는 이유로 외교·통일·국방 등 외치는 대통령이, 나머지 내치는 국회가 선출하는 총리가 담당하는 프랑스식 이원집정부제 개헌을 선호한다. 그러나 프랑스에서 이원집정부제가 효과적으로 운용되는 까닭은 프랑스 국민과 정치인들의 정치 의식이 성숙했기 때문이다.

러시아와 우크라이나도 이원집정부제를 채택했지만 러시아는 블라디미르 푸틴 대통령의 제왕적 리더십으로 인해 냉전 시대 독재 패권 국가로 퇴보했고 우크라이나는 정치 혼란이 이어지다가 러시아로부터 침공을 받으며 국가 존망의 위기에 처했다.

각종 여론조사에서 국민들이 가장 선호하는 통치 구조로 알려진 대통령 4년 중임제도 능사가 아니다. 200여 년간 4년 중임제를 채택한 미국의 사례에서 볼 수 있듯이 현직 대통령은 큰 실책을 저지르지 않는 한 대부분 재선에 성공한다. 한국 사회는 고용, 노동, 복지 등 사회 제반의 조속한 개혁과 혁신이 절실하다. 재선을 노리는 대통령은 역동적인 비전을 제시하기보다 안전한 길을 찾아 안주할 가능성이 크다.

4년 중임제에서는 정권과 이익을 공유하는 세력이 권력을 연장하기 위해 국민의 입을 막고 눈과 귀를 가리려 할 것이다. 공권력의 부당한 개입은 더욱 심해질 것이다. 4년 중임제가 도입된들 거대 양당의 이전투구(泥田鬪狗 : 명분이 서지 않는 일로 물끝 사납게 싸움)를 8년간이나 감당할 대통령이 나오기 어렵다. 5년마다 정점으로 치닫는 정치 갈등의 주기가 1년 더 짧아질 뿐이다. 최악의 경우에는 무능하고 부패한 독재 정권이 8년 임기를 보장받아 국가가 심각하게 퇴보할 것이다.

현행 헌법에도 대통령 권력을 견제하고 3권 분립을 명시한 조항은 얼마든지 있다. 대통령 권력에 대한 견제가 이뤄지지 않는 까닭은 '국회의원은 국가이익을 우선하여 양심에 따라 직무를 행한다'는 헌법 제46조 제2항을 정치인들이 스스로 포기했기 때문이다.

정치 권력 분산이 목표라면 극심한 갈등과 사회적 비용을 예고하는 개헌까지 갈 것 없이 공직선거법 및 정당법을 헌법의 취지에 맞게 고치면 된다. 헌법을 개정하려면 국민투표에 붙여서 선거 유권자 절반이 투표하고 그 과반이 찬성해야 하는데 국민들의 정치적 무관심과 진영 갈등을 고려하면 통과를 장담할 수 없다. 국민투표가 부결될 경우 그 후폭풍은 어떻게 감당할 것인가.

한가하게 개헌론을 논할 때가 아니다. 코로나19 확진자 폭증, 인플레이션과 양극화, 러시아의 우크라이나 침공과 핵전쟁 위기 등으로 세계는 이제까지 경험하지 못한 위기에 처했다. 그 와중에서도 4차 산업혁명과 친환경 패러다임 전환을 모색하며 미래 먹거리를 선점하기 위해 각국이 무한 경쟁을 벌여야 하는 시점이다. 이러한 고차원 방정식을 아날로그적 개헌론으로 풀 수 있다고 본다면 착각이다.

🔲 연습문제

현행 헌법의 문제점이 무엇인지 설명하고 이 문제점을 고치기 위해 개헌이 필요한지, 또는 필요하지 않은지 논하시오.

(1000자, 50분)

※ 논술대비는 실전연습이 필수적입니다. 반드시 시간을 정해 놓고 원고지에 직접 써 보세요.

200

400

600

800

1000

'검열 논란' N번방 방지법, 필요한 법인가

N번방 방지법 실효성 논란

🔵 이슈의 배경

지난 2019년 **N번방 사건**이 드러나면서 한국 사회는 큰 충격에 빠졌다. 성폭력이 자행된 불법 촬영물을 디지털 인터넷 공간에 유포해 돈을 버는 신종 범죄가 버젓이 자행되면서 반인륜 범행과 인권 침해는 심각한 사회 문제가 됐다.

N번방 사건은 2018년부터 2020년까지 텔레그램 등을 이용해 피해자를 유인한 뒤 협박해 성착취물을 찍고 이를 유포한 '디지털 성범죄'를 일컫는다. 국회는 유사 범죄를 예방하기 위해 2020년 5월 본회의를 열고 인터넷상에서 디지털 성범죄 영상의 유포·확산을 막는 내용을 골자로 한 전기통신사업법 개정안을 통과시켰다.

디지털 공간에서의 성범죄물 유통 방지를 위해

마련된 이른바 'N번방 방지법'이 지난해 12월 10일 시행됐다. 해당 법안은 국내에서 사업하는 연 매출 10억원 이상 혹은 일평균 이용자 10만명 이상 인터넷 사업자가 이용자들의 불법 촬영물 유통 여부를 사전에 확인토록 했다. 이에 네이버, 카카오톡은 물론 각종 온라인 커뮤니티 사이트까지 해당 법안의 울타리에 들어갔다.

불법 촬영물 유통을 사전에 막겠다는 취지로 제정됐지만, 적용 첫날부터 "부작용이 크다"는 우려가 쏟아졌다. 법안이 시행되자 카카오톡 오픈채팅방, 온라인 커뮤니티 등에서는 이용자 불만이 터져 나왔다. N번방 방지법은 시행 직후, 이용자가 올리는 콘텐츠를 사전에 파악해 차단한다는 점에서 이른바 '사전 검열'이라는 지적을 받았다. 특히 국내에서 대중화된 카카오톡 오픈채팅방 검열 논란이 일면서 최근 이슈로 떠올랐다.

각종 온라인 커뮤니티에는 '카톡 검열 근황'이라는 제목으로 다수의 글이 게재됐다. 한 커뮤니티에 올라온 사진에는 고양이 동영상에 '전기통신사업법에 따라 방심위에서 불법 촬영물 등으로 심의·의결한 정보에 해당하는지 검토 중이다'는 문구가 뜬 화면이 담겼다. 이에 이용자들은 개인의 콘텐츠가 법적 필터링을 거쳐야 한다는 것 자체에 불만을 느끼며 해당 법안을 비판했다.

정보통신(IT)·법률 전문가들 사이에서도 플랫폼에 일반적인 감시 책임을 부과하고 처벌 규정을 두는 것이 '죄형법정주의' 위반이라는 지적이 나왔다. 관련 업계는 기술적 불안정성으로 인한 처벌이 사업자 부담으로 이어질 가능성을 우려했다. 새로 제작된 성착취물 등을 걸러내는 데 한계가 있다는 지적도 꾸준하다.

물론 일각에서는 '사전 검열' 논란은 기술이 완전하게 개발되는 과정에서 생긴 과도기적 문제이고, 표현의 자유가 타인의 권리를 심각하게 침해할 때는 법으로서 어느 정도 제한이 필요하다는 의견도 나온다.

N번방 사건

N번방 사건이란 2019년 2월경 텔레그램에 개설된 단체 채팅방을 통해 운영자와 이용자들이 불법 음란물을 생성하고 거래 및 유포한 디지털 성범죄 사건을 말한다. N번방 운영자는 2018년 하반기부터 2020년 3월까지 메신저 앱을 이용하여 피해자들을 유인한 뒤 협박해 성착취물을 찍게 하고 이를 유포했다. 해당 사건은 2019년 한림대 소속 2인조 취재단인 추적단불꽃의 최초 보도를 시작으로 수사를 진행했으며, 2020년 3월 '박사방' 운영자 조주빈이 검거되고 여러 언론에 대대적으로 보도되면서 알려졌다.

🔍 이슈의 논점

N번방 방지법은 사전 검열인가?

N번방 방지법은 이용자가 올린 콘텐츠를 사전에 파악해 차단한다는 점에서 '사전 검열'이라는 지적을 받았다. 정부는 이러한 지적에 반박했다. 방송통신위원회는 12월 13일 "영상 내용을 사전 심사하는 것이 아니다. 업로드 영상의 특징 정보만 기술적으로 비교한다"며 "검열도, 감청도 아니다"라고 해명했다. "고양이 등 일반적인 영상이 불법 성범죄물로 차단됐다는 주장은 사실무근"이라고도 밝혔다.

N번방 방지법의 목적이 디지털성범죄물의 '공개적 유통'을 막는 데 있는 만큼, 개인 카카오톡이나, 카카오톡 친구들 간의 대화인 단체톡 등은 법안의 적용 대상이 아니라는 설명이다. 실제로 N번방 방지법 적용은 단체 오픈 채팅방에 한정된다.

불법 촬영물을 필터링하는 기술 역시 사생활 침해와는 거리가 있다는 설명이다. 지난해 8월 과학기술정보통신부와 방통위는 불법 촬영물 표준 필터링 기술과 데이터베이스(DB)를 민간 사업자에 제공했다. 이 기술은 한국전자통신연구원(ETRI)에서 개발했으며, 영상물의 특징값을 딥러닝을 기반으로 추출해 불법 촬영물 DB와 대조해 불법 촬영물을 걸러내는 방식이다.

하지만 필터링 조치가 사전 검열 요건에 해당할 수 있다는 주장이 끊이지 않는다. 정부가 아닌 민간 인터넷 사업자가 영상물 DNA 비교 작업을 한다고 하지만 그 기준이 되는 불법 촬영물 DNA

DB는 사업자가 아닌 방송통신심의위원회, 즉 정부가 구축한 것이기 때문이다.

정부는 '개인 간의 사적 대화방'은 필터링 대상에 해당하지 않는다고 설명했지만, 90여 개에 달하는 인터넷 사업자의 사적·공적 공간을 명확히 나누기 어려운 건 사실이다.

정부가 '공개 서비스'라는 큰 틀을 제시하고 그 안에서 사업자가 적용 대상을 구체화하는 식인데 이때 기업은 법 위반에 따른 피해를 최소화하려고 규제 범위를 넓혀 최대한의 조치를 할 수 있다. 사전 검열을 우려하는 배경이다.

'N번방 없는 N번방 방지법' 실효성 논란

N번방이 운영되며 불법 성착취 동영상이 공유됐던 텔레그램이 규제 대상에서 빠지며 'N번방 없는 N번방 방지법'이라는 비판도 나오고 있는 상황이다.

텔레그램뿐만 아니라 최근 온라인 성범죄의 온상으로 떠오른 디스코드 역시 N번방 방지법을 피해 갔다. 텔레그램과 디스코드는 해외 사업자가 운영하는 서비스인데다가, 모든 대화가 사적인 것으로 분류되면서 규제를 비껴갔다.

법 조항에는 '국외에서 이뤄진 행위도 국내 시장 또는 이용자에게 영향을 미칠 경우 적용한다'는 역외적용 규정이 있지만, 실질적인 구속력을 갖지는 못한다. 지난해 법 시행 당시 국회입법조사처도 해외 플랫폼을 규제하는 데 한계가 있다며 국내 사업자의 역차별을 우려한 바 있다.

또한 이용자가 직접 대화방이나 게시판에 동영상을 올리는 것이 아니라, '공유하기' 등의 기능을 사용해 영상을 공유하는 경우는 필터링에서 제외된다. 가령, 오픈 1 대 1 채팅방에서 그룹 채팅방으로 불법촬영물을 전달할 경우 규제를 피해 갈 수 있다.

이런 이유로 일각에서는 N번방 방지법의 실효성을 놓고 회의적인 시선을 보내고 있다. 국내 인터넷 업계는 물의를 일으켰던 업체들은 적용 대상에서 제외되고, 정작 디지털 성범죄를 막기 위해 조치를 취하고 있던 국내 기업만 법안의 적용을 받는 현실에 대해 비판을 하고 있다.

손지윤 네이버 정책전략총괄 이사는 "N번방 방지법의 목적에는 충분히 동의한다"면서도 "실질적으로 (법안이) 작동하는 데 있어서 절차적인 부분들이 잘 규정돼 있느냐고 한다면 법안이 만들어진 뒤 많은 시간이 있었음에도 사업자 의견이 잘 반영되지 않았다"라고 지적했다.

정부는 국내외 사업자에게 법을 동일하게 적용한다는 방침을 내놨다. N번방 방지법으로 거를 수 없는 불법 촬영물은 경찰의 잠입수사와 국제공조수사 등으로 해결할 문제라고 설명했다. 아울러 "이번 조치는 한계가 있겠지만 불법 촬영물 재유포로 인한 2차 피해를 최소화하기 위한 것"이라고 강조했다.

그러나 해당 조치는 N번방 방지법이 아니더라도 충분히 할 수 있는 조치라는 점에서 과연 N번방 방지법이 필요한가에 대한 의문이 남는다. 인터넷 성범죄를 처벌할 수 있는 다른 법이 얼마든지 있는데 사전 검열 논란에 실효성도 부족한 N번방 방지법으로 논란을 자초할 필요가 있는지 재검토할 필요가 있다.

벤자민 프랭클린은 "약간의 안전을 얻기 위해 약간의 자유를 포기하는 사회는 자유도 안전도 가질 자격이 없으며 둘 다 잃게 될 것이다"라고 말했다.

아무리 취지가 좋다고 하더라도 현실에서 도움도 되지 않는 법 때문에 국민 기본권이 침해받는다면 무슨 의미가 있겠는가. 언론의 자유와 통신의 비밀 보장은 어떤 상황에서든 쉽게 침해돼선 안 된다.

"시행 초기 혼란...보완할 수 있어"

N번방 방지법은 디지털 성폭력 근절에 플랫폼이 나서야 한다는 여성들의 요구가 모여 20대 국회 종료를 하루 앞두고 겨우 도입된 법안이다. 시행 초기 혼란을 이유로 힘들게 만들어낸 N번방 방지법을 철회하자는 것은 더 많은 성착취 피해자 양산을 지켜보자는 것과 다름없다는 주장도 있다.

누구나 접근할 수 있고 누구나 볼 수 있는 사이트에 올리는 영상을 헌법상 통신 비밀을 보장받는 '사적 대화'로 보기는 어렵다. 방통위는 지난해 5월에도 설명자료를 내고 "불법촬영물 등에 대한 사업자의 유통 방지 의무는 일반에게 공개되어 유통되는 정보를 대상으로 부과되어야 한다는 것이 정부의 일관된 입장"이라며 이메일, 개인 메모장, 비공개 카페, 블로그 등의 사적 대화는 대상이 아니라고 밝힌 바 있다.

N번방 사건의 발단이 됐던 텔레그램, 디스코드 등 해외 사업자가 법 적용 대상에서 제외됐다는 점을 들어 '실효성 문제'를 제기하는 이들도 있다. 하지만 텔레그램 같은 1 대 1 메신저가 제외된 이유는 앞서 일부 커뮤니티에서 우려했던 '사생활 침해' 가능성 때문이었다. 사적 대화방에서의 성착취물 유통은 경찰 잠입 수사를 통해 별도 모니터링하는 방안이 실효성을 담보할 대안으로 언급된다.

N번방 방지법에 대한 우려가 전혀 없는 것은 아니다. 그러나 법 시행 과정에서 권리 침해가 발생한다면 보완을 통해 해결할 문제다.

디지털 공간에서 개인의 모호한 공적·사적 영역을 명확히 구분할 수 있는 기준을 세우는 한편, 수사 기법과 국제 공조를 발전시키는 방향으로 N번방 방지법에 대한 보완 입법이 이뤄질 필요가 있다. 이를 통해 사이버 성착취 범죄를 뿌리 뽑아야 할 것이다.

⌛ 연습문제

N번방 방지법은 시행하자마자 논란에 휩싸였다. N번방 방지법이 필요한지에 대해 본인의 생각을 쓰시오. (1000자, 50분)

※ 논술대비는 실전연습이 필수적입니다. 반드시 시간을 정해 놓고 원고지에 직접 써 보세요.

200

400

600

800

1000

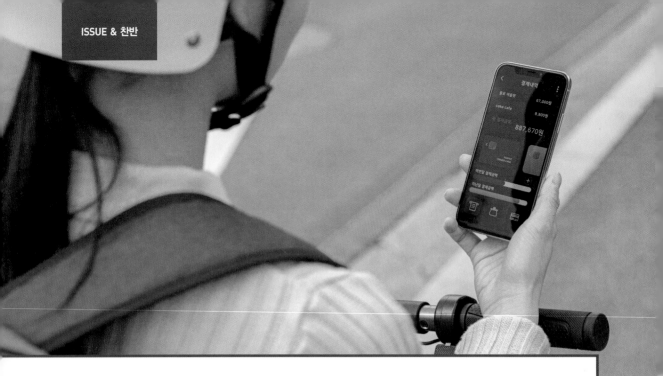

늘어가는 직장인 N잡을 용인해야 하나

"개인 시간 활용은 근로자 자유" vs "근로자의 성실 근무는 도의적 책무"

➕ 배경 상식

최근 직장인 'N잡러'가 늘고 있다. N잡러란 2개 이상의 복수를 뜻하는 'N'에 직업을 뜻하는 'job', 사람이라는 뜻을 더하는 접미사 '-er'가 합쳐진 신조어로, 생계유지나 개인의 자아실현을 위해 본업 외에 여러 개의 직업을 가진 사람을 의미하는 말이다. 대개 자아실현보다는 생계유지 목적으로 N잡러가 되는 경우가 많다. 한 직장인 커뮤니티의 블라인드 설문조사 결과에 따르면 N잡을 시작하게 된 계기는 자금 마련 목적(43%)이 가장 많은 것으로 조사됐다. 이는 회사의 월급으로는 내 집 마련은커녕 생활을 정상적으로 이어가기도 어렵다고 느끼는 직장인들이 많기 때문이다. 가뜩이나 장기화된 경제 침체 상황에서 코로나19로 인한 경제 쇼크가 더해지자 많은 직장인이 N잡을 통해 소득 보전을 꾀하고 있다.

또한, 코로나19로 재택근무가 늘어나면서 확보된 여유 시간을 N잡에 할애하는 경우도 늘어나고 있으며, 주52시간제 도입으로 생긴 여유 시간을 N잡에 쓰는 사례도 늘고 있다. 음식 배달 등 플랫폼 앱을 매개로 누구나 쉽게 N잡에 도전할 수 있게 된 것도 직장인 N잡 시대를 뒷받침한다. 그러나 N잡은 노동자의 직업 선택의 자유와 직업윤리 준수 사이에서 논란을 낳는다. 원칙적으로 근로자가 개인 시간에 N잡을 하는 것은 법적 문제가 없으나, 고용자 입장에서는 근로자의 N잡이 달갑지 않기 때문이다. 회사에 소속된 근로자가 휴식해야 할 시간에 N잡을 하면 업무 효율성이 떨어지기 마련이다. 최근에는 근로자의 겸직으로 인한 소송이 진행되기도 했는데, 법원이 회사 측의 손을 들어줘 주목도가 더욱 커졌다. 근로자의 자유 의지와 근로자의 도의적 책임 사이에서 줄타기하는 직장인의 N잡은 어떻게 보아야 할까.

직장인 N잡 찬성1 근로 계약 시간 외 개인 시간 활용은 근로자 자유

우리나라 헌법 제15조에 따르면 모든 국민은 '직업 선택의 자유'를 갖는다. 원칙적으로 일반 직장인이 N잡을 가져도 법적으로 문제가 되지 않는다. 회사와 근로 계약으로 맺은 업무 시간을 제외한 시간은 온전히 근로자 개인의 것으로, 이 시간을 간섭하는 것은 근로자의 자유를 제한하는 것이다.

근로자의 N잡 활동이 업무에 손해를 끼친다는 논리는 모호하다. 이 논리대로라면 근로자가 자유 시간에 체력을 많이 소모하게 되는 체육 활동이나, 정신력을 많이 쓰는 정신적 활동까지 통제해야 할 것이다.

직장인 N잡 반대1 근로자의 성실 근무는 도의적 책무

근로자는 근로 계약을 맺은 회사에서 성실하게 근무할 도의적 책무를 가지고 있다. 근로자의 N잡이 업무 효율성에 분명한 영향을 끼친다고 판단하고 회사 사규에 N잡을 금지하는 사례가 많은 만큼 근로자는 회사가 정한 규칙을 존중해야 한다.

최근에는 회사의 규칙을 위반하고 겸직을 한 근로자를 해고한 회사 측의 조치가 정당하다는 법원의 판결까지 나왔다. 근로자의 직업 선택의 자유가 무조건적으로 보장되는 것이 아니라는 판례가 나온 만큼, 근로자는 N잡을 지양하고 회사에 성실 근무의 의무를 다해야 한다.

직장인 N잡 찬성2 생계 위협받는 근로자 소득 보전 필요

소득이 많은 누군가는 2018년부터 도입된 주 52시간제 도입이 '저녁 있는 삶'을 가능케 해 달 가울지 모르지만, 생계유지를 위한 소득이 턱없이 부족한 근로자들은 주52시간제 도입에 따라 줄어든 소득을 보전할 길이 필요하다.

더욱이 요즘은 다양한 플랫폼이 마련돼 근로자가 N잡을 가질 여건이 좋아졌다. 근로자가 효율적으로 본인의 일정과 체력을 조절하면 회사 업무에 영향을 끼치지 않으면서도 겸직을 수행할 수 있다. 근로자가 자신의 노후 대비와 저축 등을 위해 이어가는 N잡을 제한하는 것은 근로자 본연의 근로권을 제한하는 것이다.

직장인 N잡 반대2 근로 현장에서 재해 가능성 높이는 근로자 N잡

올해 1월 27일부터 중대재해기업처벌법이 시행됐다. 이 법에 따르면 안전사고로 노동자가 사망할 경우 사업주 또는 경영책임자는 1년 이상의 징역이나 10억원 이하의 벌금을 받고, 법인은 50억원 이하의 벌금을 받을 수 있다. 이 법은 근로자의 부주의에 의한 안전사고 역시 회사의 책임으로 보고 있다.

근로자가 퇴근 이후인 야간에 수행하는 N잡은 다음 날 수행하는 작업장에서의 재해 가능성을 높인다. 중대재해기업처벌법으로 경영책임자가 징역을 선고받을 수도 있는 만큼 고용자를 보호하기 위해서도 N잡은 지양돼야 한다.

박장호 취업의신 대표

"내세울 수 있는 한 가지가 있다면 취준생이 갑(甲)이 됩니다"

코로나19 사태와 공개채용 폐지 흐름으로 얼어붙었던 대기업 채용 시장에 봄바람이 불고 있다. 지난 3월부터 삼성은 상반기 대규모 공채에 나섰고 현대차그룹, SK그룹, LG그룹 등도 계열사별 수시 채용을 진행 중이다. 취업 시즌이 될수록 취준생들의 마음은 더 타 들어 간다. '이 스펙으로, 이 경력으로 취업문을 뚫을 수 있을까' 걱정이 앞선다.

〈에듀윌 시사상식〉은 박장호(37) 취업의신 대표를 만나 취준생들의 걱정을 덜어줄 조언을 들었다. 박 대표는 토익 235점, 지방대, 학점 3.29라는 '저스펙'으로 공기업, 대기업, 외국계 기업 취업에 성공한 경험이 있다. 이를 토대로 지난 11년간 취업 컨설팅 전문가로서 수많은 취준생에게 합격의 기쁨을 안겨주었다. 인터뷰는 3월 7일 서울 서초구 취업의신 본사에서 진행했다.

Q. 저스펙으로 다수 기업에 합격한 전략은?

A. 취업 준비 기간 2년간 서류 500번, 면접 100번 이상을 탈락했지만 어디 한번 될 때까지 해보자는 마음가짐으로 취업의 문을 뚫었습니다. 다양한 직무에 지원해 합격했는데 구체적인 직무 내용을 보면서 이게 저와 맞는지 안 맞는지 '직무 궁합도'를 보는 게 가장 중요했다고 생각합니다.

채용 공고의 상세한 요강에 기본 요건과 우대사항이 있는데 이를 자세히 보면 본인과 기업과 매칭 확률이 나옵니다. 1년간 이러한 분석을 하니까 지원하기 전에 제가 '이 기업에 합격하겠다 안 되겠다'라는 예상이 나오더군요. 직무 궁합도를 보고 최대한 많이 지원해 얻어걸리는 것을 일명 취업 '카사노바 전략'이라고 합니다. 카사노바는 연애에 많이 성공했지만 그만큼 실패도 많이 했거든요. 마찬가지로 취업에도 카사노바 전략이 필요한 거죠.

Q. 힘든 취업 준비 기간을 어떻게 이겨냈는지요?

A. 저는 어렸을 때 오락실에서도 제가 지는 상대와 게임을 해도 이길 때까지 계속했습니다. 취업할 때도 승부사 기질과 경쟁심이 있었어요. '무조건 내가 때까지 해보자, 할 수 있다'란 뚝심이 있었던 거지요.

보통 취준생들은 친구들이 좋은 기업에 먼저 취직하면 열등감을 느끼면서 구직 활동이 위축되기 마련이지만 저는 '나도 좋은 기업에 들어가겠다'라고 스스로에게 동기 부여를 했습니다. 그 결과 경쟁률이 250 대 1에 세무사 자격증까지 가진 분들이 입사하는 금융권 공기업에 합격하기도 했습니다.

Q. 취업 컨설팅을 시작한 계기가 있나요?

A. 소위 인지도 높은 기업, 연봉 높은 기업, 일하기 편한 공기업을 다녀봤지만 틀에 박힌 시간에서 비슷한 업무를 반복하는 생활이 맞지 않았어요. 그러다 퇴근하면 집에서 또 자기소개서를 쓰고 주말 되면 면접을 보러 다녔죠.

제가 구직 활동을 계속 하다 보니 '그 자체를 계속 즐기게 되었구나, 그럴 바에는 아예 남들 구직 활동을 도와주자'라고 결심하고 취업 교육과 취업 컨설팅 사업에 곧바로 뛰어들었습니다. 아침 9시부터 저녁 11시까지 교육생들과 함께 점심 저녁을 먹으며 취업 상담과 컨설팅을 했습니다. 그러한 경험으로 지금은 단지 취업 컨설팅뿐만 아니라 창업이나 취업 후 이직 전반에 걸친 커리어 컨설팅 전문가를 자부하고 있습니다.

Q. 취업의신 취업 커설팅 서비스가 차별화되는 부분은 무엇인지요?

A. 저희는 교육생들을 아무 곳이나 빨리 취업시키기보다는 치밀한 커리어 진단으로 취업할 수 있다고 판단되는 기업 중 가장 최상의 기업에 취업시키는 것을 목표로 합니다. 그 결과 2019년 기준 교육생들의 취업 성공률 90%를 달성했습니다.

일단 숫자로 표현되는 정량적인 스펙과 이 사람의 성향, 스피치 능력 등 정성적인 스펙, 대내외 활동이나 아르바이트 등과 같은 사회 경험을 합쳐서 개개인 맞춤형으로 취업 컨설팅을 합니다. 이러한 방식으로 취업 컨설팅부터 취업 성공까지 보통 2.5개월이 걸립니다.

Q. 기억에 남는 취업 성공 사례가 있습니까?

A. 제가 겉보기와 달리 사회공포증이 있고 사람 앞에서는 울렁증이 있어 사회공포증 극복을 위한 커뮤니티에서 스피치 모임도 하고 그랬거든요. 나중에 취업 교육 사업을 하고 교육생으로 만난 분이 있는데 알고 보니 그때 커뮤니티에서 만났던 형인 거예요. 당시 그분이 34살이었는데 10년 동안 고시 준비를 하다가 포기하고 취업을 준비하던 상황이었어요.

이분을 제가 취업 진단해봤는데 정량적인 스펙이 전혀 없으니 사기업 쪽으로는 가능성이 없고 고시 공부했던 지식은 있으니 필기시험과 공기업 쪽으로 컨설팅을 해드렸어요. 결국 서울도시철도공사에 최고령 신입으로 입사하셨습니다.

Q. 취준생들은 취업 준비 시간 대부분을 필기 준비에 쏟아 붓고 있는 게 현실인데요.

A. 공기업 NCS나 대기업 인적성 준비는 대부분 기본적으로 하지만 선택과 집중을 하는 것이 유리합니다. 여태까지 살아온 이력을 감안해 정량적 스펙을 봤을 때 어학 성적이라든지 학점이 충분히 높다라면 아예 필기에 더 집중해서 높은 점수를 받는 게 좋습니다.

하지만 사기업은 점차 인적성 시험 비중을 줄이는 추세인데다가 공부하지 않은 체질이지만 공기업에 들어가고 싶은 취준생들도 있죠. 그런 분들은 서류 준비를 중심으로 잡고 기업 분석, 직무 궁합도를 최대한 분석하는 게 좋습니다.

일부 기업에서는 필기 점수가 상대적으로 낮다고 하더라도 직무 역량과 직무 궁합도가 딱 맞아 눈에 띄는, 기업에서 반드시 뽑아야겠다고 판단하는 지원자는 합격시키는 경우가 있습니다. 이때는 필기 점수가 낮아도 합격할 수가 있는 거지요. 이처럼 채용 추세는 상당히 다변화되고 있습니다.

무엇보다 일단 서류 통과가 안 되면 당연히 필기시험 기회도 없습니다. 필기시험 준비는 여러 문제집의 유형을 익혀서 단기간에 충분히 할 수 있거든요. 평소 뉴스와 신문을 챙겨보고 채용 정보, 기업 정보도 놓치지 말아야 합니다.

Q. 2022년 대표적인 취업 트렌드는?

A. 먼저 '작살형 채용'입니다. 물고기를 작살로 찍어 잡듯이, 기업들이 '묻지마 지원자'를 걸러내고 철저히 기업에 맞춤화된 인재를 뽑고 있어요. 제가 한 투자증권사 채용 컨설팅을 한 적이 있는데 1년 내 퇴사율이 40%라고 합니다. 기업 입장에서는 꼭 이 회사가 아니면 안 되는, 오래 다니며 전문적으로 기여할 사람이 필요한 거예요.

그러니 자소서 항목도 평범하게 지원 동기 이런 게 아니라 기업에 완전히 특화된 질문을 합니다. 가령 '우리 회사 투자 앱을 이용해 본 적이 있는가', '우리 투자증권 회사의 매매 수수료는 얼마인가'와 같은 맞춤형 질문이 나오는 거지요. 정말 내세울 수 있는 한 가지가 있다면 취준생이 갑(甲)이 됩니다. 하지만 일반적인 스펙만 뛰어나고 평범하다면 을의 위치에서 구직 활동을 계속할 수밖에 없어요. 그러한 취업 부익부 빈익빈 현상이 심해지고 있습니다.

또한 취업 시장이 기업에서 구직자 중심으로 넘어갔다는 것입니다. 이른바 채용 브랜딩이라고 하죠. 기존에는 채용 홈페이지 같은 곳에서 평범하게 기업 소개를 했던 기업이 지금은 더 나은 맞춤형 인재를 찾기 위해 취준생들에게 적극적으로 구직 서비스를 제공합니다. 비대면, 메타버스의 영향도 크죠. 구직 담당자가 자소서나 면접 단계에서 어떤 문제가 나올지 설명해주기도 합니다. 이처럼 공을 들여서 채용하고 있으니 취준생들은 적극 참여하며 정보를 찾아야 합니다.

Q. 취업의신 대표로서 목표하는 바가 있다면?

A. 커리어 컨설팅 분야와 취업 컨설팅 분야에서 넘버원이 1차 목표였는데 지금은 나름대로 달성을 했다고 봅니다. 취업 이후 경력 관리나 이직까지 커리어 전방에서 컨설팅도 이뤄내면서 취준생 때부터 10년 넘게 인연은 이어오고 있는 교수생들도 있습니다.

2차 목표는 기업 HR 사업인데, 기업 교육과 채용 대행, 면접관 교육으로 120개 스타트업부터 대기업 인사팀의 참여로 목표를 이뤘습니다. 최종 목표는 신입·경력 취업, 이직, 퇴사 등 커리어 컨설팅 전반을 비대면으로 유지할 수 있는 플랫폼을 만들어 서비스하는 것입니다.

Q. 취준생들에게 한 말씀 부탁드립니다.

A. 대나무 중에 최상품으로 치는 모죽(毛竹)이란 게 있어요. 모죽은 심은 지 5년이 지나도 손바닥 만 하다가 어느 날 갑자기 하루에 80cm를 자라고 3개월 만에 30m가 됩니다. 사람들이 '얘가 5년 동안 뭐 하고 있나' 연구를 해보니 땅 밑으로 뿌리를 깊게 내리고 있다가 때가 되니까 올라간 거예요. 취준생들도 마찬가지입니다.

취준생들을 상담하다보면 100이면 100 "지금 하고 있는 게 취업에 필요 없는 것 같아요"라고 말을 하지만 지금이 모죽처럼 뿌리를 내리고 있는 기간인 것입니다. 그러다가 본인과 맞는 기업이 나타나면 모죽이 성장 시기를 맞닥뜨리듯 올라가는 것입니다. 지금 여러분들은 실패자도 아니고 성장통을 겪고 있는 제2의 사춘기니까 계속 노력하면 좋은 결과가 나올 것입니다.

아울러 취업에 절박해지시길 바랍니다. 제가 취업 특강 나가면 현금 300만원을 펼쳐 놓고 취준생들에게 이렇게 말해요 "여러 분이 취업이 한 달씩 미뤄질 때마다 200만원, 300만원이 날아갑니다. 절박함을 일깨우셔서 취업하세요"라고요.

취업 후 멋진 인생 계획까지 세워 보세요. 취업이고 인생이고 성공한 사람과 실패한 사람들의 차이점은 딱 하나 실행력입니다. 성공한 사람들은 실패한 사람들의 성공할 생각을 그냥 실행하는 것일 뿐입니다.

> 66
> 본인과 맞는 기업이 나타나면
> 모죽이 성장 시기를 맞닥뜨리듯
> 올라가는 것입니다.
> 99
>
> – 박장호 취업의신 대표 –

중대재해기업처벌법은
중대재해를 막을 수 있을까

"그 쇳물 쓰지 마라"

2018년 12월 11일 충남 태안군 한국서부발전 태안화력발전소에서 일하던 당시 24살 김용균 씨가 전기로 위에서 작업하다 발을 헛디뎌 추락했다. 전기로에는 1600도가 넘는 쇳물이 담겨 있어 김 씨의 시신조차 찾을 수 없었다. 한 누리꾼의 조시(弔詩)가 가슴을 쳤다. "광염에 청년이 사그라졌다. 그 쇳물 쓰지 마라…"

비극은 이 땅에 인재(人災)로 인한 산업재해가 있어서는 안 된다는 공감대를 형성했다. 안전 의무를 다하지 않은 가운데 중대재해가 발생하면 기업과 경영 책임자를 처벌하는 중대재해기업처벌법(이하 중대재해법)을 제정해야 한다는 목소리가 높아졌다. 정치권과 기업의 이해타산에 중대재해법은 2021년 1월 26일이 돼서야 제정됐고 다시 1년의 유예기간을 거쳐 2022년 1월 27일 시행됐다.

시행 한 달째…재해는 여전

중대재해법은 기업 등의 각종 안전·보건 의무를 강화해 중대재해를 예방하고 시민과 노동자들의 생명과 신체를 보호하자는 취지다. 해당 법령이 정한 안전·보건 조치 의무를 위반해 중대재해에 이르게 한 경우 법인과 사업주, 경영책임자 등 권한과 책임이 있는 사람에게 형사 책임을 묻고 고의성이 입증되면 민사 손해배상 책임도 무겁게 지우는 것이 주요 내용이다.

사업주나 경영책임자가 안전조치 의무를 소홀히 해 사망사고를 유발하면 1년 이상의 징역 또는 10억원 이하의 벌금에 처하며 법인 또는 기관에는 50억원 이하의 벌금이 부과된다. 법 적용 대상은 산업체, 일반 사무직 등 업종관 관계없이 상시 근로자가 5인 이상이 모든 사업장이다.

중대재해법 시행 후 기업들은 "(법 적용) 1호가 될 순 없어"라며 전전긍긍했지만 심각한 중대재해가 줄줄이 터져 나왔다. 삼표산업은 경기도 양주 채석장에서 골재 채취 작업 중 토사 붕괴로 중장비 운전원 3명이 사망하면서 1호의 불명예를 얻었다. 삼표산업 재해 현장에서는 안전 수칙을 지키지 않은 정황이 속속 드러났다. 당시 화약류 자격증이 없는 현장 채석 담당자가 발파 준비를 위해 구멍을 뚫는 지점을 지정한 것으로 알려졌고 폭약 1800kg이 현장소장 결재도 없이 졸속으로 사용됐다. 고용노동부는 삼표산업 본사를 압수수색했고 대표 이사를 중대재해처벌법 위반 혐의로 입건했다.

이어서 전남 여수산업단지 내 여천NCC 3공장에서 폭발사고가 발생해 협력업체 직원 3명이 숨졌고 경남 고성군 삼강에스앤씨에서 근무하던 협력업체 직원 1명이 컨테이너 난간 수리 작업 도중 추락사했다. 한솔페이퍼텍 사업장에서는 고형연료 하차 작업 중이던 협력업체 직원 한 명이 적재물 하차 중 발생한 사고로 사망했다. 요진건설 판교제2테크노밸리에서는 추락사고, 두성산업은 트리클로로메탄 급성 중독자가 발생했다. 법 시행 불과 한 달 만에 중대재해법 적용 대상이 4호, 5호까지 속출했다.

고용노동부는 법 시행 후 지난해 같은 기간과 비교해 중대재해 사망자가 감소했다고 자평했으나 제조업 분야에서 사망자는 오히려 늘었다. 중대재해법이 중대재해를 막는 데 도움이 되지 않는다는 지적이 나온다. 기업 또한 법 시행에 대비하기 위해 충분한 시간이 있었는데도 준비가 미흡했다는 비판에서 자유로울 수 없다.

처벌보다 예방이 우선

중대재해법은 안전 의무를 지키지 않아 중대재해를 일으킨 기업과 경영책임자를 엄벌한다고 하나 그 책임 범위가 불분명하다. 기업이 교묘하게 법망을 피해 나갈 여지를 남겨 두었다. 대기업 등

일각에서 덤터기를 쓸 안전담당 이사를 별도로 설치하는 움직임이 그 예다. '위험의 외주화'를 부추기는 하도급 과정에서 안전 문제가 발생했을 경우 원청과 하청, 재하청 업체 중 어디에 책임 범위를 설정하는지도 불분명하다.

처벌보다 중요한 것은 예방이다. 중대재해법은 예방이 아니라 처벌에 초점을 맞추고 있다. 빈번한 중대재해 유형을 분석해 왜 이런 사고가 나는지 원인을 파악해 현장 안전시설과 관리 체계를 강화하기보다는 경영진 처벌만 강조하다 보니 중대재해 방지라는 본래 목적을 달성하기 어렵다. 예를 들어 최근 제조업이나 건설업에서는 외국인 노동자가 크게 늘면서 언어와 문화 차이로 현장 통솔에 애로 사항이 많아 사고로 이어지는 사례가 많지만 중대재해법은 이러한 현장 상황에 대한 이해가 부족하다.

그나마 조선·건설·철강 등 고위험 업종 대기업은 법 시행 후 대대적인 안전 관리 강화에 나섰으나 중견·중소기업은 비용 등 현실적인 문제로 사태를 관망하며 손을 놓고 있는 실정이다. 최근 중소기업중앙회의 설문에 따르면 중소 제조업체의 53.7%는 중대재해법의 의무사항 준수가 불가능하다고 답했다.

지난해 산재사고 사망자 828명을 사업장 규모별로 보면 50인 미만 사업장이 전체의 사망자의 80.7%를 차지했다. 50인 미만 사업장에 대한 중대재해법 적용이 2024년 1월 27일까지 유예되는 만큼 당장 있으나 마나 한 법이다. 남은 유예 기간 동안 현장의 목소리를 반영해 실질적인 안전 조치와 중대재해 예방이 이뤄질 수 있도록 입법 보완이 절실하다.

'꿈의 에너지 기술'
인공태양

태양과 핵융합

태양은 태양계의 유일한 항성(별)이자 모든 에너지의 근원으로서 고대인들로부터 숭배받았다. 태양이 1초 동안 뿜어내는 에너지는 모든 인류가 100만 년간 쓰고도 남을 정도로 거대한 양이다. 지구 표면에 도달하는 태양 에너지는 전체 태양 에너지의 22억분의 1에 불과하지만 온 세상을 밝게 비추고 초목을 푸르게 물들이는 데 충분하다.

태양 에너지의 원천은 핵융합이다. 태양 내부에서 수소 원자 두 개가 결합하는 핵융합 반응을 일으켜 헬륨 원자가 만들어지는 과정에서 막대한 에너지가 방출된다. 원자를 구성하는 핵은 양성(+)을 띠므로 원자 두 개가 융합하려면 자석의 같은 극을 밀어내듯 척력이 작용한다. 태양은 중심부에서 1500만℃의 고열과 2500억 기압으로 이 같은 척력을 무력화한다. 태양이 핵융합으로 에너지를 방출하는 원리를 모방한다면 태양이 내뿜는 것과 같은 에너지를 얻을 수 있지 않을까? 공상과학 영화에서나 나왔던 마법 같은 이야기가 점차 현실로 다가오고 있다. 핵융합 기반 인공태양 기술에 관한 얘기다.

태양을 훔치는 방법

기후 전문가들은 전 세계가 상상을 초월하는 규모와 속도로 새로운 1차 에너지원을 채택하지 않는 한 기후 재앙을 피하지 못하리라고 본다. 현재 각국이 내세운 국가 온실가스 감축 목표로는 탄소제로 목표를 달성하기에 역부족이다.

기후 변화 위기를 막기 위해 태양광이나 풍력 등 신재생에너지 발전 비중이 늘고 있지만 낮은 발전 효율의 문제를 극복하지 못하고 있다. 산을 깎아내고 중금속으로 대지를 더럽히는 신재생에너지 발전이 친환경적인가란 의문도 있다. 이에 원자력 발전이 대안으로 다시 주목을 받고 있으나 핵폐기물 처리와 안전성 문제를 해결할 수 없다.

핵융합 발전 인공태양은 무한하고 청정한 꿈의 에너지 기술로서 주목받고 있다. 인공태양은 온실가스 배출 없이 무한히 에너지를 생성하며 반감기가 12.3년에 불과한 방사성 물질(삼중수소)만 극소량 배출한다. 기존 원전이 원자핵을 쪼개는 핵분열로 에너지를 얻는다면 핵융합은 태양과 마찬가지로 원자핵이 융합되는 과정에서 에너지를 방출하는 원리다.

최초의 상업용 원전은 1950년대에 발전을 시작했지만 핵융합 발전은 아직 '꿈의 기술' 단계에 머물러 있다. 태양과 같은 환경을 만들기가 어려워서다. 태양과 같은 1500만℃의 열은 만들 수 있지만 2500억 기압에 달하는 압력을 만드는 게 불가능하다. 이에 과학자들은 기압을 포기하고 온도를 더욱 높여 태양보다 높은 온도에서 핵융합 반응을 일으키는 방법을 생각했다. 이를 위해서는 태양의 10배에 달하는 1억5000만℃에 달하는 열이 필요하다. 과학자들은 진공관 안에 수소를 채운 뒤 열을 가해 원자가 전자와 이온으로 분리되는 제4의 물질의 상태인 플라스마 상태를 만들어 뜨거운 열을 발생시켰다. 1억5000만℃까지 온도를 올리는 방법은 찾았지만 이번에는 그 온도를 견딜 재료가 없었다.

과학자들은 고민을 거듭해 플라스마를 벽체에 닿지 않게 가두는 방법을 고안했고 그렇게 나온 것이 도넛 형태의 진공 용기인 토카막(tokamak)이라는 구조물이다. 토카막은 자기장을 이용해 플라스마를 공중에 띄울 수 있다. 토카막의 내부 벽은 영하 260도에 가까운 극저온에서 전기저항이 0이 되는 초전도 자석으로 만들어졌다. 초전도 자석은 강력한 자기장을 형성해 플라스마를 공중에 띄울 수 있다. 하지만 과학자들은 요동치는 플라스마의 움직임을 안정적으로 제어할 수 없다는 문제와 또다시 씨름하고 있다. 24시간 발전이 가능하려면 고온의 플라스마를 약 1000초 가까이 안정적으로 가동할 수 있어야 하는데 현재 인류에게는 그러한 기술이 없다.

도전은 계속된다

최근 핵융합 발전은 큰 진전이 잇따르면서 상용화에 대한 기대감을 키우고 있다. BBC 방송은 영국 옥스퍼드셔 컬햄에 위치한 합동유럽토러스(JET) 연구소가 지난 2월 9일(현지시간) 인공태양으로 기존 연구보다 2배 이상의 에너지를 얻는 데 성공했다고 보도했다. 연구진은 이번 실험으로 5초간 59MJ(메가줄)의 열에너지를 얻어냈다.

59MJ은 전력 단위로는 11MW(메가와트) 정도로 주전자 약 60개의 물을 끓일 수 있을 정도로 미약한 에너지양이지만 미래 저탄소 에너지원을 만들기 위한 거대한 진전이라는 데 이견이 없다. 특히 프랑스에서 진행 중인 더 큰 규모의 국제핵융합실험로(ITER, International Thermonuclear Experimental Reactor) 건설에 유용한 정보를 제공할 것으로 기대된다. ITER은 한국을 포함해 미국, 유럽연합(EU), 일본, 중국, 인도, 러시아 등이 기술력을 총동원해 만드는 대규모 핵융합실험로로 20조원을 들여 2025년 완공 예정이다.

우리나라도 한국형 초전도핵융합장치(KSTAR, Korea Superconducting Tokamak Advanced Research)가 있다. KSTAR는 규모는 작지만 지난해 12월 1억℃ 이상의 초고온 플라스마를 30초 동안 유지하는 데 성공하며 최장 시간 운전 세계 기록을 경신했다. 인류는 도전을 멈춘 적이 없고 늘 그랬듯이 더 나은 방법을 찾아낼 것이다. 깨끗하고 저렴한 에너지를 무한정 쓸 수 있는 핵융합 발전 시대가 하루빨리 열리길 기대한다.

한반도 유일의 고구려비,
충주 고구려비

역사에 관심이 있어 유적지 답사를 다녀본 이들이라면, 한 번쯤 '우연한 역사적 발견'을 머릿속에 그려봤을 것이다. 그간 한국사 연구에 있어 획기로 남을만한 중요한 유물의 발견은 조사기관의 체계화된 발굴조사에 의한 것도 있었지만, 예기치 못한 순간 그 실체가 드러나는 경우도 많았다.

백제 문화의 정수를 보여주는 '공주 무령왕릉'이나, 신라사 연구에 큰 진일보를 가져온 '울진 봉평리 신라비', '포항 냉수리 신라비', '포항 중성리 신라비' 등은 모두 우연한 기회를 통해 세상에 나타나 학계를 흥분시켰다.

▲ 울진 봉평리 신라비(왼쪽)와 포항 냉수리 신라비 (자료 : 문화재청)

돌·금속 등에 새긴 금석문의 경우 당대인들이 직접 제작한 1차 사료라는 점에서 더할 나위 없이 귀중한 자료이다. 금제 불상이나 그림에 비해 화려함은 좀 떨어질지 몰라도 후대인들의 왜곡이나 윤색을 거치지 않아 해당 시대의 정치상·생활상을 파악하는 데 오류를 범할 확률이 훨씬 적다.

그 중 삼국 시대의 비석은 가뜩이나 자료가 영성蓼星한 고대사 연구에 단비와 같은 존재다. 특히 고구려사 연구의 경우 지역 자체가 신라나 백제에 비해 접근이 매우 제한적일 뿐만 아니라 전하는 사료가 절대적으로 부족하여 더욱 그러하다. 지금껏 발견된 고구려 비석은 중국에서 2기(광개토왕릉비, 지안 고구려비), 우리나라에서 1기 등 총 3기뿐이다.

▲ 충주 고구려비 (자료 : 문화재청)

우리나라에 있는 것이 충주시 중앙탑면 용전리 입석마을에서 발견된 '충주 고구려비'이다. 지역명에서 유추할 수 있듯이 이 비석은 오래 전부터 마을 입구에 세워져 마을의 상징과 같은 큰 돌기둥에 불과했다. 긴 시간 아무도 이 비석이 먼 옛날 고구려의 비석임을 알아챈 이가 없었다. 워낙 표면의 마모가 심해 글자 확인이 쉽지 않았기 때문이다.

천 년하고도 몇 백 년이 훌쩍 넘는 시간 동안 조용히 자신의 실체를 알아줄 이를 기다린 고구려비가 드디어 세상에 이름을 알리게 된 건, 전문가들이 아닌 지역 문화재 애호가들에 의해서였다.

충주 지역 문화재 애호가들의 모임인 예성동호회의 회원들은 충주 지역에도 신라의 고비古碑가 있을 것이라 확신하였다. 충주는 지리적으로 한반도의 중앙에 위치할 뿐 아니라, 신라의 지방통치거점이었던 5소경小京 중 하나인 중원경中原京이었으므로, 이 지역에 신라시대의 고비가 있으리라는 짐작이 마냥 추상적인 것만은 아니었다.

1979년 2월 충주 탑평리 칠층석탑(일명 중앙탑)을 답사한 이들은, 인근 입석마을의 입석을 조사하기로 하였다. 그때까지만 해도 회원들은 이 입석이 조선시대 왕이 하사한 전답(사패지)의 경계를 구분하는 '사패지 경계석'인 줄 알았으나, 무엇이 되었든 간에 일단 조사를 해보자는 생각으로 마을로 향하였다.

이끼와 같은 세월의 흔적이 두텁게 덮인 입석을 조사하던 회원들은 국國, 토土, 내內, 수守 등의 글자가 있음을 확인하였고, 결국 이 비가 아무 내용도 없는 백비白碑가 아니라 명문이 새겨진 비석임을 확인하였다. 이때까지만 해도 이 비석이 한반도 유일의 '고구려비'일 것이라고는 아무도 예상하지 못했다.

약 두 달 뒤인 1979년 4월, 단국대학교의 정식조사가 진행되기 전 비문을 살펴본 전문가들은 첫머리의 '五月中高麗大王(오월중고려대왕)'을 '五月中眞興大王(오월중진흥대왕)'으로 오독하여 또 다른 진흥왕 순수비의 발견인 줄 알고 흥분을 감추지

못했다.[1] 그런데 본격적으로 글자를 판독해 갈수록 비문의 내용은 조사단의 생각과는 다른 방향으로 흘렀다. 대사자大使者, 사자使者 등 고구려의 관직명과 광개토왕릉비에서도 존재가 확인되는 고모루성古牟婁城 등 고구려성의 이름이 확인되었던 것이다.

결국 '진흥대왕'으로 읽었던 것이 '고려대왕'이었음이 밝혀졌고, 한반도 유일의 고구려비가 나타나자 학계는 그야말로 난리가 났다. 충주 고구려비는 많은 부분에서 다양한 해석이 있지만 이 비가 고구려비라는 것만큼은 이견이 없다. 고구려의 왕을 뜻하는 '고려대왕'이나, 고구려의 여러 관직명, '고모루성'과 같은 고구려성의 이름, '동이매금東夷寐錦', '신라토내新羅土內' 같이 고구려 입장에서 신라를 지칭하던 글자들이 확인되기 때문이다.

최대 400여자의 글자 중 판독된 것은 200여자에 불과하지만 이 비석은 고구려와 신라의 관계, 고구려의 한반도 내 영역, 고구려의 천하관 등을 당대인의 기록으로 직접 확인할 수 있다는 점에서 그 사료적 가치가 매우 크다. 43년 전 봄, 누구보다 열정적이었던 지역문화재 동호인들의 활약으로 우리는 안개에 싸인 고구려에 성큼 다가설 수 있었다.

신민용
에듀윌 한국사연구소 연구원

---

1 대大자의 경우 태太로 판독하여 '태왕'이라 해석하는 연구자도 상당수다.

麥秀之歎

보리 **맥**　　빼어날 **수**　　갈 **지**　　탄식할 **탄**

곡식만 무성하게 자라고 있음을 탄식하다

출전:『사기史記』

맥수지탄麥秀之嘆은 화려한 도읍은 흔적도 없이 사라지고 옛 궁터에는 곡식만 무성하게 자라고 있음을 탄식한다는 뜻으로, 나라가 망해 슬퍼하는 것을 말한다. 이는 사마천司馬遷의 사기史記에서 유래됐다.

중국 은殷나라의 마지막 임금 주왕紂王은 정치는 팽개친 채 술과 여자에 빠져 산 폭군이었다. 당시 주왕에게는 미자微子, 기자箕子, 비간比干이라는 충신이 있었다. 주왕의 서형(庶兄·배 다른 형)이기도 했던 미자는 자신의 간언이 받아들여지지 않자 자결하려 했지만, 태사太師 기자와 소사小師 비간의 만류로 결국 나라 밖으로 도망쳤다.

주왕의 작은아버지이기도 했던 기자는 "신하된 자가 간언하다가 받아들여지지 않았다고 하여 나라를 떠난다면 그건 임금의 잘못을 부추길 뿐이오"라며 거듭 주왕에게 간했고 결국 왕의 분노를 사 노예가 되었다. 비간은 기자가 노예가 되는 것을 보고 다시 간언을 했다가 주왕에게 죽임을 당했다.

결국 주周나라 무왕武王이 서쪽의 제후들을 규합해 쳐들어갔고 주왕은 목야牧野에서 맞서 싸웠지만 패배하여 자살하였고 은 왕조는 멸망하였다. 훗날 기자가 은나라의 옛 도성을 지나다가 슬픔과 한탄을 담아 시를 지었는데 그 시는 다음과 같다.

보리 이삭은 무성하고, 벼와 기장은 윤기가 흐르네.
麥秀漸漸兮, 禾黍油油兮
저 교활한 녀석이, 나의 말을 듣지 않기 때문이지.
彼狡童兮, 不與我好兮

█ 한자 돋보기

麥은 양갈래로 늘어진 보리 이삭과 뿌리를 함께 그린 글자로, '보리'를 뜻한다.

• 菽麥不辨(숙맥불변) 어리석고 못난 사람

보리 맥
麥 총11획

秀는 벼가 잘 자라나는 모습을 뜻하는 글자로, 본디 '무성하다'라는 뜻으로 쓰였으나 오늘날 '뛰어나다'로 쓰인다.

• 刻露淸秀(각로청수) 가을 경치가 맑고 수려함

빼어날 수
禾 총7획

之는 사람의 발을 그린 글자로 '가다'를 뜻으로 쓰였으나, 현재는 어조사 역할로 사용된다.

• 易地思之(역지사지) 상대방 처지에서 생각해봄
• 結者解之(결자해지) 일을 저지른 사람이 그 일을 해결해야 함

갈 지
丿 총4획

嘆은 근심의 어려움(難)으로 한숨을 내쉬는 모습을 표현한 글자로, '탄식하다'를 뜻한다.

• 亡羊之嘆(망양지탄) 학문의 길이 여러 갈래로 나뉘어져 있어 진리를 찾기 어려움

탄식할 탄
欠 총15획

█ 동의어

• 맥수서리(麥秀黍離)
• 서리맥수(黍離麥秀)
• 맥수지시(麥秀之詩)

█ 한자 상식 │嘆과 관련된 사자성어

구분	의미
풍수지탄(風樹之嘆)	부모에게 효도를 다하려고 생각할 때에는 이미 돌아가셔서 그 뜻을 이룰 수 없음을 탄식함
만시지탄(晩時之嘆)	시기가 늦어 기회를 놓친 것을 탄식함
망양지탄(亡羊之嘆)	학문의 길이 여러 갈래로 나뉘어져 있어 진리를 찾기 어려움
맥수지탄(麥秀之嘆)	고국의 멸망을 탄식함
망양지탄(望洋之嘆)	남의 원대함에 감탄하고, 나의 미흡함을 부끄러워함

— Books —

시간을 찾아드립니다

애슐리 윌런스 저·안진이 역 | 세계사

요즘 **▪미라클 모닝**이라는 시간 관리법이 유행하고 있지만, 이를 성공적으로 실천하는 사람은 많지 않다. 하루를 쪼개 써 여유 시간을 확보한다 해도 늘 시간에 허덕이며 불안하기 마련이다. 하버드 대학교 경영대학원 교수이자 이 책의 저자인 애슐리 윌런스에 따르면 보통의 사람들이 느끼는 '시간 빈곤'은 시간의 양이 부족해서 생기는 것이 아니라 시간에 대한 잘못된 사고 방식 때문에 생기는 것이다. 이 책을 통해 독자들은 잘못된 인식으로 허비하고 있었던 시간을 다시 찾아볼 수 있다.

▪미라클 모닝(miracle morning) 일과가 시작되기 2~3시 정도 전인 새벽 4~6시 정도에 일어나 독서, 운동 등 자기계발을 하는 것을 뜻한다. 이 개념은 2016년 미국의 작가 할 엘로드가 쓴 동명의 자기계발서에 처음 등장했다. 미라클 모닝의 목적이 성공이 아니라 자기 돌봄에 있다는 점에서 2000년대 초 유행한 '아침형 인간'과는 구분된다.

H마트에서 울다

미셸 자우너 저·정혜윤 역 | 문학동네

2021 뉴욕 타임스, 타임, 아마존, **▪굿리즈** 올해의 책에 선정되고, 버락 오바마 전 미국 대통령이 추천하는가 하면, 뉴욕 타임스 29주 이상 베스트셀러 기록을 달성하는 등 미 전역을 사로잡은 화제의 책이 우리나라 독자들을 찾았다. 이 책은 인디 팝 밴드 재패니즈 브렉퍼스트의 보컬이자 한국계 미국인인 미셸 자우너의 뭉클한 성장기를 담은 에세이다. 자우너가 25세 때 그의 어머니는 급작스레 암에 걸려 죽음에 이르고 만다. 어렸을 적부터 한국 문화를 접하게 해준 엄마를 떠나보내고 한국인으로서의 정체성마저 희미해져 감을 느끼던 어느 날, 자우너는 한인 마트에서 식재료를 사서 직접 요리해 먹다 엄마와의 생생한 추억을 되찾게 된다.

▪굿리즈(Goodreads) 전 세계 최대 도서 리뷰 사이트로 손꼽히는 곳으로, 매년 말 독자의 투표를 받아 장르별 최고 도서를 선정한다.

버추얼 휴먼

오제욱 저 | 포르체

최근 국내 OTT 서비스 티빙이 공개한 '얼라이브' 1회에서 울랄라세션의 리더이자, 젊은 나이에 우리 곁을 떠나 안타까움을 줬던 고(故) 임윤택이 디지털 기술로 되살아나 많은 시청자에게 감동을 선사했다. 이러한 감동 뒤에는 1년여간 인공지능(AI), **▪확장현실(XR)** 기술을 영상에 접목한 제작진의 노력이 있었다. 임윤택의 목소리는 음성 AI를 만든 업체 슈퍼톤이, 임윤택의 건강하던 당시의 모습은 버추얼유튜버 '루이'를 만들어낸 디오비스튜디오의 노력으로 복원된 것으로 알려졌다. 이 책은 메타버스와 AI로 대표되는 3차 테크 혁명이 실재하는 비즈니스로 어떻게 활용되는지 안내하고 버추얼 휴먼의 미래를 보여준다. 독자들은 이 책을 통해 메타버스 세계의 신인류를 미리 만나볼 수 있다.

▪확장현실(XR, eXtended Reality) 가상현실(VR)과 증강현실(AR)을 아우르는 혼합현실(MR) 기술을 망라하는 용어로, 초실감형 기술 및 서비스를 일컫는다.

| Movie | Exhibition | Concert |

스펜서

파블로 라라인 감독

│ 크리스틴 스튜어트 출연

영국 왕실의 왕세자빈이었던 ■**다이애나 스펜서**를 그린 영화가 개봉했다. 따뜻한 카리스마와 특유의 패션 센스 등으로 세기의 아이콘이 된 다이애나가 남몰래 겪은 내밀한 감정이 스크린 위에 옮겨졌다. 배우 크리스틴 스튜어트가 다이애나 역할을 맡아 뛰어난 연기력을 보여줬다. 크리스틴 스튜어트는 이 역할로 다수의 시상식에서 여우주연상을 수상하는가 하면, 제94회 아카데미 시상식에서 니콜 키드먼, 페넬로페 크루즈 등 쟁쟁한 배우들과 함께 여우주연상 후보에 올랐다. 한편, 이 영화는 영국 왕실을 배경으로 한만큼 화려한 의상도 관객들의 시선을 사로잡는다.

■ 다이애나 스펜서(Diana Frances Spencer, 1961~1997) 1981년 찰스 왕세자와 결혼한 영국 왕실의 전 왕세자빈이다. 1996년 찰스와 이혼한 다이애나는 이후 타블로이드 매체들의 집요한 추적에 시달렸으며, 1997년 파파라치를 피하려다 교통사고를 당해 사망했다.

팀 버튼 특별전

DDP배움터 디자인전시관

│ 2022. 04. 30.~2022. 09. 12.

기괴한 캐릭터와 몽환적인 이야기로 전 세계인의 사랑을 받는 영화감독 ■**팀 버튼**의 예술 세계를 조명하는 전시회가 국내에서 열린다. 이 전시는 60만 명이라는 기록적인 관람객 유치를 이끈 세계 투어전으로, 이번에 한국에서도 선보여지게 됐다. 스케치, 드로잉, 조각, 영상 및 사진, 설치작품, 멀티미디어 등으로 구성된 이번 전시는 총 520여 점의 작품이 선보여지는 대규모 전시다. 관람객들은 공포스럽고 기괴하지만 독특한 감성이 느껴지는 팀 버튼의 풍부한 상상력과 판타지를 한껏 느껴볼 수 있다. 한편, 이번 전시에는 한국 관람객들을 위해 팀 버튼이 직접 디자인한 새로운 조형물도 최초로 공개된다.

■ 팀 버튼(Tim Burton, 1958~) '가위손', '빅 피쉬', '찰리와 초콜릿 공장', '유령 신부', '이상한 나라의 앨리스' 등을 연출한 영화감독으로, 독특한 예술관으로 전 세계인의 사랑을 받는다.

페스티벌 선우정아 : Burst it all

블루스퀘어 마스터카드홀

│ 2022. 04. 08.~2022. 04. 10.

제18회 한국대중음악상에서 방탄소년단 등과 함께 최다 부문 후보에 오른 뮤지션 ■**선우정아**가 이른 봄 콘서트를 연다. '페스티벌 선우정아'는 선우정아가 지난 2018년 처음 선보인 단독 공연 브랜드로, 선우정아만이 보여줄 수 있는 다채로운 음악 스펙트럼과 퍼포먼스를 섹션으로 즐길 수 있는 페스티벌형 공연이다. 3년 만에 다시 돌아오게 된 '페스티벌 선우정아 : Burst it all'은 페스티벌 속 찰나의 에너지와 그 후의 깊은 여운을 모두 느낄 수 있는 자리로 꾸며질 예정이다. 이 콘서트를 찾은 관객들은 그날 공연의 기억이 오랜 꿈처럼 남게 될 것이다.

■ 선우정아(鮮于貞娥, 1985~) 2006년 1집 'Masstige'로 데뷔한 대중가수이자 재즈 보컬리스트이다. 여러 공연과 앨범 활동을 했고 프로듀서, 작사, 작곡, 편곡에도 참여한 다재다능한 뮤지션으로 인정받고 있다.

누적 다운로드 수 35만 돌파*
에듀윌 시사상식 앱

88개월 베스트셀러 1위 상식 월간지가 모바일에 쏙!*
어디서나 상식을 간편하게 학습하세요!

매월 업데이트 되는
HOT 시사뉴스

20개 분야 1007개
시사용어 사전

합격에 필요한
무료 상식 강의

에듀윌 시사상식 앱 설치
(QR코드를 스캔 후 해당 아이콘 클릭하여 설치
or 구글 플레이스토어나 애플 앱스토어에서 '에듀윌 시사상식'을 검색하여 설치)

에듀윌 취업 아카데미에서
제대로 공부하세요!

공기업·대기업 수준별 맞춤 커리큘럼
온종일 밀착 학습관리부터 전공&자격증 준비까지 케어

고품질 영상 및 음향 장비를 갖춘 최고의 강의실

언제나 전문 학습 매니저와 상담이 가능한 안내데스크

1:1 대면 첨삭 및 전문 컨설팅이 가능한 일대일 상담실

공용 PC, 프린터, 충전기 등 편의시설을 갖춘 휴게실

강남 캠퍼스	운영시간 [월~금] 09:00~22:00 [토/일/공휴일] 09:00~18:00 주　　소　서울 강남구 테헤란로 8길 37 한동빌딩 1, 2층 상담문의　02)6486-0600

취업 아카데미
바로가기

매달, 최신 취업 트렌드를
배송 받으세요!

업계 유일! NCS 월간지

HOT 이달의 취업
최신 공기업 최신 이슈&정보

매달 만나는 100% 새 문항
NCS 영역별 최신기출 30제
+NCS 실전모의고사 50제

월간NCS 무료특강 2강
취업 대표 NCS 전문가의 무료특강

꾸준한 문제풀이로 감을 유지하는 것이 중요한 NCS!
#정기구독 으로 NCS를 정복하세요!

정기구독 신청 시 정가 대비 10% 할인+배송비 무료	정기구독 신청 시 선물 증정	3개월/6개월/12개월/무기한 기간 설정 가능

※ 구독 중 정가가 올라도 추가 부담없이 이용할 수 있습니다.
※ '매월 자동 결제'는 매달 20일 카카오페이로 자동 결제되며, 구독 기간을 원하는 만큼 선택할 수 있습니다.
※ 자세한 내용은 정기구독 페이지를 참조하세요.

정기구독
신청·혜택 바로가기

베스트셀러 1위! 1,824회 달성* 에듀윌 취업 교재 시리즈

공기업 NCS | 쏟아지는 100% 새 문항*

월간NCS
NCS BASIC 기본서 | NCS 모듈형 기본서
NCS 모듈학습 2021 Ver. 핵심요약집

1위 22. 2월 4주

NCS 통합 기본서|봉투모의고사
피듈형 | 행과연 | 휴노형 봉투모의고사
PSAT형 NCS 수문끝
매일 1회씩 꺼내 푸는 NCS

1위 22. 3월 3주

한국철도공사 | 부산교통공사
서울교통공사 | 5대 철도공사 공단
국민건강보험공단 | 한국전력공사
8대 에너지공기업

1위 22. 2월 4주

한수원+5대 발전회사
한국수자원공사 | 한국수력원자력
한국토지주택공사 | IBK 기업은행
인천국제공항공사

1위 22. 1월 4주

NCS를 위한 PSAT 기출완성 시리즈
NCS, 59초의 기술 시리즈
NCS 6대 출제사 | 10개 영역 찐기출
공기업 전기직 기술로 끝장 시리즈

대기업 인적성 | 온라인 시험도 완벽 대비!

1위 22. 3월

대기업 인적성 통합 기본서

1위 20. 11월

GSAT 삼성직무적성검사

1위 22. 3월 2주

LG그룹 온라인 인적성검사

1위 22. 3월

SKCT SK그룹 종합역량검사
롯데그룹 L-TAB

1위 21. 3월

농협은행
지역농협

취업상식 1위!

1위 20. 2월

월간 시사상식

1위 20. 1월

多통하는 일반상식
일반상식 핵심기출 300제

1위 21. 1월

공기업기출 일반상식
언론사기출 최신 일반상식
기출 금융경제 상식

자소서부터 면접까지!

NCS 자소서&면접
실제 면접관이 말하는 NCS 자소서와
면접_인문·상경계/이공계

1위 22. 3월 3주

끝까지 살아남는 대기업 자소서

---

* 온라인4대 서점(YES24, 교보문고, 알라딘, 인터파크) 일간/주간/월간 13개 베스트셀러 합산 기준 (2016.01.01~2021.11.03, 공기업 NCS/직무적성/일반상식/시사상식 교재)
* 에듀윌 취업 공기업 NCS 통합 봉투모의고사, 코레일 봉투모의고사, 서울교통공사 봉투모의고사 교재 해당 (2021~2022년 출간 교재 기준)
* YES24 국내도서 해당 분야 월별, 주별 베스트 기준

더 많은
에듀윌 취업 교재

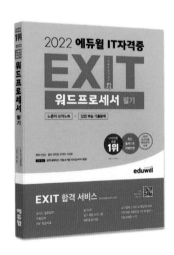

취업, 공무원, 자격증 시험준비의 흐름을 바꾼 화제작!

에듀윌 히트교재 시리즈

에듀윌 교육출판연구소가 만든 히트교재 시리즈!
YES24, 교보문고, 알라딘, 인터파크, 영풍문고 등 전국 유명 온/오프라인 서점에서 절찬 판매 중!

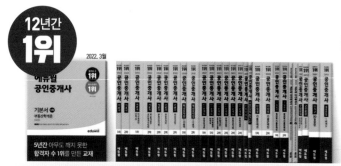

공인중개사 기초서/기본서/핵심요약집/문제집/기출문제집/실전모의고사 외 11종

주택관리사 기초서/기본서/핵심요약집/문제집/기출문제집/실전모의고사

7·9급공무원 기본서/단원별 기출&예상 문제집/기출문제집/기출팩/실전, 봉투모의고사

공무원 국어 한자·문법·독해/영어 단어·문법·독해/한국사 흐름노트/행정학 요약노트/행정법 판례집/헌법 판례집

7급공무원 PSAT 기본서/기출문제집

계리직공무원 기본서/문제집/기출문제집

군무원 기출문제집/봉투모의고사

경찰공무원 기본서/기출문제집/모의고사/판례집/면접

소방공무원 기출문제집/실전 봉투모의고사

맞춤형 화장품 조제관리사

검정고시 고졸/중졸 기본서/기출문제집/실전모의고사/총정리   **사회복지사(1급)** 기본서/기출문제집/핵심요약집   **직업상담사(2급)** 기본서/기출문제집   **경비** 기본서/기출/1차 한권끝장/2차 모의고사   **전기기사** 필기/실기/기출문제집   **전기기능사** 필기/실기

1위 21. 2월

한국사능력검정시험 기본서/2주끝장/기출/우선순위50/초등

1위 22. 3월

조리기능사 필기/실기

1위 22. 3월

제과제빵기능사 필기/실기

1위 21. 10월

SMAT 모듈A/B/C

1위 22. 3월

ERP정보관리사 회계/인사/물류/생산(1, 2급)

1위 22. 3월

전산세무회계 기초서/기본서/기출문제집

1위 22. 3월

어문회 한자 2급 | 상공회의소한자 3급

1위 22. 2월

KBS한국어능력시험 | ToKL

1위 22. 3월

한국실용글쓰기

1위 22. 3월

매경TEST 기본서/문제집/2주끝장

1위 22. 3월

TESAT 기본서/문제집/기출문제집

1위 22. 2월

운전면허 1종·2종

1위 22. 3월

스포츠지도사 필기/실기구술 한권끝장

1위 22. 3월

산업안전기사 | 산업안전산업기사

1위 22. 3월

위험물산업기사 | 위험물기능사

1위 22. 3월

무역영어 1급 | 국제무역사 1급

컴퓨터활용능력 | 워드프로세서

정보처리기사

1위 20. 2월

월간시사상식 | 일반상식

1위 22. 3월

월간NCS | 매1N

1위 22. 2월

NCS 통합 | 모듈형 | 피듈형

1위 20. 7월 1주

PSAT형 NCS 수문끝

1위 22. 1월 4주

PSAT 기출완성 | 6대 출제사 | 10개 영역 찐기출

1위 22. 3월 1주

한국철도공사 | 서울교통공사 | 부산교통공사

1위 21. 10월 1주

국민건강보험공단 | 한국전력공사

1위 22. 2월 4주

한수원 | 수자원 | 토지주택공사

1위 21. 10월

행과연 | 휴노형 | 기업은행 | 인국공

1위 22. 3월

대기업 인적성 통합 | GSAT

1위 22. 3월

LG | SKCT | CJ | L-TAB

1위 22. 3월

ROTC·학사장교 | 부사관

※ YES24 수험서 자격증 주택관리사 베스트셀러 1위 (2010년 12월, 2011년 3월, 9월, 12월, 2012년 1월, 3월~12월, 2013년 1월~5월, 8월~11월, 2014년 2월~8월, 10월~12월, 2015년 1월~5월, 7월~12월, 2016년 1월~12월, 2017년 1월~12월, 2018년 1월~12월, 2019년 1월~12월, 2020년 1월~7월, 9월~12월, 2021년 1월~12월, 2022년 1월~3월 월별 베스트, 매월 1위 교재는 다름)

※ YES24 국내도서 해당분야 월별, 주별 베스트 기준

합격자 모임 실제 현장
(서울 강남 코엑스)

eduwill 합격자 모임

우리는 평생을 함께할
에듀윌 동문입니다

6년간 아무도 깨지 못한 기록
합격자 수 1위
에듀윌

• 공인중개사 최다 합격자 배출 공식 인증
 (KRI 한국기록원 / 2016, 2017, 2019년 인증, 2022년 현재까지 업계 최고 기록)